Ivo Niehe

De afterparty

PERSOONLIJKE VERHALEN OVER WAT U NOOIT TE ZIEN KREEG

BOEKERIJ

ISBN 978-90-225-9808-5
ISBN 978-94-023-2027-5 (e-book)
NUR 320

Omslagontwerp: Pankra
Omslagbeeld: © Bogdan Anghel
Auteursfoto: © Bogdan Anghel
Zetwerk: Elgraphic

INHOUDSOPGAVE

VOORWOORD

Dromen met je ogen open

Na veertig jaar televisie maken droomde ik ervan om een aantal van mijn favoriete gasten op één plek bij elkaar te brengen voor een feestelijke afterparty. De beroemdste, kleurrijkste en meest inspirerende personen nog één keer samen uit te nodigen voor een exclusief partijtje op een geweldige locatie. Ik zou dan op die avond optekenen wat ze nu eens niet alleen aan mij, maar ook aan elkaar te vertellen hadden.

Maar om te beginnen, waar zou je zoiets doen? Waar zou je deze doorgaans zeer verwende beroemde gasten nog een plezier mee doen? Het duurde niet lang of ik had de ideale locatie in gedachten: het sfeervolle terras van het restaurant La Colombe d'Or in het schilderachtige Zuid-Franse kunstenaarsdorp Saint-Paul-de-Vence, gelegen op een betaalbaar taxiritje van het vliegveld van Nice. Dit restaurant is beroemd geworden omdat kunstenaars als Pablo Picasso, Fernand Léger, Joan Miró, Georges Braque en Kees van Dongen lang geleden bij gebrek aan financiën daar hun rekeningen betaalden met kunstwerken. Stuk voor stuk waren ze naar het zuiden gekomen vanwege het bijzondere licht. En na gedane arbeid was het aan de Place du Général de Gaulle stemmig genieten en flink drinken geblazen met gelijkgestemden. Op zaterdagmiddag liep het aldra uit op een *guinguette*. Dan werd er onder het genot van extra veel rosé en pastis tot diep in de nacht gedanst. Alles dus betaald met schilderijen, tekeningen en beeldhouwwerken. De sfeer was er goed, de gasten deelden hun interesse voor kunst en plezier – en de lunch en het diner liepen steeds vaker tot in de allerkleinste uurtjes in elkaar over. Menig kunstenaar heeft er in de openlucht zijn roes uitgeslapen. Monsieur Roux, eigenaar van de Colombe, besloot daarom ook een hotelletje te beginnen. Zijn echtgenote Marie ontpopte zich achter het fornuis als ongekroonde koningin van de *cuisine provençale*. Waar je het eerst moest doen met een simpele *sandwich jambon-fromage*, was er later grote tevredenheid over de kwaliteit van de *steak au poivre*. En de schulden bleven betaald worden met kunst. Daardoor staan, liggen en hangen er in 'de Gouden Duif' voor tientallen miljoenen aan de prachtigste werken – aan de muren van het restaurant, achter de bar en in de gangen van het kleine hotel, maar ook in de kamers en bij het zwembad. Er hangen ingelijste teksten die op een veiling een vermogen zouden opbrengen. Een gedicht van de Franse schrijver Jacques Prévert bijvoorbeeld, de taalvirtuoos die onder meer verantwoordelijk is voor het beroemde *Les Feuilles Mortes*.

Zo werd het piepkleine Saint-Paul in de loop der tijd de place to be voor wie zichzelf serieus neemt in de *première art* (de architectuur), de literatuur, de beeldende kunst, de muziek en de *septième art* (de cinema) tot de tiende kunst (video en multimedia). Bovendien kreeg het dorp ook nog een minischouwburg met de naam *Le Petit Théâtre*. Daardoor kwamen steeds meer cabaretiers en acteurs hier genieten van al het moois dat pa en ma Roux hadden opgebouwd. De plek kreeg door het artistieke elan iets magisch. Zoon Francis, de volgende generatie Roux, gaf het pand van zijn ouders een geweldige facelift door de façade van een eeuwenoud, vervallen chateau op de oude buitenmuur aan te laten brengen, waardoor de *auberge* een – zoals ze hier zeggen – *seigneuriale* allure heeft gekregen. Noem mij maar eens een kunstzinniger, passender decor met een mooiere historie voor een chic afscheidsfeestje.

Ik wist dat het voor een groot aantal gasten die ik wilde uitnodigen vertrouwd terrein was: Yves Montand had er jarenlang zijn eigen tafeltje (hij was ooit voor de helft eigenaar), Frank Sinatra behoorde tot de *habitués*. In het grote 'La Colombe-boek' lees je hoe lyrisch Churchill was over deze parel aan de Côte. Hier op het terras te mogen lunchen of dineren is een voorrecht.

Al sinds de opening van de Colombe is de menukaart onveranderd – onveranderd groot ook.

De enige wijzigingen die zo ongeveer per seizoen worden aangebracht, zijn de met potlood vermelde prijzen – en niet om het *bouquet de crevettes* of de *salade de truffes* betaalbaarder te maken... Duidelijk is te zien hoe vaak de prijzen al zijn uitgegumd van je *crudités*, je *sole meunière* en je *tarte* volgens het recept van Madame Roux. Kortom, voor ons feestje zou een *financial controller* geen overbodige luxe zijn, want een ding is zeker: het zou zo maar een dure grap kunnen worden.

Ook zou ik de Colombe op tijd moeten reserveren. Veelzeggend is dat het tijdens het Filmfestival van Cannes zelfs door de grootste sterren als één erezaak wordt gezien om hier een stoeltje te bemachtigen. Het liefst buiten op het terras.

Over het 'waar' van de afterparty bestond dus geen enkele twijfel. Het 'hoe' bleef een probleem, al was het maar omdat de helft van deze gedroomde gasten niet meer op onze aardbol rondloopt...

Een onmogelijke droom natuurlijk, om niet te zeggen een krankzinnig plan. Maar ik hield me vast aan de lijfspreuk van Yves Montand, die ik tot leidraad van mijn denken heb gemaakt: 'Nooit leven met je ogen dicht, altijd blijven dromen met je ogen open.' Zou die droom niet op een andere manier werkelijkheid kunnen worden? Jawel, op papier.

Stel je voor. Prince aan de bar, nippend aan een limoncello, sir Peter Ustinov die de ober wenkt voor een *melon jambon*, Mies Bouwman in gesprek met Tom Jones. Zij zou nieuwsgierig zijn naar het grote geheim van de tachtiger met de geweldige strot.

'*Sir Tom, what's your secret?*'

'*My inversion table!*'

Mies zou hem niet-begrijpend aankijken.

'Ik heb zo'n apparaat waarin je op je kop kunt hangen. Dat doe ik elke dag. Ik begon met een minuut of drie en de eerste weken nog niet helemaal verticaal. Nu kan ik het veel langer volhouden, tot een klein half uur aan toe. Die *total stretch* is ongekend heilzaam. Het blijkt geweldig goed te zijn voor je rug. Maar er is meer. Doordat er extra veel bloed naar je hoofd stroomt, hebben er blijkbaar ook andere lichaamsdelen baat bij, van het strottenhoofd tot aan je kruin. Dat is althans mijn eigen theorie, want het is nooit bewezen, maar ik merk dat het werkt. Mijn stem is er in elk geval de laatste jaren alleen maar op vooruitgegaan.'

'Ik ga er meteen een bestellen, Tom.'

'Maar zorg wel dat er altijd iemand in de buurt is of houd je mobieltje bij de hand, want het is me wel eens gebeurd dat ik veel te lang ondersteboven bleef hangen, omdat het apparaat dienst weigerde.'

Roald Dahl die aandachtig het gedicht van Prévert staat te lezen. Het zou niet lang duren of een rijzige gestalte zou over zijn schouder meekijken. '*Not bad*, hè?' *Gerard Reve meets Roald Dahl.* Twee schrijvers van totaal andere signatuur vol bewondering voor een stuk poëzie uit 1950. Reve zou Dahl vertellen dat hij nog wel een aardig onderwerp voor hem had.

'Weet u hoe het komt dat mijn haar op mijn zestigste nog zo mooi is?'

De verbaasde Dahl zou zelfs met al zijn fantasie niet zo gauw een reden kunnen bedenken.

'Omdat ik rooms-katholiek geworden ben.'

Aan het uiteinde van de bar zou een vertrouwde stem klinken van iemand die duidelijk met een goede openingszin voor de dag wilde komen: '*I find it always very interesting to meet a real lord. Not that it happened very often, because you are the first highness I meet in person.*'

Bedenk het Amsterdamse accent van Johnny Kraaijkamp erbij (want hij was het) en je begrijpt dat de man tegenover hem, de Engelse lord Lambton – whisky in de hand – een glimlach niet zou kunnen onderdrukken. Maar de twee zouden al vrij snel zijn uitgepraat. De oude Kraaij zou daarop van het terras de twee eetzalen inlopen en zijn ogen uitkijken. 'Zo zeg, hier hangt me voor een paar pegels.'

Waar was het legertje beveiligers en hoe was het mogelijk dat die peperdure schilderijen en kunstwerken zomaar naast de open ramen hingen? Hij was onder de indruk, maar ook kritisch: 'Een setje trompetten en trombones op een achtergrond vastplakken... Dat is het soort moderne kunst waar ik heel weinig van begrijp.'

Maar het driedimensionale beeld bij de entree van het zwembad – wauw! 'Die neem ik zo mee naar huis. Lord Lambton, ik neem aan dat u toch een mondje Frans spreekt? Kunt u voor mij de baas van het hotel vragen wat dat werkje achter de deur moet kosten?'

Yves Montand zou absoluut zeker op zijn vaste plek gaan zitten, het tafeltje naast de ingang van de bar, waar hij honderden onvergetelijke middagen en avonden had beleefd. Dit was zijn tweede huis. Als hij niet voor zijn werk op reis was, was hij meestal voor de deur van de Colombe aan het *boulen*. De paar vierkante meter in en rond het restaurant waren alles voor hem, want Montand was altijd in voor een wedstrijdje met de zilveren ballen.

Maar natuurlijk gebeurde het onvermijdelijke: met een klap ontwaakte ik uit mijn droom. Verrassend snel gevolgd door het besef dat ik al die mensen dan niet meer bij elkaar kon brengen, maar wel hun opmerkelijke verhalen zou kunnen vertellen in een boek.

Dit boek. Zo zou die droom op een andere manier werkelijkheid kunnen worden. Maar het moest meer worden dan een aantal anekdotes, meer dan een geschreven versie van de interviews. Wat er vanaf nu te lezen valt, is in feite een antwoord op de vraag: wat is er in al die jaren buiten de uitzendingen om, dus áchter de schermen, gebeurd? Afwisselend in *short stories* en langere verhalen. Sommige al eerder in boekvorm verschenen, maar nu wel geactualiseerd. Ik heb de gewoonte om tegen vrienden te zeggen: 'Het leukste krijg je nooit te zien.' Maar nu krijg je alles – en hoe ik het beleefd heb – in elk geval wel te lezen.

OPRAH WINFREY

De zin van beroemd zijn

Televisieroem is zo betrekkelijk. Dit zijn drie alleszeggende voorbeelden uit een hele serie misverstanden:

Op een dag meldde ik me in Aalsmeer voor een afspraak met Joop van den Ende. Ik werd hartelijk begroet door de dienstdoende telefoniste en wilde me net gaan voorstellen, toen ze me met een niet mis te verstaan gebaar duidelijk maakte dat dat absoluut niet nodig was. 'Ik zal even zeggen dat u er bent. Meneer van den Ende, Hans van der Togt staat hier.'

Een andere keer moest ik op een na-middernachtelijk tijdstip bij een pompstation in de buurt van Schiphol mijn net getankte benzine afrekenen. De vrouw-op-leeftijd achter het glas schrok zich duidelijk een hoedje. 'Meneer Julio Iglesias!'

Ik reageerde met: 'Nou nou, het is al laat. Maar goed, ik wil wel een bonnetje.'

'En u spreekt nog Nederlands ook!'

En toen ik naar de tandarts ging, waren er twee verhuizers bezig voor zijn deur. De ene riep: 'Hé, Hanssie!'

De ander: 'Is 'm niet.'

'Jawel, Hanssie Kraaij. Ik ben fan!'

Maar een van de beroemdste televisievrouwen uit de geschiedenis is juist wél overtuigd van de zin van de roem.

Oprah. Geboren in een kansarme omgeving op het platteland van de Amerikaanse staat Mississippi. Vanaf haar negende werd ze regelmatig mishandeld en misbruikt. Op haar veertiende had ze een kind ter wereld gebracht dat kort na de te vroege geboorte was overleden. Ontslagen als verslaggever bij het nieuws vanwege haar te grote emotionele betrokkenheid bij haar onderwerpen. Tranen met tuiten als ze een zaak moest verslaan die haar ráákte. En ze moest de voor menigeen ook zo herkenbare constante strijd leveren met haar overgewicht. In haar geval groeide dat uit tot een obsessie.

'Het zat u niet mee. U was te dik, zwart, u kon niet zingen of basketballen, u kon alleen praten. Maar er was dat ene, grote omslagpunt in uw leven.'

'Ik was een jong zwart meisje, dat opgroeide in een klein stadje, een dorp eigenlijk. Daar zag je nooit een zwarte die enige status genoot of waardevol werd gevonden, of zelfs maar aantrekkelijk. Op een avond zag ik als zwart meisje – in die tijd heette dat gekleurd, je identificeerde je niet met zwarten, want niemand wilde zwart zijn – in de *Ed Sullivan Show* drie vrouwen met pruiken en glitterjurken, die het nummer 'Stop! In the Name of Love' zongen. In die tijd zag je nooit knappe zwarten op tv. Alle zwarten uit het dorp belden elkaar meteen op: "Er zijn zwarte mensen op tv!" Ze misten het optreden van The Supremes omdat iedereen aan het bellen was. Maar toen ik het zag, dacht ik: wat is die vrouw mooi. Zo wil ik ook worden. En ik zal je wat vertellen. Die vrouw was Diana Ross en ik ben nooit zo bang, zo angstig geweest als voor het interview met Diana Ross. Ik kan er nog om huilen. De avond tevoren lag ik in mijn bed te snikken. En zij had geen idee dat ze mij die avond het idee had gegeven dat ik ook zo kon zijn. Dat heeft me al die tijd geholpen. Ik weet nu dat roem daarvoor dient: om duidelijk te maken wat er mogelijk is. Diana Ross ging het er alleen om of haar nummer een hit werd. Maar een klein zwart meisje dat thuis tv zat te kijken, zei: "O mijn god, dat kan ik ook bereiken."'

Een start vanuit een dergelijke bescheidenheid is niet iedereen gegeven...

Een wereldster in de polder

Daar was-ie dan, in hoogsteigen persoon. De wereldster die ons in wanhoop zou achterlaten, voordat hij zich van een onverwacht geweldige kant zou laten zien.

Groot nieuws op de redactie. Telefoontje van de platenmaatschappij van Prince. 'Hij komt naar Nederland voor één televisieoptreden. En jullie zijn de gelukkigen!'

Een van de belangrijkste figuren uit de geschiedenis van de popmuziek zou naar ónze studio komen! Het leek onwerkelijk, maar al snel beseften we wat dit organisatorisch betekende. Het was bekend hoe lastig hij kon zijn. Bovendien zouden we duizenden fans op ons dak krijgen, die allemaal bij de opname wilden zijn. Er zouden strenge consignes komen van wat wel en wat niet aan hem gevraagd mocht worden. Want ja, er leek behalve een optreden zelfs een interview in te zitten – een zeldzaamheid. We zaten helemáál in een andere werkelijkheid dan we gewend waren toen we om te beginnen het lijstje binnenkregen met alles wat Zijne Majesteit voor hemzelf en zijn begeleiders geregeld wilde hebben.

In Kleedkamer 1 (bestemd voor de maestro zelf en eventueel zijn steun en toeverlaat, bassist Larry Graham): 6 flessen Spa Blauw, 3 flessen Spa Rood, 1 fles Pepsi, een thermosfles met heet water, diverse soorten kruidenthee, 1 potje honing, 2 hele citroenen plus een bijbehorende citrusknijper, papieren servetten, 20 plastic bekertjes (nog in de verpakking), 1 fles Merlot, een kurkentrekker, 4 theekopjes en schotels verpakt in folie, 4 theelepels op dezelfde wijze verpakt, 4 linnen servetten, een klein houten snijplankje, een fruitmesje, 4 waterglazen, 1 ijsemmer (noot: dient regelmatig bijgevuld te worden) en 4 wijnglazen.

Voor Kleedkamer 2 en 3 (voor zijn entourage) gold ongeveer hetzelfde rantsoen, met als extraatje 'verschillende veganistische hapjes'. Maar voor de kleedkamer van de band – bestemd voor zeven personen – gold een sterk afwijkend wensenpakket: 12 kleine flesjes Spa Blauw op ijs, vers fruit op een grote schaal, met in elk geval daarop bananen, appels en druiven, 1 groene kan versgeperst sinaasappelsap en vanzelfsprekend 7 drinkglazen, onder geen voorwaarde van plastic.

Qua type bestellingen viel het mee in verhouding tot wat bijvoorbeeld Mariah Careys begeleiders lieten aanrukken – exotische vruchten, uitsluitend in Zuid-Duitsland te bestellen, M&M's (alleen de blauwe) en een bij Gall&Gall onvindbare whisky... en dan alles onaangeroerd laten staan. Hoe dan ook, we hadden de orders van het kamp-Prince als voorbode kunnen zien van wat ons te wachten stond.

Vanaf het moment dat hij op Schiphol-Oost het trapje van zijn privéjet afdaalde en de gereedstaande limo in dook, werd zijn humeur er niet beter op. Wat heet. Volgens zijn gevolg werd de sfeer aan boord van de stretchbak met de minuut grimmiger. *His Royal Badness* deed zijn naam eer aan. *The Minneapolis Genius*, geboren als Roger Nelson, aanbeden onder de naam Prince, had toch al een grote broer dood aan contact met de pers.

'Laat mijn muziek maar het woord doen,' was zijn credo. Dat hij zich ditmaal verwaardigde om tijdens zijn promotietour ook hier en daar een enkel antwoord op een vraag te willen geven, wekte dan ook alom verbazing. Meer dan een vaag geformuleerde bereidheid tot 'een soort interview' hadden we overigens niet gekregen. De reden van deze ongebruikelijke toezegging was de tot in zijn tenen opgeslagen woede over het gebrek aan creatieve vrijheid bij zijn platenmaatschappij. Maximaal één keer per jaar had hij een album mogen maken, terwijl in zijn hoofd zo ongeveer elke maand een nieuwe cd klaarlag. Een 'wurgcontract' dus. Uit protest ging hij lange tijd met een nep-tattoo van het woord SLAVE op zijn gezicht door het leven. Daarna volgden drie jaren van werkweigering. Nu had hij die ketenen afgeschud en begon er een nieuwe fase van herwonnen artistieke vrijheid: *Rave un2 the joy fantastic*. Dat hoef je niet te vertalen – de klank alleen al suggereert swing en vrolijkheid. Intussen had Prince op zijn vijfendertigste besloten voortaan als Tafkap door het leven te willen: The Artist Formerly Known as Prince. Zoveel afstand wilde hij nemen van het verleden.

Prince was een *loner*, maar wel een die van zijn omgeving verwachtte dat er naar zijn pijpen werd gedanst. Soms werkte hij tweeënzeventig uur aan één stuk, en wee de musicus die het waagde zelfs maar aanstalten te maken om te gapen. En bij alles gold: de baas wil totale controle. Niet voor niets had hij drie kwartier buiten Minneapolis zijn privé-studiocomplex opgezet: Paisley Park. Hier had hij vier hectare grond met daarop de meest hypermoderne, volledig geoutilleerde geluidsstudio's waarover hij permanent kon beschikken. Zoals bij alle koninklijke onderkomens in de wereld was het ook hier zichtbaar wanneer de eigenaar des huizes aanwezig was, want dan brandde er op het dak een vredessymbool in rood neon en was er licht boven in de glazen piramide.

Dat zijn humeur tijdens zijn bliksembezoek aan Nederland vanaf de eerste seconde op onweer wees, kwam omdat hij in de limo te horen kreeg dat ze een uur moesten rijden.

'Gaan we niet naar Amsterdam?'

'Nee, deze studio bevindt zich in de polder, op door Nederlanders op het water veroverd nieuw land.'

Alsof je mocht verwachten dat dat geografische detail iedere verdere irritatie zou wegnemen.

Het moet hem tijdens de tour al eerder rauw op zijn dak zijn gevallen. Prince verwachtte zijn tv-optredens te kunnen afwerken in megasporthallen en ging ervan uit dat de grootste aller televisiestudio's nog veel te klein zouden blijken vanwege de hordes fans die al maanden wakker lagen van zijn bezoek. Hij had wel al eerder vastgesteld dat in Europa programma's als het onze niet zelden in kleine, op sombere industrieterreinen gelegen ruimtes werden opgenomen, maar toen hij hoorde dat de reis dit keer naar een klein stadje in de polder ging en er maximaal honderdvijftig man publiek te verwachten was, voelde het alsof hij terug moest naar zijn beginjaren. Je kunt je er iets bij voorstellen. Je haalde Frank Sinatra ook niet naar de gymzaal van de middelbare school en Paul McCartney zou zich ook hoogst ongemakkelijk voelen op het biljart van feestzaal Concordia. Zoiets moet bij Prince door zijn hoofd gespeeld hebben. Het was bij hem snel gegaan. *Porno Prince* (een bijnaam die hij kreeg omdat hij ooit *on stage*, 'gekleed' in zwarte lingerie met een openvallende regenjas, zijn gitaar streelde en likte als ware het zijn liefje) was in de jaren tachtig nog dolblij geweest met een optreden in Paradiso voor een paar honderd diehards. Maar dat was toen...

Op het moment dat de verlengde limo de bewoonde wereld verliet en de brug richting Almere was gepasseerd, schijnt het grote stilzwijgen te zijn ingezet. Het laatste wat hij fluisterde was: 'Wat is dit in godsnaam?'

Bij de studio aangekomen waren er geen dranghekken, was er geen horde aanbidders die in bedwang gehouden moest worden. De enige levende wezens waren drie jongetjes die op het grasveld naast het parkeerterrein een Champions League-wedstrijd afwerkten. Het maakte het er allemaal niet beter op. Voor Prince was het een bevestiging dat de hele planning van deze Holland-tour volkomen beneden peil was.

De band was hem vooruit gereisd. Bij sterren van dit kaliber is dat gebruikelijk. Er moet langdurig *gesoundcheckt* worden. Daarbij meldt normaal gesproken ten minste één van de begeleidende managers zich in de regiekamer om de in het draaiboek opgetekende shots goed of af te keuren en de kleedkamers te inspecteren. (Zijn alle per fax bestelde dranken en etenswaren ook daadwerkelijk voorhanden?) Kortom, we waren eraan gewend dat zich een meestal zwaarwichtig type meldde om het voorbereidende werk te doen, waarmee de ster niet lastiggevallen moest worden. Maar deze keer was er, tot onze niet geringe verbazing, geen spoor van een dergelijke werkvoorbereider annex soundtester.

De repetities met de virtuoze musici (voor perfectionist Prince was – terecht – alleen het beste goed genoeg) verliepen voorspoedig. De sfeer was gemoedelijk, soms op het baldadige af, maar ook hier kwam er tot onze verbazing niemand naast onze geluidstechnicus zitten met het verzoek om een koptelefoon, om zo een oordeel te kunnen geven over de kwaliteit van de mix en de balans van de instrumenten. Kwamen Sting, Phil Collins of Cliff Richard, dan was er altijd een doorgewinterde *soundman* met getrainde oren die om 'iets meer bas of minder *presence*' kwam vragen en die vond dat de violen uit de synthesizer 'toch echt wat warmer konden'. Zo niet bij Prince. En dat had – naar later bleek – grote gevolgen.

Schone nagels, *ladies underwear* en een interview zonder woorden

Voorlopig was de sfeer in de Cinevideo-studio echter verbazingwekkend ontspannen. De musici maakten onderling grappen en met enige regelmaat gingen er duimen omhoog als een plaatje op de monitor ze beviel. Ik stond te genieten.

Maar toen maakte de grote baas zijn entree. Het was alsof de legerleiding de troepen kwam inspecteren. Pink op de naad van de broek. Nagels schoon? Zwijgen! De muziek stopte onmiddellijk, de bandleden sprongen nog net niet in de houding, maar de blikken stonden opeens op 'strak' en het was van de ene op de andere seconde doodstil. Prince mompelde een nauwelijks hoorbare '*hi*', vroeg een van de jongens om zijn gitaar in te pluggen en liep naar de microfoon. Volkomen uit zijn hum nam hij nog wel de moeite om uit te leggen hoe de twee nummers opgenomen dienden te worden. 'U heeft het in de fax kunnen lezen: bij het eerste nummer moet de gitaar gedurende de eerste zeven seconden snoeihard hoorbaar zijn, daartoe loopt er een geluidsband mee. Song nummer 2 gaat *full playback*, inclusief de zang. Alleen de trompettist speelt live mee.'

Daarna werden beide stukken één keer doorgespeeld, terwijl we normaal gesproken altijd rekening hielden met drie of vier repetities, en ging hij terug naar zijn kleedkamer. De laatste twee woorden voor hij naar achter verdween waren: 'No interview.'

De redactie was des duivels. Iedereen had zich gerealiseerd dat een televisiegesprek met Prince een unicum zou zijn, vandaar dat alle mogelijke informatie was verzameld en dat de zaak inhoudelijk tot in de puntjes was voorbereid. Eindelijk hadden we een van de echte iconen van de *popbizz* in huis, dachten we hem het hemd van het lijf te kunnen vragen over zijn falsettechniek, zijn voorkeur voor optredens in *ladies underwear*, zijn tomeloze energie en ambitie. En dan dit. Een botte weigering om het min of meer toegezegde gesprekje aan te gaan. Niet lang daarvoor had een producer van Joop van den Ende de iets te lastige Grace Jones uit de studio verwijderd, waarop het advies van een van onze redactrices was: 'Blaas de hele zaak af, ook het optreden. Dat levert bovendien een hoop publiciteit op...'

Gelukkig hoefden we dat voorstel niet te opperen – de meerderheid van ons team kwam al snel weer bij zinnen en begreep dat je twee nummers van een van de allergrootste popmusici uit de geschiedenis niet zomaar aan je neus voorbij laat gaan. Wel kwam een breedgeschouderde verschijning – onderdeel van de entourage – ten overvloede naar de kantine om nogmaals mede te delen dat een interview *out of the question* was. De stemming van de rocklegende was sowieso beneden peil en we mochten onze handen dichtknijpen dat hij niet alsnog had besloten onverrichterzake huiswaarts te keren. Want dit was niet de omgeving waarin hij vond dat zijn talent tot zijn recht zou komen.

Daar kwam bij dat als Prince wél bereid geweest was aan tafel te verschijnen, het allerminst zeker was dat hij enig geluid ten antwoord zou hebben geproduceerd. In het Amerikaanse programma *Bandstand* had hij het kort tevoren gepresteerd om elke vraag te beantwoorden met een 'ja-knik' of een 'nee-schud'. En toen er naar aantallen werd gevraagd ('Hoeveel jaar is het geleden dat u uw definitieve doorbraak beleefde?'), stak de hoofdgast een aantal vingers op. Een interview zonder woorden. Heel apart, maar tegelijkertijd een angstaanjagend vooruitzicht.

Ook een zeldzame audiëntie van een paar krantenjournalisten van behoorlijke reputatie was uitgelopen op een lachertje. Allereerst mochten de heren een paar uur op een houtje bijten voor de ster zijn opwachting maakte, en daarna slaagde hij erin om elke vraag te honoreren met een antwoord van één lettergreep. Toen de lol eraf was, bedankte Prince het gezelschap voor hun belangstelling. Die sessie had precies vijf minuten geduurd!

Het zegt veel over het karakter van de mixer van funk en rock dat hij zich ook in het begin van zijn carrière zelden liet verleiden tot een openbare conversatie (volgens intimi uit frustratie dat hij niet voldoende aandacht kreeg) en dat hij, vanaf het moment van zijn wereldsucces begin jaren tachtig, zijn mond helemaal niet meer opendeed, omdat dit type aandacht van de pers hem niet langer verder hoefde te helpen. Conclusie van een van de zeldzamen die wel tot hem waren doorgedrongen: het is niets anders dan de arrogantie van de extreem verlegene. Vooruit dan maar.

Koningin Noor op dinsdag, Elton John in winterjas en een feestje van zes minuten

Dat de *TVshow* zoveel jaren lang een kijkcijferhit was, leverde in elk geval één enorm voordeel op: we hadden na jaren eindelijk de beschikking gekregen over een eigen studio. Ietsje kleiner dan Paisley Park, maar toch. Voor de huidige dagelijkse praatprogramma's is het hebben van een vaste, altijd beschikbare plek vanzelfsprekend, maar in die tijd was het bijzonder dat we bijna op elk gewenst moment een opname konden plannen. Kwam koningin Noor op dinsdag naar Nederland, dan knipten we op die dag de lampen aan, bestelden de cameraploeg en regelden publiek. Elton John heeft het gepresteerd om op een doordeweekse middag met zijn winterjas nog aan, van achter de piano een nummer te playbacken, omdat hij alleen die middag en op dat tijdstip beschikbaar was. Hij had minstens op een drie minuten durend optreden op paleis Soestdijk gerekend.

De kaartjes voor de opname van Prince hadden we laten verloten onder de echte fans. Stel je je de diepe teleurstelling voor toen ik, vijf minuten voor aanvang, kwam vertellen dat het interview met hun held van de baan was, dat vragen stellen vanuit het publiek ook tot mijn verdriet (en ergernis) een onmogelijkheid was en dat we het dus met de twee afgesproken nummers moesten doen. Je hebt vijf posters boven je bed hangen van de man die vanwege zijn ijzersterke nummers, zijn onnavolgbare bühne-act én zijn volkomen onafhankelijke geest jouw grote idool is, je weet dat je maar één keer in je leven de kans krijgt om hem van minder dan drie meter afstand te bewonderen en je krijgt te horen dat het hele feest precies zes minuten zal duren! Ik zag de koppies gaan hangen.

Toch was ook de positieve spanning voelbaar. Want hoe dan ook: hij wás er! En vanaf het moment dat Prince zijn neus om de hoek van het decor stak, ging het dak eraf. Zó'n uitbundige sfeer, zó'n juichstemming hadden we sinds het afscheidsoptreden van de Engelse groep Take That niet meer meegemaakt. Hoewel de volumeknop van de band op maximaal gestaan moet hebben, kwam het gekrijs vanuit de zaal af en toe nog boven de muziek uit. Ik stond stilletjes aan de zijkant en zag het chagrijnige gezicht van The Artist Formerly Known As Prince plotseling ontdooien. Het was alsof hij zich afvroeg of dit hetzelfde lullige studiootje met die minitribune was waarover hij zich net nog zo had opgewonden. Prince en de zijnen kregen duidelijk een kick van het overweldigende enthousiasme. De twee nummers werden met gejoel, gefluit en een ovationeel applaus ontvangen.

Maar toen: het einde van het optreden. Natuurlijk was er een minutenlange staande ovatie, maar je zág ook de teleurstelling, want de fans waren ervan uitgegaan dat ze hun idool ook nog zouden zien en horen tijdens het interview. Dus legde ik nogmaals uit dat we hiermee al heel blij konden zijn, omdat het, zoals bij menig ander televisieoptreden van deze heer, ook heel anders had kunnen aflopen. Verdrietig, maar met de herinnering aan het fantastische optreden, gingen de fans op weg naar huis.

Vroeger dan gehoopt was het einde oefening. Dachten we. Want een paar minuten later werd er op de deur van mijn kleedkamer geklopt. Een afgevaardigde van het Amerikaanse gezelschap meldde dat Prince zo onder de indruk geraakt was van de sfeer in de studio dat hij alsnog bereid was tot een gesprek, op voorwaarde dat ook bassist Larry Graham daaraan deel zou mogen nemen. (Die Larry was belangrijk in zijn leven: hij bracht Prince in contact met de Bijbel. Daarin ontdekte hij de waarde van de 'vrije wil' die voor hem – en niet alleen voor hem – het grootste goed was.) Natuurlijk stemden we daarmee in. Het interview ging door!

Ons voltallige tv-ploegje holde naar buiten, want de meeste fans waren al vertrokken. Er dreigde nu een interview zonder publiek plaats te vinden, in een verlaten studio. Er was geen tijd te verliezen. Aanvankelijk leken we overstemd te worden door het geluid van startende brommers, dus het leek op niets uit te lopen. We schreeuwden zo hard we konden: 'Kom terug, we doen alsnog een gesprek met Prince!'

Tot ons geluk reed de bus met winnaars van een prijsvraag zó rustig weg dat die nog net op de hoek kon worden ingehaald. En toen zag je opeens het afremmen van de brommers, de 'openbaarvervoerfans' die op hun schreden terugkeerden, je hoorde het dichtslaan van tientallen portieren van de op het grasveld geparkeerde auto's. En ik heb nog nooit een mannetje of honderd zo snel hun jas zien ophangen. (De rest hield zijn jack of winterjas gewoon aan om niet het risico te lopen iets te missen.)

Prince en Larry Graham verschenen ten tonele. Vanaf de tribune een nieuwe orkaan van geluid. Er was nog maar één probleem: ik had de kaartjes met vragen – opgesteld tijdens lange voorgesprekken met de redactie en zorgvuldig voorbereid – uit teleurstelling verscheurd en weggegooid. Mede daardoor werd het een allesbehalve gedenkwaardig gesprek. Maar omdat elk woord van Prince voor menigeen een soort eeuwigheidswaarde vertegenwoordigt, hier toch een korte weergave – of in elk geval een aantal losse quotes van wat Prince en Larry Graham bereid waren qua gedachten aan ons prijs te geven:

Ik begon zo: 'Wij zijn hier bijeengekomen om door iets heen te gaan wat interview wordt genoemd en [*met een cynische ondertoon*] het lijkt alsof u het leuk vindt.'

'Ik praat meestal via mijn muziek.'

'*Slave* staat niet meer op uw wang, zo te zien voelt u zich fris, nieuw, meer *funky*, meer geïnspireerd. Hoe komt dat?'

'Als je jezelf eenmaal vrij hebt gemaakt van alle negatieve krachten, maak je anders muziek in de studio. Dan denk je niet meer aan de werkdruk, dan denk je alleen aan creëren voor God.'

Ik vroeg hem naar het veelbesproken nummer '1999', dat hij in 1982 had opgenomen. Volgens hem zou de wereld in 2000 vergaan, dus was zijn advies: leef alsof het 1999 is.

'Ik speculeerde over het jaar 1999, want ik heb geleerd dat tijd maar een trucje is.'

Tegen Larry Graham: 'En u volgt hem altijd in zijn, laten we zeggen, specifieke ideeën?'

Larry [*glimlachend*]: 'Nou, hij geeft me de vrijheid om te denken en de vrijheid om me uit te drukken.'

'Waarom lacht u?'

'Ik glimlach omdat die gedachte me blij maakt.'

'Maar bijvoorbeeld wanneer The Artist zegt: "*I celebrate the day*", is dat dan een idee dat u kunt volgen?'

'Elke dag is een geschenk van God. Wij kijken naar morgen, wij kijken altijd vooruit en proberen niet achterom te kijken.'

Toen vroeg Prince aan mij: 'Hoeveel verjaardagen heb jij gehad?'

'Hoeveel denkt u?'

'Nou, ik weet dat jij één verjaardag hebt gehad, toen je geboren werd. Ik vier geen verjaardagen, daarom tel ik de dagen niet en daarom tel ik de tijd niet en dat stelt me in staat om er nog steeds zo uit te zien als tien jaar geleden.' [*Hij stond op en deed een dansje.*]

'Ik zag laatst uw ogen bij de *Muppet Show*, u zag er zo gelukkig uit.'

'Vandaag de dag ben ik elke dag gelukkig.'

'Sinds u de dagen en verjaardagen niet meer telt? Goed... en gelooft u nog steeds sterk in reïncarnatie?'

Prince [*lachte*]: 'Geloof jij nog steeds sterk in het niet dragen van dassen?'

'Ja, ik zag jullie binnenkomen en jullie zien er zo geweldig uit, dus ik dacht: Vooruit, ik trek het meest moderne aan dat ik heb.'

'Je ziet er *sharp* uit.'

'Bedankt. Maar ik moet wél mijn verjaardagen tellen. Is dit het beste album dat u ooit gemaakt hebt?'

'Het is het beste deze week. Ik neem veel op.'

'Laatste vraag: u hebt onlangs een intrigerende opmerking gemaakt toen u zei dat seks de hoogste vorm is van spiritualiteit op aarde. Zou u dat kunnen toelichten?'

'Dat zou ik kunnen doen.'

'En doet u dat?'

'Nee.'

'*Thanks for being with us!*'

Tja. Het interview was op zijn zachtst gezegd niet wat we ons ervan hadden voorgesteld, maar we hadden wél uniek materiaal!

Kostenpost van vijftigduizend oude guldens, een legertje advocaten en een stiekeme *safety copy*

Terwijl we al aan het bier zaten, kregen we te horen dat Prince zelf nog even de geluidsbanden van de twee muzieknummers wilde terugluisteren. Een formaliteit waar we ons niet druk om maakten. Maar toen kwam het bericht dat een van de twee stukken in de oren van de artiest geen genade had gevonden. Wat was er gebeurd? Onze geluidsman (verbaasd over de afwezigheid van een meegereisde vakbroeder en vooral in verwarring door de ongekend korte repetitie) had twee, zo op het oog kleine, fouten gemaakt: de geluidsband met de gitaar die bij de intro van het eerste nummer moest 'gieren', was inderdaad qua volume vrij voorzichtig afgespeeld. Dat de eerste maten in het geschreeuw van de fans sowieso verloren gingen, was blijkbaar geen excuus. En toen bleek dat bij het andere (full playback) nummer 'The Greatest Romance' behalve de microfoon van de trompettist ook die van Prince zelf open stond, zodat je – nauwelijks hoorbaar – ook iets van zijn stem meekreeg.

Het was hommeles. De manager eiste alle banden op: 'Die gaan we vanavond in Amsterdam, in het Krasnapolsky, nog eens rustig beluisteren.'

We hadden geen keus. De numerieke en fysieke overmacht van de Prince-clan was groot, en dus stonden we al ons 'gouden' materiaal af.

Wat moesten we er trouwens mee? Als een artiest uitzending verbiedt, heb je geen poot om op te staan. En o ja, vanzelfsprekend was ook het uitzenden van het gesprek niet aan de orde.

Zo was de stemming in minder dan een uur tijd van verslagenheid via kortstondige, uitzinnige vreugde weer omgeslagen naar een nieuw dieptepunt. De opname kostte de omroep aan techniek, licht en andere faciliteiten rond de vijftigduizend oude Nederlandse guldens. Een schadepost die op niemand te verhalen was. Nachtelijke onderhandelingen in het hotel aan de Dam leverden niets op. De laatste woorden van de leider van de kleurrijke hofhouding, met zijn hand om de deurkruk van de verlengde Mercedes: 'Er is nog een minimale kans dat Prince de moeite neemt om iets met het materiaal te doen. Ik weet niet zo gauw wat, maar dan zou de mogelijkheid bestaan dat er toch nog iets van uitgezonden kan worden. Ik zou alleen nergens op rekenen.'

Hij vond het hele gedoe blijkbaar toch wel pijnlijk voor ons, zag de beteuterde koppies en had het gevoel dat hij tenminste een strohalm moest achterlaten.

Voor het eerst in de geschiedenis van ons programma haalden we de volgende ochtend de voorpagina's van de kranten. En wat er verder na dat tumultueuze opnamedagje gebeurde, is tekenend voor hoe het er toen al – en tegenwoordig helemaal – aan toegaat in omroepland. Alle actualiteitenrubrieken en praatprogramma's gingen achter hetzelfde 'onderwerp van de dag' aan. Zo had ik de ochtend na de vernederende nacht thuis al vóór negenen *NOVA, Netwerk* en *Hart van Nederland* aan de lijn. En dat gebeurde allemaal nog in het pre-*Boulevard*- en *Shownieuws*-tijdperk, anders hadden die zich ook direct gemeld. Het kostte me alle overredingskracht om de vasthoudende redacteuren duidelijk te maken dat we hier te maken hadden met een non-item. Een geluidstechnisch probleem met als gevolg dat twee liedjes en een verre van memorabel interview de uitzending niet zouden halen. Vooral de *NOVA*-redacteur van dienst was niet uit het veld te slaan: 'Zo'n onderwerp past precies in onze nieuwe formule: één keer "licht" tussen twee keer "zwaar".'

Uiteindelijk won het gezonde verstand, al was het maar omdat een dergelijk item zonder de gewraakte beelden geen zin zou hebben. En de banden hadden we niet meer – dat was althans de officiële lezing. Ja, natuurlijk hadden we stiekem één *safety copy* achtergehouden, maar durf het risico maar eens te nemen om daar iets van uit te zenden. Je ziet het legertje advocaten al voor je dat woedende faxen verstuurt, zo nodig in de VS aan boord gaat, hier aan land komt en met de bajonet in de aanslag tegenstanders Moszkowicz en Spong van hun laatste restje reputatie berooft.

En toch... waar werkelijk niemand meer op gerekend had, gebeurde. Vijf weken na de chaotische opnamedag meldde zich een koerier in Hilversum met een dikke doos afkomstig uit de USA. Erin zat een tape van de opnames!

Wat was er in Minneapolis gebeurd? Op een ochtend waarop hij, zoals meestal het geval was, alle musici tot zijn beschikking had, had de meester zelf op zijn videoplayer een kopie van de opnameband ingestart, met het geluid op 'nul'. Vervolgens had de voltallige band, met de blik op het scherm gericht, een van de twee nummers volledig opnieuw ingespeeld, synchroon met de beelden. En zo was er een gerestaureerde versie ontstaan van 'The Greatest Romance'. Daar bleef het dan ook bij, want het andere stuk was blijkbaar niet meer na te spelen. Er zat een vrolijk stemmend berichtje bij: het interview mocht nu ook de ether in.

Een paar weken later vroegen we voor de gein een paar regisseurs en producers die in andere *editing rooms* bezig waren om te komen kijken naar het Almeerse optreden. We draaiden beide versies: eerst de afgekeurde en later de door Tafkap hoogstpersoonlijk bewerkte. Welke muzikaal gezien de meeste indruk maakte? Niet alleen was de 'foute' instart niemand opgevallen, de oorspronkelijke opname werd ook met meerderheid van stemmen tot beste gekozen. Toen we het hele verhaal vertelden, begreep werkelijk niemand waarom die eerste opnames waren afgekeurd. Soms maakt perfectionisme dingen er niet beter op.

ROALD DAHL

Mantelzorger met gevoel voor humor en horror

Voor een televisieprogramma voor UNICEF dat in twaalf landen zou worden uitgezonden, zochten we naar een mannelijke presentator die zich naast de overweldigende Audrey Hepburn staande zou weten te houden. Speld in een hooiberg – een mannelijke *host*, die in veel landen bekend moest zijn en ook nog eens niet zou verbleken naast de wereldberoemde filmster annex stijlicoon. We kwamen uit bij een op zijn minst verrassende naam: Roald Dahl. Als we hem zouden weten te strikken om naast Audrey voor de camera te verschijnen, zou dat zeker veel publiciteit opleveren. Nou ben ik schandalig slordig met adressen en telefoonnummers. Als we de gegevens van alle gasten zorgvuldig bewaard hadden, zouden we goud in handen hebben gehad. Maar het nummer van Dahl had ik nog!

Na een voorzichtige inleiding, waarin duidelijk moest worden om wat voor programma het ging, kwam dé vraag. 'Zou u ervoor voelen om iets te doen waar u waarschijnlijk nooit eerder voor gevraagd bent?'

Dat Dahl niet onmiddellijk reageerde, betekende dat we met deze inleiding de juiste toon te pakken hadden. 'Een groot televisieprogramma presenteren dat in verschillende landen zal worden uitgezonden.'

Er kwam geen 'nee'. Dahl vroeg door en leek warempel wel te porren voor zo'n onverwachte rol.

'Maar het is niet de bedoeling dat u het alleen doet. U wordt de mannelijke presentator naast een beroemde vrouw.'

Wie dat dan wel was? Ervan uitgaande dat hij verguld zou zijn met een plek naast de ster van *Breakfast at Tiffany's* en zoveel andere internationale topfilms zei ik vol enthousiasme: 'Audrey Hepburn.' Ons gesprek nam een door mij nooit verwachte wending. Want na een korte stilte kwam er een: *'I won't do it.'*

Ik wist zo gauw niet hoe ik moest reageren. Maar ik hoefde niets te zeggen, want het waarom volgde al snel.

'Much too skinny.'

En Dahl hing meteen op. Boem. Einde gesprek, weg illusie. Een karakteristieker inleiding voor onze eerdere ervaringen met de schrijver is niet denkbaar.

'Much too skinny-Roald Dahl' stond hoog in de lijst van moeilijk benaderbare, humeurige beroemdheden. Als het even tegenzat, kon je je stukbijten op zijn bij journalisten bekende tegenzin. Eén verkeerd woord en de kans op een aangename uitwisseling van gedachten was verkeken. Dus hadden we weer eens mazzel toen we ons bij mijn eerste *Op Reis*-klus in Great Missenden meldden aan de deur van Gipsy House, want we troffen een goedgeluimde Dahl aan het hoofd van de keukentafel, in geanimeerde conversatie met vier mannen, zijn beide duimen achter zijn bretels. Dat ik dat detail onthouden heb, is omdat zo'n houding meestal geen grote toegankelijkheid verraadt. De heren hadden het luidruchtig beregezellig met elkaar. En dus stonden cameraman Henk en ik minutenlang op de drempel van de keuken. (Om kosten te besparen waren we met zijn tweeën en moest ik, behalve het gesprek gaande houden, ook het geluid opnemen.) Toen het me te lang begon te duren waren een paar goed hoorbare kuchen voldoende om de aandacht te trekken. Dahl: 'O ja, *Dutch television*!' Tegen de boys aan tafel: 'Hier hebben we *interviewer number thousand, with the same thousand questions.*'

Zonder na te denken reageerde ik met: *'I'll tell you something... I know the answers already.'*

Dat had achteraf gezien heel verkeerd kunnen vallen, maar Dahl genoot duidelijk van het toch redelijk brutale antwoord. Lachend: 'Dan worden jullie de allereersten die opnames mogen maken in de hut waar ik elke dag zit te schrijven. Beschouw het als een voorrecht.'

Eén riskante opmerking had de weg vrijgemaakt voor misschien wel de meest unieke minuten televisie die we ooit hebben mogen opnemen.

We bevonden ons in wat je noemt het heilige der heiligen, waar de schrijver zijn hele leven lang zijn verhalen bedacht, vol macabere humor ontsproten aan zijn zeldzame fantasie. Dag in dag uit dezelfde handelingen in dezelfde volgorde, dezelfde gele potloden, hetzelfde papier, dezelfde stilte. Zichtbaar trots was hij op de eenvoud van de inrichting: een met ijzerdraadjes aan het plafond bevestigde verwarming die hij al naargelang de gewenste temperatuur dichterbij kon halen of verder weg kon duwen. Daarbij bleef dat verwarmingselement gericht op zijn handen, want die mochten niet koud worden. Tijdens het schrijven legde hij zijn voeten op een met houtblokken gevulde oude hutkoffer die hij ook weer met zijn voeten desgewenst dichterbij of verder weg kon schuiven, teneinde zijn benen te strekken. De koffer was op zijn beurt met ijzerdraad aan de poten van de fauteuil bevestigd, zodat die stevig op zijn plek bleef. Zo schreef hij met zijn benen op de koffer. 'Gezonder en comfortabeler dan zoals bijna elke auteur zit, ingezakt en voorovergebogen. Dan stroomt er te weinig bloed naar de hersenen.'

Dahl wilde ook niet aan een schrijftafel werken, maar zat in een luie opastoel met in de rugleuning een groot gat, noodzakelijk omdat hij in Afrika als RAF-piloot ooit uit een vliegtuig gevallen was. Als gevolg daarvan had hij zoveel operaties aan zijn rug moeten ondergaan dat hij een *soft spot* nodig had, waar een deel van zijn rug 'vrij lag'. Dankzij dat gat kon hij urenlang pijnvrij aan de slag.

Dahl werkte volgens een vast ritueel. Eerst maakte hij met een schuier zijn van groen laken voorziene werkblad stofvrij. Dan volgde het slijpen van drie potloden ('zoveel heb je er precies nodig als je twee uur achtereen wilt schrijven zonder een punt te hoeven slijpen). Met één ervan ging hij aan de slag op het speciaal uit Amerika ingevlogen gelinieerde, gele papier met kantlijn. Zijn enige gezelschap was wat zich op een kastje aan de muur bevond: een buisje met wat de artsen bij een van de zes rugoperaties aan zijn wervelkolom hadden weggehaald. En macaber genoeg ook een ijzeren pin, een overblijfsel van een mislukte ingreep aan zijn heup. Dat hij uitgerekend deze attributen hier uitgestald had, stond symbool voor het feit dat volgens Dahl horror en humor in elkaars verlengde liggen. 'Horror is alleen leuk als je er op het eind om kan lachen. *Horror for horror's sake,* daar heb ik niks mee.'

Een bedankbrief, een sadistische aartsbisschop en drie weken in coma

Dahl. Ik ben niet alleen fan vanwege zijn bizarre, vaak gruwelijke verhalen voor volwassenen en zijn grappige boeken voor kinderen, of omdat hij na ons bezoek en het zien van de montage een fijne bedankbrief stuurde. Het gaat er mij met name om hoe hij zijn doodzieke echtgenote Patricia lange tijd op een wel heel bijzondere manier verzorgd heeft. En Dahl is nog steeds *hot.* Nu, meer dan dertig jaar na zijn dood, heeft Netflix alle rechten van zijn werk aangekocht voor het maken van nieuwe films en een hele serie tekenfilms gebaseerd op zijn boeken.

Minder bekend is dat Dahl in zijn persoonlijke leven werkelijk niets bespaard is gebleven. Toen hij drie jaar was, verloor hij zijn oudste zus aan een blindedarmontsteking. Nog geen drie maanden later overleed ook zijn vader op zevenenvijftigjarige leeftijd aan een longontsteking. Die twee dramatische gebeurtenissen waren niet meer dan een voorbode van de barre tijden die hem te wachten stonden. Dahl werd naar kostschool gestuurd. Daar heerste in die jaren een meedogenloos regime. De meeste leraren hadden er als hobby het afranselen van de leerlingen. Zelfs de latere aartsbisschop van Canterbury liet zich niet onbetuigd bij het sadistisch te grazen nemen van de jongens.

Lachend zei Dahl: 'Ik heb niet het voorrecht gehad door hem gepakt te worden. Maar hij had een reputatie als het ging om hoe hard hij jongens sloeg. Een man die later liefde en verdraagzaamheid predikte: het klopte niet en betekende het einde van mijn geloof in de kerk.'

Ondanks zijn lengte van 1.98 meter was Dahl tijdens de Tweede Wereldoorlog dus als piloot actief. Bij een crash in Libië liep hij zwaar letsel op aan zijn hoofd en rug. Hij zou er zijn leven lang last van houden. Hij trouwde met de Amerikaanse actrice Patricia Neal, winnares van alle denkbare onderscheidingen, inclusief een Oscar. Ze kregen vijf kinderen. Maar toen ging er weer van alles mis. Dahls dochter Olivia overleed op haar zevende aan de mazelen. En jongste zoon Theo werd, net drie maanden oud, in zijn kinderwagen aangereden door een taxi, waarbij hij bekneld raakte tussen het portier van de auto. Gevolg: zwaar hersenletsel. Een hele serie operaties volgde en wonder boven wonder overleefde hij. De ernstige hersenbeschadiging van zoon Theo bracht Dahl ertoe om samen met een bevriend ingenieur en een arts een ventiel te ontwikkelen met een draadje waardoor vocht uit de hersenen kon worden afgevoerd en de druk op die hersenen verminderde. Die medische vinding draagt nog steeds de naam van degenen die het bedacht hebben, de *Wade-Dahl-Til valve.* En dankzij de vondst van het driemanschap werden zo'n drieduizend kinderen gered. De techniek schreed voort, dus tegenwoordig wordt van de voor die tijd geniale uitvinding geen gebruik meer gemaakt.

Vandaag de dag leeft Theo goeddeels – maar niet geheel – hersteld met vrouw en dochter in Naples, een prettig stadje in Florida. Theo Dahl, aan wie zijn vader zijn belangrijkste boek (*Charlie!*) heeft opgedragen, leeft nog dagelijks met de gevolgen van die bijna fatale aanrijding.

Maar er waren nog meer tragedies waar Dahl mee te maken kreeg. Zijn echtgenote Patricia kreeg tijdens de zwangerschap van haar vijfde kind een aantal beroertes. Drie weken lag ze in coma. Eenmaal uit het ziekenhuis moest ze opnieuw leren lopen en praten. Echtgenoot Roald bedacht een spartaanse methode om haar er weer bovenop te helpen, was daarmee zélf dag en nacht in touw, maar hij had ook een heel schema opgesteld waarin buren en vrienden bij toerbeurt een rol speelden.

Patricia herstelde zo goed en zo kwaad als het kon. Ze bleef blind aan een oog en hield aan haar ziekte grote geheugenproblemen over. Het huwelijk strandde alsnog. Na dertig jaar samen trok Patricia de deur achter zich dicht en vertrok naar Amerika. Naar buiten toe leek het ondankbaar om, nadat haar man haar zo intens verzorgd had, haar gezin alsnog in de steek te laten. Maar de werkelijkheid was anders. Achteraf bleek namelijk dat de grote schrijver al jaren een hartstochtelijke relatie had met de beste vriendin van zijn echtgenote. Roald Dahl hertrouwde met die tweeëntwintig jaar jongere vrouw, filmproducer Felicity. Na Dahls overlijden zette ze te zijner nagedachtenis een stichting op, *Roald Dahl's Marvellous Children's Charity*, voor hulp aan ernstig zieke kinderen.

Tegenwoordig ligt Dahls reputatie opeens deels aan diggelen. Wat in kleine kring al langer bekend was, waren Dahls antisemitische opvattingen. Uitgerekend de research voor een nieuwe film over zijn leven bracht een aantal oude uitspraken boven tafel.

Dat was niet voor het eerst, maar in een tijd waarin de focus meer dan ooit ligt op de vraag hoe schoon de reputatie is van wie aan de weg timmert, was de ophef meteen maximaal. Weinigen komen ongeschonden uit de strijd.

Maar toen we Dahl opzochten, speelde dat nog niet. Wat ik me vooral herinner is dat lastpak Dahl tot en met de laatste vraag de toegankelijkheid zelve was. Hij was een groot verzamelaar van het abstracte werk van de Russische avant-gardeschilder Malevitsj. Ik zei tegen hem: 'U bent groot fan van zijn werk. Er hangt er hier ook een achter u. *Do you exercise your fantasy on those paintings?*' Traint u uw fantasie op dit soort schilderijen?

Bij een vraag van dit kaliber glom Dahl van blijdschap (ik had hem niet zelf bedacht...), en alsof hij het als het gedroomde slotakkoord van onze ontmoeting beschouwde, maakte hij er meteen en abrupt een eind aan: 'Een glas whisky en wegwezen!' Niet gek dat ik na ons telefoongesprek over Audrey aan dit moment terugdacht.

Na een paar slokken van de eerste – en tevens laatste – Bourbon die ik ooit, met moeite, naar binnen gewerkt heb, was het opeens 'over en uit'.

Vier in stukken gesneden Ferrari's en vijf jaar cel

We zijn toe aan twee jonge Engelse lords *in trouble.* Toen we de eerste, Lord Brocket, bezochten, hadden we geen flauw idee van de spannende bijnaam waarmee hij jaren na ons bezoek door het leven zou gaan: 'lord Fraud'. Brocket had op zijn vijftiende een gigantisch landgoed geërfd met een kasteelachtige villa en een golfbaan. Eenmaal volwassen sloeg de nieuwe eigenaar van het eeuwenoude familiedomein dermate ingrijpend aan het restaureren dat het uitgroeide tot zo ongeveer het meest gewilde conferentieoord voor grote, internationale meetings. CEO's van multinationals, vorsten en presidenten, ze kwamen maar al te graag naar Brocket Hall. Ook vanwege de spannende verhalen waarmee de jonge lord zijn gasten vermaakte. Zoals over de vrijgevochten echtgenote van een hooggeplaatst man, die zich in een ver verleden tijdens een galadiner liet opdienen als dessert.

Dat ging zo. Een kwartet bedienden kwam met een zilveren dekschaal van historische afmetingen de immense eetzaal binnen. De hotemetoten aan weerszijden van de lange tafel beloonden dat met een beleefd applausje. Het gevaarte werd midden op tafel gezet, twee mannen tilden met veel ceremonieel het deksel op en daar kwam ze tevoorschijn: de eega van niemand minder dan de Britse premier. In haar poedelnakie.

Alles prettig dus in Brocket Hall. Tot de wereldeconomie in een duikvlucht belandde en de vergaderruimtes leeg bleven. Omdat de onderhoudskosten de pan uitrezen, kwam de nog steeds jonge lord in no-time in grote financiële moeilijkheden. Maar onze Engelse Tom Poes verzon een list. Hij bezat inmiddels het niet onaardige aantal van tweeënveertig Ferrari's, oude en nieuwe exemplaren. Daaronder bevonden zich auto's waarmee wereldtitels in de Formule 1 gewonnen waren. Zijn reddingsplan was van een beangstigende eenvoud: ik doe alsof vier van mijn karretjes gestolen zijn en claim bij de verzekering ten minste een miljoen pond, want dat was de waarde van het kwartet historische bolides. Aldus geschiedde. Het moest natuurlijk zo onopvallend mogelijk. Brocket nam geen halve maatregelen: hij vond een expert die in staat was elk van de wagens in vier stukken te zagen. Daardoor zou het tijdelijk opbergen eenvoudig zijn, want wie zou ooit kunnen vermoeden dat die kwart carrosserie deel uitmaakte van een nog bestaande antieke raceauto? Bovendien was deze topmecanicien in staat om zijn klus zo te klaren dat alles te eniger tijd weer in elkaar gezet zou kunnen worden. Meesterlijk! Met de uitkering van de *insurance company* zou hij in één keer uit de problemen zijn. Slimmer kan niet, zou je zeggen. Maar Brocket had buiten zijn ex-vrouw, met de verrukkelijke naam Isabell Maria Lorenzo, gerekend. Als topmodel was ze ooit naar Brocket Hall gekomen voor een fotoshoot voor *Vogue*. Ze was als een blok gevallen voor de charmes van de eigenaar. Maar ondanks de geboorte van drie prachtige kinderen bleek het huwelijk geen succes en eindigde na acht jaar in een scheiding. Daardoor, en ook dankzij de nooit verwachte financiële misère waarin het duo terecht was gekomen, was *beautiful* Isabell dermate van slag dat ze uiteindelijk in een depressie belandde, zo ernstig dat ze vreemd gedrag begon te vertonen en daarvoor zelfs behandeld moest worden. In een van die buien sloeg ze door en bracht de politie op de hoogte van wat er gebeurd was. Het nieuws haalde alle voorpagina's en lord Brocket kon niet meer volhouden dat er niets aan de hand was. En daar ging de lord. Begeleid door een legertje journalisten en gezegend met grote artikelen op de voorpagina's draaide hij voor vijf jaar de bak in. Wegens zeer goed gedrag kwam hij na tweeënhalf jaar vrij. De voormalige Eton-student koos weer voor het rechte pad dat zijn ouders hem gewezen hadden.

We zijn nu ruim twee decennia verder. Lord Brocket is inmiddels gewoon Charles Nall-Cain, woont met een nieuwe eega en hun twee kinderen (wat zijn totaal op vijf brengt) in een doorsnee flat in Londen, maar is intussen wel een celebrity. Dat is te danken aan zijn werk als televisiepresentator, zijn deelname aan populaire programma's en zijn biografie *Call Me Charlie*, die de top 10 van de bestsellerslijst haalde. Maar hij moet accepteren dat hij één bijnaam tot in eeuwigheid bij zich zal dragen: 'Lord Fraud'. En zo komen we uit bij zijn collega-lord, die om heel andere redenen in grote moeilijkheden kwam.

NED LAMBTON

Een jonge lord in Toscane en in trouble

Dit verhaal begint met een artikel in een van de buitenlandse edities van de *Architectural Digest*. Daarin stond een grote reportage over een imposant, kasteelachtig landhuis in het Italiaanse Toscane met schitterende tuinen en hoog op de heuvel een bij het domein behorende eeuwenoude kapel. Dit alles was eigendom van een adellijke bewoner die het van zijn Engelse vader geërfd had. Een kleurrijke huisbaas bovendien, die in een vorig leven popmuzikant was geweest en één hit op zijn naam had en die daarna jarenlang zonder duidelijk doel op een Filipijns strand had vertoefd. ('Waarom ik daarheen ben gegaan en wat ik daar deed, snap ik eigenlijk nog steeds niet.') Nu woonde hij in dat paleisje in de buurt van Siena met – kers op de taart – zijn derde echtgenote, een bijna twintig jaar jonger voormalig fotomodel, met wie hij twee jonge kinderen had. Zoals een kok droomt van de juiste ingrediënten voor een perfecte gemarineerde langoustineschotel, zo stijgt hier de bloeddruk van een programmamaker, omdat 'alles erin zit'.

'You're most welcome! You'll be the first television crew ever!'

Het was het gedroomde antwoord op de vraag of we met de camera langs mochten komen, veelbelovend ook. De ervaring leert namelijk dat hoe langer je moet soebatten voor toestemming, hoe groter de kans dat je allerlei beperkingen opgelegd krijgt en hoe minder doorgaans het uiteindelijke resultaat. Maar de jonge lord Lambton (in die kringen is begin vijftig nog 'piep') ging ervoor. Wij waren blij met zijn spontane toestemming, want het spectaculaire huis en 'The Seventh Earl of Durham' (het kan minder!) leken dus alles te hebben waar we steeds weer naar op zoek waren. Bovendien komt het niet zo gek vaak voor dat je direct geïntrigeerd raakt door een onbekende, niet eerder al via allerlei media doorgezaagde hoofdpersoon. Je hebt de *usual suspects*, categorie *sure shots*: gasten die je al regelmatig op het scherm voorbij hebt zien komen, die het klappen van de zweep kennen en bij wie je meestal vooraf al wel kunt vaststellen dat er goed materiaal te halen valt. Een andere route naar zekerheid loopt via het onuitputtelijke televisie-archief, en ook YouTube biedt tegenwoordig natuurlijk een fijne helpende hand als je moet inschatten of iemand de moeite waard is om te portretteren. Maar wie – zoals mijn ploeg en ik – een duidelijke voorkeur heeft voor hoofdpersonen en verhalen die niet eerder in beeld zijn gebracht, weet dat het risico op teleurstelling aanzienlijk kleiner is als de gast in elk geval enthousiast is. Dat was dus duidelijk het geval bij Edward – 'zeg maar Ned' – Lambton. Zo'n zonder aarzeling uitgesproken *yes, you're welcome* is trouwens een zeldzaamheid. In toenemende mate wordt er moeilijk gedaan over het maken van in-huis-opnames, wat gezien de privacy niet onbegrijpelijk is. Maar Lambtons spontane houding deed het beste vermoeden.

Een bijzondere hobby en een premier onder Me Too-verdenking

Om eerlijk te zijn had ik nog nooit van Ned Lambton gehoord, maar wel van zijn vader, de oude Antony Lambton, vanzelfsprekend de zesde graaf van Durham. In de jaren vijftig tot begin jaren zeventig was de oude lord Lambton een vooraanstaand *Member of Parliament* voor de Conservatieven. Hij leek zelfs in aanmerking te komen voor een toekomstige verhuizing naar Downing Street 10, hoewel dat volgens anderen te hoog gegrepen was. Niet dat Antony Lambton niet voor het hoogste ambt gekwalificeerd zou zijn, maar in zijn agenda was te veel plek ingeruimd voor andere, iets te triviale zaken. Zo deelde hij bijvoorbeeld die ene aparte hobby met zoveel van zijn Lager- en Hogerhuiscollega's: seks buiten de deur. Vooraanstaande politici vrolijk in de weer met andere vrouwen dan hun wettige echtgenote, daar hadden ze – met name na de zogenaamde Profumo-affaire in Engeland –

hun buik van vol. (Voor wie niet bekend is met de details van dat scandaleuze verhaal: ik doe het straks uit de doeken.)

Wat graaf Lambton één keer per week met een paar – toen zogeheten – dames van lichte zeden uitspookte, viel, anders dan bij het Profumoschandaal, niet in de categorie 'strafbaar', en het was in elk geval minder heftig dan de geruchten over de ogenschijnlijk zo keurige premier Edward Heath. In de hele serie onthullingen over scabreuze misstappen van vooraanstaande Britten vond ik het bericht over Heaths vermeende pedoseksuele voorkeur trouwens wel het schokkendst. In 2002 waren we thuis bij deze premier, die van 1970 tot 1974 zijn land met intelligente hand had geleid. Hij was een boeiende figuur, zoon van een timmerman en een dienstmeisje, een enthousiast zeiler met een passie voor het dirigeren van grote orkesten. Het was een memorabel bezoek, al was het maar omdat de goedmoedige man zelf de deur van zijn fijne villa in Salisbury opendeed. Zonder omhaal gaf hij ons direct te verstaan dat in de kamer links onder geen voorwaarde gefilmd mocht worden, omdat zich daar 'te veel persoonlijke herinneringen' bevonden.

Het waren onze rebelse *TVshow Op Reis*-jaren, dus werd het juist onze eerste uitdaging om daar rond te neuzen. De truc die we bedachten was dat de geluidsman er in de keuken extra lang over zou doen om het draadje van de microfoon onder sir Edwards overhemd verborgen te krijgen, het daarna aan te sluiten op het kastje met de batterijen, om vervolgens wel heel nadrukkelijk het geluid te gaan testen en een ingewikkelde storing voor te wenden. Dat alles gaf ons de tijd om de verboden ruimte te verkennen – wat we ook deden. Daar troffen we inderdaad een partij interessante foto's aan, een aantal duidelijk door collega-staatshoofden aangeboden geschenken en een kostbare humidor met daarin fijne Cohiba's, maar dat was het dan ook wel. Jaren na ons bezoek werd bekend dat sir Edward meer dan eens betaalde liefde had gezocht bij minderjarige jongens en dat er aangiften waren gedaan wegens ten minste grensoverschrijdend gedrag. Toen moesten we wel even terugdenken aan die ongeoorloofde paar minuten in de 'kamer links'. Hadden we daar niet de bewijzen of ten minste iets van aanwijzingen kunnen vinden? Was dat misschien de reden geweest van het nadrukkelijke 'daar niet filmen'?

Nee, zo bont als Heath het in de vorige eeuw schijnbaar gemaakt had, zo ver ging het bij de oude Lambton zeker niet. *Earl* Antony hield het bij een spannende voorkeur voor betaalde liefde, het liefst met twee vrouwelijke professionals tegelijk. Op meer spectaculaire *Seitensprünge* is hij nooit te betrappen geweest. Maar toch: omdat er ter verhoging van de pret aardig wat cannabis in het spel was, waren de consequenties niet mals. Uiteindelijk zou één foto, gemaakt op een van zijn vele wilde avondjes, niet alleen zijn carrière, maar zijn hele leven op zijn kop zetten.

Lady-van-plezier Norma Levy was een van zijn vaste 'voor vijftig pond doe ik veel, voor honderd alles'-speelkameraadjes. Ze moet in haar vak uitzonderlijk talentvol zijn geweest, want haar ganse clientèle bestond uit de meest prominente figuren uit de Engelse samenleving: politici, professoren, CEO's en CFO's van grote bedrijven, bankdirecteuren – wat je noemt de *high society*. Voor minder kwam ze je bed niet in. Norma was getrouwd en manlief vond het allemaal prima, zolang het maar ponden in het laatje bracht. Maar op een bepaald moment bedacht hij dat er meer te halen moest zijn dan het vaste honorarium voor een half uurtje rollebollen. En dus verschanste hij zich op een avond in 1973 in de grote slaapkamerkast, die via het sleutelgat uitzicht bood op de te verwachten activiteiten van zijn echtgenote en haar vaste vriendin, die opnieuw ingehuurd waren voor een partijtje lol trappen met de achtenswaardige politicus. Voor alle zekerheid verstopte hij ook nog een microfoontje in de neus van de teddybeer die op het nachtkastje naast het bed stond.

Op een van de moments suprêmes maakte hij de opnames die voor de heer van het trio extreem vergaande gevolgen zouden hebben. Want een van de – overigens vage – kiekjes belandde op de voorpagina van *News of the World*, destijds een van Engelands meest gevreesde tabloids. De krant, als het roddelmagazine die naam verdient, mag dan reeds meer dan tien jaar ter ziele zijn, de foto is vandaag de dag (bijna vijftig jaar na dato!) nog steeds op internet te vinden. Nu zijn er in Engeland politieke loopbanen om minder dan dit type escapades in de knop gebroken, net zoals in de loop der tijd ook veel van dit soort berichten door de publieke opinie met de mantel der liefde bedekt zijn. Maar Lambton had niet de mazzel dat hij kon profiteren van een schouderophalend 'ach, ja, die politici'.

Pillow talk, vrijwillige ballingschap en een luxe herderswoning

Even ongelukkig als doorslaggevend voor Lambtons lot was dat exact tien jaar daarvoor het hele land van opwinding op apegapen had gelegen door het eerder genoemde 'Profumo-schandaal'. John Profumo, destijds minister van Oorlog (zo heette Defensie toen nog), had een affaire met ene Christine Keeler. Beiden zagen elkaar als meer dan een leuke weekendscharrel; er was sprake van een heuse relatie. Profumo wist echter niet dat de mooie Christine op sommige dagen van de week ook het kussen deelde met een militair attaché van de Russische ambassade, ene Jevgeni Ivanov. Het verhaal ging dat daardoor het ene staatsgeheim na het andere op de burelen van belangrijke heren in het Kremlin belandde. Harde bewijzen daarvoor zijn nooit gevonden, maar sterk waren de vermoedens wel en niet alleen Profumo, maar het hele kabinet-Macmillan lag direct onder vuur. De nationale veiligheid was in het geding! Vooral toen bleek dat Ivanov wel degelijk een spion van het traditionele soort was en onmiddellijk het land uit vluchtte toen de grond hem te heet onder de voeten werd. Bovendien was er nog een Londense arts, die Keeler en Ivanov aan elkaar had voorgesteld. Hoe weinig zuiver diens koffie was werd duidelijk toen hij, nadat hij beschuldigd werd van het aanzetten tot prostitutie, een eind aan zijn leven maakte.

En nu, een decennium na deze onverkwikkelijke affaire, was het begrijpelijk dat het geval van de oude Lambton in dezelfde categorie geplaatst werd: een politieke ezel stootte zich hier ten tweede male aan eenzelfde steen. Het kon niet anders of opnieuw was *the national security at stake*, en ook nu was er ongetwijfeld *classified material* in handen gekomen van Moskouse regenten. Niemand nam de moeite om uit te zoeken of dit werkelijk zo was. Lambton had luid en duidelijk kunnen verklaren dat hij nimmer zijn *red state boxes of government documents* had meegenomen als hij 'contact' had met Norma en haar vriendin. Elke vorm van verdediging was bij voorbaat kansloos, 'Profumo' lag eenvoudigweg te vers in het geheugen. En dus was het niet eens de veelbesproken foto die Lambton de politieke kop kostte – daar had hij nog wel mee weg kunnen komen – maar de onterechte veronderstelling dat er opnieuw grote politieke schade aangericht was.

Halsoverkop vluchtte Lambton het land uit, naar Italië. Hij liet zijn vrouw en zes kinderen aan hun lot over, en nam volgens de overlevering niet eens de moeite om afscheid te nemen. Zo opmerkelijk was dat achteraf gezien ook weer niet, want zoals zoon Lambton in het interview zou bekennen: 'Hij was er toch al nooit. We zagen hem zelden, hij trok zich niets van ons aan.'

Om in het land van zijn vrijwillige ballingschap niet aan totale eenzaamheid ten onder te gaan, nam de oude Lambton ene Claire Ward mee, met wie hij ook al jaren een amoureuze verbintenis had. Zij was bereid om de afgevoerde prominente conservatief te vergezellen naar een soort luxe herderswoning (meer was het niet) in de buurt van Siena. Ze zijn daarna nooit meer naar Engeland teruggekeerd. Eenmaal aangekomen in Toscane, zag de oude Lambton dat hij vanuit zijn nieuwe onderkomen uitzicht had op een indrukwekkend pand met de naam Villa Cetinale, een zeventiende-eeuws barok bouwwerk. Een parel, maar wel eentje in vervallen staat. En omdat hij zich – ondanks de aanwezigheid van zijn zorgzame liefje Claire – langzamerhand stierlijk begon te vervelen, vatte hij het plan op om het verlaten domein wat op te knappen. Met de jaren werd deze restauratie zijn levenswerk, een project van immense omvang. Dag in dag uit ging hij in alle vroegte aan de slag, maakte van de wildernis rond het pand weer een zeer toonbare tuin en pakte ook delen van het gebouw zelf aan. De verrukkelijke villa die onze aandacht had getrokken, was dus goeddeels door de vader van de huidige bewoner opnieuw opgetrokken. Helaas zou het Lambtons *Unvollendete* worden, want toen de klus voor driekwart was geklaard, overleed hij in 2006 op vierentachtigjarige leeftijd. Maar de villa was intussen wel zijn eigendom geworden.

Toen hij stierf, was hij nog steeds getrouwd. En niet met Claire. De politieke voorman had nooit de moeite genomen om te scheiden van zijn – ook al veelbesproken – eega Belinda, roepnaam Bindy. Veelbesproken omdat zij op haar beurt namelijk regelmatig de voorpagina's haalde vanwege haar relatie met de fameuze kunstenaar Lucian Freud, kleinzoon van de grote Sigmund. Mijn nederige excuses voor de hoeveelheid namedropping in dit hoofdstuk, maar het geeft wel een mooi beeld van de opmerkelijke wereld waaruit Ned Lambton afkomstig is en plaatst onze hoofdgast in een helder perspectief.

Ook voor *lovely* Norma had de sleutelgatfoto trouwens vergaande gevolgen. Woedend was ze op haar man, die vanuit de *closet* de gewraakte beelden had gemaakt. Behalve in haar goedbetaalde samenwerking met hoge heren uit het Verenigd Koninkrijk zag ze ook geen brood meer in haar huwelijk. Norma verdween totaal uit beeld, tot ze ruim veertig jaar later opeens opdook in Canada. Ze werd getraceerd dankzij één interview dat ze ooit aan een Canadese krant had willen geven om voor het eerst en het laatst haar verhaal te vertellen. Dat wierp overigens geen straaltje nieuw licht op de affaire.

Hoewel onze aandacht dus gewekt was door een paar prachtige foto's van een goed stel Engelsen in een fijne Italiaanse omgeving, werden we onverwachts getrakteerd op een topverhaal. We konden Google eens te meer dankbaar zijn, omdat de Californische zoekmachine ons intussen geleerd had dat er bij Antony Lambtons zoon Edward veel meer te halen zou zijn dan alleen *Droomhuis Gezocht*-achtige shots met twee mooie mensen erin. Voordien hadden we geen flauw vermoeden wat zich in het leven van deze roemrijke familie allemaal had afgespeeld. Nu rekenden we erop dat we, misschien wel voor het eerst, de zoon van de Grote Conservatief zouden kunnen uithoren over hoe dit alles bij zijn moeder en in elk geval bij hem, een van de zes kids, was gevallen.

De nieuwe Elvis, met champagne achter het stuur en een portret van drieënhalf miljoen

Niet lang na de dood van zijn vader krijgt zoon Ned Lambton te horen dat hij diens *castello* in Italië geërfd heeft. Schokkend nieuws is het niet. Ned wist van papa's bemoeienis met het verwaarloosde pand bij Siena en besefte dat hij als enige mannelijke nakomeling volgens de Engelse wet de eerste en enige erfgenaam was. Hij pakte zijn spullen en besloot om in Toscane een nieuw leven te beginnen. Daar was hij ook wel aan toe, want tot dan toe had hij zijn dagen gevuld met een beetje zingen en gitaar spelen. Bij voorkeur op de meest exotische plekken op aarde, want na het zien van een commercial voor chocolade droomde hij als kind al van een leven op een Bounty-eiland. Om toch iets zinnigs te doen, wilde hij na een aantal jaren zijn nietsdoen het liefst combineren met een bestaan als de nieuwe Elvis. Hij voegde de daad bij het woord, stortte zich met dat kleine beetje energie dat hij in zich had op een muzikale carrière en hoopte daarmee de wereldtop te bereiken.

Maar het bleef bij de droom, en dus woonde hij vijf jaar lang zonder noemenswaardig levensdoel in een veredelde strandhut op de Filipijnen. Hij was eerlijk genoeg om toe te geven dat het ver-van-huis-willen-zijn ook ingegeven werd door de ijzige sfeer in huize Antony en Bindy Lampton. Niet dat dat altijd zo geweest was: hij herinnerde zich ook de betere, avontuurlijke tijden met mooie uitstapjes, zoals toen zijn moeder na het innemen van een hele fles champagne vrolijk achter het stuur kroop om de caravan met daarin alle kinderen met gevaar voor ieders leven naar hun vakantieadres te vervoeren. Maar dat was ooit. Als je zoals de jonge Lambton als jonge twintiger negen maanden per jaar het ouderlijk huis ontvlucht, zegt dat alles over de sfeer binnen het gezin.

Kwam het daardoor dat hij vaak een uitgesproken negatieve mening had over mannen als Tony Blair? 'Ik weet dat hij hier op bezoek is geweest – zelf had ik hem niet binnengelaten. Vanwege mijn intense hekel aan zijn politieke denkbeelden, maar ook aan zijn gezicht en zijn stem. Een irritant mannetje, zoals vroeger de klassenvoorzitter je het bloed onder de nagels vandaan kon halen omdat hij zijn macht verkeerd gebruikte.'

Een nieuw leven opbouwen in een ander land, niet zoals op de Filipijnen, maar een echt leven. Dat wilde hij. Helaas voor hem gebeurde er iets wat hij nooit had verwacht: zijn vijf zussen kwamen in het geweer. Het leek hun helemaal geen juridisch automatisme, laat staan een aangename gedachte, dat het inmiddels vast wel kostbare bezit van hun vader zonder meer in handen van hun jongere broertje kwam. Een heerlijke, ouderwetse familievete was het gevolg. Een strijd tot in de rechtszaal. Het standpunt van de zussen was dat hun vader ruim dertig jaar in Italië had gewoond, dus waarom zou de Engelse wet daarop van toepassing zijn en niet de Italiaanse? Van de vijf zussen waren er twee die de lieve vrede wilden bewaren, maar de andere drie (de meerderheid!) waren onverzoenlijk; 'woest' is een betere omschrijving. De rechter stelde het trio in het gelijk, en Edward moest dokken. Maar cash had hij niet. Om toch vast aan een deel van zijn verplichtingen te voldoen, besloot hij een schilderij van zijn moeder te laten veilen. Je zult wel denken: wat levert dat nou op? Een begrijpelijke vraag, maar aangezien vader Lambton nooit thuis was en in zijn vrije tijd regelmatig in de weer was met dames van plezier, had moeder dus – om de verveling voor te zijn – al tientallen jaren die buitenechtelijke relatie met een van de grootste kunstenaars uit die tijd. Zelf heb ik de roem van deze Lucian Freud nooit helemaal echt begrepen, want hij maakte vooral naam met onflatteuze portretten van vrouwelijke modellen. Zo had hij ook van Neds moeder een afzichtelijk – de kwalificatie komt voor mijn rekening – schilderij gemaakt. (Tijdens ons gesprek bleek haar zoon het met me eens: 'Freuds werk is niet *beautiful*, mijn moeder was niet *beautiful*, maar ik had geld nodig.') Dankzij Freuds reputatie leverde het portret ter veiling bij Sotheby's niettemin zo'n drieënhalf miljoen(!) toen nog dure Engelse ponden op. Zo kon broer Edward de zussen in elk geval tevredenstellen. Maar tot zijn ontsteltenis zagen zij dit hooguit als een eerste afbetaling. De strijdbijl was wat hen betreft nog allesbehalve begraven.

Twaalf biddende monniken, twee biechtstoelen en MS onder controle

Ineens kwam Lambtons allerhartelijkste ontvangst in een ander licht te staan. Zijn enthousiasme voor onze komst werd goeddeels verklaard doordat hij in niet-acute, maar evenmin te verwaarlozen geldnood zat. Het gedoe in de rechtszaal was nog lang niet achter de rug, het was wachten op een volgende uitspraak en inmiddels hadden Ned en zijn prachtige Marina Hanbury (zo bleek het vroegere topmodel te heten) allang besloten delen van hun landgoed voor verhuur open te stellen. En daar werd al op behoorlijke schaal gebruik van gemaakt. Trots liet hij ons de tuinen zien: 'Het echte levenswerk van mijn vader. Hij was meer buiten bezig dan met het pand zelf.'

Hij wees ons op een heuvel met op de top een kapel: 'Daar zaten vroeger twaalf monniken vierentwintig uur per dag – betaald – te bidden voor het zielenheil van de toenmalige bewoner.'

Voor het huis ontwaarde ik nóg een kapel, aanzienlijk groter dan die daarboven, met twee biechtstoelen. Opeens zag ik het voor me, hoe de oude Lambton achtereenvolgens van de ene naar de andere *confessionale* ging om voor alle zekerheid bij twéé priesters vergeving te vragen voor zijn zonden, om zo een dubbele kans op officiële vergiffenis af te dwingen.

Toen we naast het zwembad zaten, verraste de jonge graaf ons met het verhaal over zijn MS en hoe hij de ziekte onder controle had gekregen. Een Australische arts had blijkbaar een methode ontdekt om de ziekte te beteugelen: een dieet van laag verzadigde vetten en vitamine D, gecombineerd met fysieke oefeningen en meditatie. Zo kon je tot een grote mate van heilzame stressreductie komen. Hij vertelde dat hij al acht jaar praktisch geen symptomen meer had: bijzonder.

Maar het spannendste moment moest nog komen. Waar Ned nadrukkelijk uit was op het voor verhuur aanprijzen van zijn monumentale bezit, wilde ik hem vooral ook uithoren over de avonturen van zijn vader. Om het daar in alle rust over te kunnen hebben, verplaatsten we ons van de tuin naar de grote zitkamer. Ik kan niet zeggen dat Lambtons gezicht verstrakte, maar toen ik het onderwerp aansneed, had hij opeens aanmerkelijk meer problemen met het vinden van de juiste woorden. Het was helder dat hij niet op deze insteek van ons gesprek had gerekend. Hij was er nooit eerder voor de camera over ondervraagd.

'Het is sowieso heel moeilijk om erover te praten, *I can't say it excites me to talk about it.* Het gebeurde toen ik twaalf was. Het enige wat ik me ervan herinner is dat er heel veel journalisten in de buurt waren. Maar niemand heeft mij toen verteld wat er precies aan de hand was.'

Over het onmiddellijke vertrek van de oude lord Lambton uit Engeland zei hij: 'Mijn vader voelde dat hij het land uit moest. Achteraf bezien had hij hoogstwaarschijnlijk gewoon kunnen blijven. De kans is groot dat er *in the end* minder aanstoot aan genomen zou zijn, omdat er politiek gezien geen dramatische consequenties aan vastzaten.'

Gaandeweg kregen we de indruk dat zoon Lambton het misschien toch wel prettig vond om zich een keer over zijn vader uit te spreken. En ook over zijn zussen: 'Ik moet ze wel vergeven, anders word ik er permanent door gekweld. Wat zij mij aandoen is als een miskraam; je kunt er niks aan doen. Dus accepteer ik het.'

Aan Engelse borreltafels blijkt de hele geschiedenis nog altijd een klassieker te zijn. Het werpt ook een apart licht op hoe een programma als het onze soms tot stand kan komen: je ziet in een blad over architectuur een foto van een indrukwekkende villa, raakt meteen gefascineerd door de schoonheid van het pand en de tuinen, en belandt opeens in een scenario waarop iemand (volgens mij) Paul Verhoeven moet attenderen. Misschien moet hij de ontknoping dan wel wat spannender maken dan die in werkelijkheid is. Want intussen hebben de boze zussen de strijdbijl begraven, tegen een schikking van vijf miljoen pond. Niet dat er niet nog heel wat smeult, maar buiten de rechtszaal om is de hevigste brand geblust, in ieder geval *for the time being*. Ik ben benieuwd waar Verhoeven mee komt als hij besluit zijn tanden te zetten in dit verrukkelijke scenario.

Boze kijkers (1)

Wat je sowieso aan het verhaal van de oude Lambton overhoudt, is het idee dat hoogwaardigheidsbekleders een groot risico nemen door iets te opvallend gehoor te geven aan de roep van opspelende hormonen. Het waren de dagen waarin je ook in de Nederlandse media regelmatig berichten tegenkwam over Engelse ministers die als vaste klant op zoek waren naar betaalde liefde. Wat daarbij opviel was dat ze voor hun pleziertjes vaak de meest riskante omstandigheden opzochten. Waar een kamer in een exclusief hotel met een betrouwbare conciërge een veilige mogelijkheid was, koos bijvoorbeeld een Engelse minister van Binnenlandse Zaken ervoor om na een spannend congres de zinnen te verzetten bij een prostituee in een van de Londense achterbuurten. Alsof hij daar in zijn rokkostuum niet zou opvallen. Psychologen verklaren dit gedrag als 'een bewuste keuze om juist in een gevaarlijke setting van de stress af te komen'. In dit geval nam de betreffende minister een te groot risico. Hij zat midden in een conflict met de taxichauffeurs uit de Engelse hoofdstad, dus de fatale uitkomst van zijn laatste betaalde seksavontuur laat zich raden.

Tezelfdertijd waren er af en toe geruchten in de tabloids dat ook onze politici zich wel eens lieten verleiden tot dit type amoureuze buitenspelsituaties. En ja hoor, bij de Amsterdamse zender AT5 verscheen bijna een uur lang ene Natasja X in beeld die zich presenteerde als 'de prostituee van het Binnenhof'. Met haar onthullingen over scabreus gedrag van niet bij naam genoemde politici had ze de kijker zó verbijsterd achtergelaten dat onze redactie een gesprek met haar op zijn plaats achtte – zij het met de achterliggende gedachte dat 'het toch

Het wereldberoemde terras inspireerde Paul Rafferty tot deze impressie

Het grote boek met de rijke historie

In afwachting van de eerste gasten...

Nu al in de juiste stemming

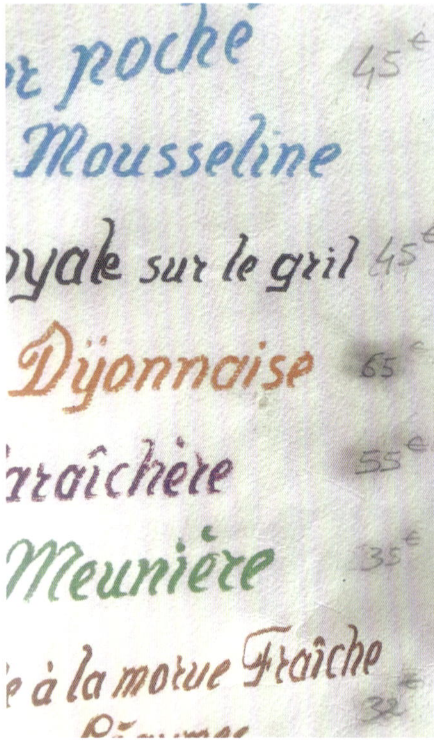

Ach, een paar kleine inflatiecorrecties...

'Keuze kunnen maken?'

'Sir Tom, ever heard of Mies Bouwman?'

John Kraaijkamps favoriete...

... en het door hem minst gewaardeerde werk

■ Op deze foto, genomen tijdens het interview dat Ivo Niehe had met Prince (met rood ka, en diens bassist Larry Graham, lijkt alles nog koek en ei. Na de opnames verbood Prince uitzending van de opnames vanwege de geluidskwaliteit.

FOTO: GENTLE LOOK

Gesprek met Amerikaanse superster geschrapt uit TV-Show

IVO BUIGT VOOR PRINCE

door RON PEEREBOOM VOLLER

AMSTERDAM, dinsdag

Bij Ivo Niehe Producties zijn ze er goed ziek van. De Tros TV Show-opnames die afgelopen zondagmiddag in de televisiestudio in Almere werden gemaakt van een interview met een optreden van The Artist en zijn twintig man sterke gevolg, konden zo de prullenbak in. *His Purple Badness*, vroeger beter bekend als Prince, vond de kwaliteit dermate belabberd dat hij de uitzending ervan vanavond verbood.

„Belabberd? Nee, dat was het zeker niet", vertelt een zwaar teleurgestelde Ivo Niehe de dag na de opnames. „Het was juist één groot feest. Hij wilde in eerste instantie zelfs het interview niet doen, maar door het enthousiasme

'Het was juist één

Hoe jammer wij het ook vinden — want het heeft ons een hoop centen gekost om dit gezelschap naar ons land te halen — wij staan achter de beslissing van The Artist."

Niehe vindt het nog het naarste voor zijn geluids-

Op de voorpagina!

PRINCE TOCH BIJ NIEHE!

Goed nieuws voor alle Prince-fans! Zijne Ondoorgrondelijke Hoogheid uit het Amerikaanse Minneapolis heeft namelijk besloten dat het interview dat hij verleden weekeinde voor de TV Show van Ivo Niehe in Almere opnam, toch mag worden uitgezonden. Dat zal dan in de TV Show van 21 december gebeuren.

The Artist, zoals hij zich tegenwoordig noemt, was na het spelen van twee songs van zijn nieuwe plaat 'Rave Un2 the Joy Fantastic' boos de studio uitgelopen toen bleek dat er allerlei foutjes in de geluidsopname zaten. His Royal Badness verbood de uitzending ervan, net als van het interview dat hij samen met zijn bassist Larry Graham aan Niehe gaf waarin hij onder anderen de TROS-presentator mangelt over diens 'kleedgedrag'.

■ The Artist is toch te zien in de TV Show van 21 december.

FOTO: EPA

Overigens heeft The Artist via zijn management beloofd alsnog naar de banden van zijn korte optreden te kijken en die zonodig te bewerken zodat we binnenkort ook de registratie van zijn nieuwe songs kunnen zien. Tot vandaag was nog onduidelijk of The Artist dat voor 21 december zal redden...

Ivo praat met Oprah

Ivo Niehe ontmoet vandaag 's werelds beroemdste televisiegastvrouw: Oprah Winfrey. Haar dagelijkse praatprogramma wordt in 132 landen uitgezonden en in thuisland Amerika is haar invloed bijna onbegrensd.

NED. 2, 21.07 uur

Als Oprah op tv zegt dat ze een goed boek heeft gelezen, is dat de week erna een bestseller. En als zij zegt geen hamburgers meer te eten, dalen de vleesprijzen drastisch.

In het interview vertelt Oprah over de eerste grote invloed in haar leven: een optreden van The Supremes. „Voor het eerst waren er mooi uitgedoste zwarte vrouwen op tv. Ik wilde ook zo zijn."

Ze zegt dat ze eigenlijk alles tegen had om succesvol te zijn. „Ik kan niet zingen, ik kan niet basketballen, ik ben te dik en zwart. Maar dat betekent wel dat de mensen thuis denken 'hé, dat kan ik ook bereiken'. Die identificatie is de sleutel van alles."

In gesprek met een collega

Roald met interviewer nummer 1000

Lord Brocket in betere tijden

Lord Brocket nu: de lach is terug...

... na minder florissante jaren

De eetkamertafel van Brocket Hall waarop de vrouw van de premier werd opgediend

De jonge lord Lambton en zijn geliefde

De oude Lambton: een man met interessante hobby's...

... net als ex-premier Edward

Lucian Freuds visie op Neds moeder

De oude lord in het nieuws

Villa Cetinale

Smoking David van de bolide met bretelaandrijving

Mies van 'televisie is geluid'

De van prostitutie vrijgesproken Marjan

Lekker bij de pinguïns. Hij kon wel zonder applaus, dacht John

Twee topgasten uit de rijke historie: Joop...

... en Fellini

niet waar kon zijn' dat onze Haagse elite het voorbeeld volgde van de Engelse collega's. En zo maakte Natasja haar opwachting in de studio.

'U vertelde op AT5 over uw bijzondere clientèle.'

'Dat zijn voornamelijk mensen in en om het Binnenhof. Ik beweeg mij alleen binnen politici.'

'U beweegt zich alleen binnen politici?'

'Nou ja, ik bedoel eigenlijk de kring van politici.'

'Was u niet bang dat u door uw verhalen niet alleen klanten kwijt zou raken, maar dat er ook politieke koppen zouden rollen?'

'Ja, maar ik heb geen namen genoemd. Dat is je code, dat doe je niet. Kijk, als ik namen wil gaan noemen dan ga ik ook kijken hoe ik er financieel beter van kan worden.'

'Hoe weten ze het op het Binnenhof? Is het mond-tot-mondreclame of rijden de chauffeurs rond met zo'n plaatje en krijgen ze van u vijftien procent commissie?'

'Natuurlijk praten ze daarover met elkaar. Chauffeurs weten ook heel veel.'

Bij de TROS konden de telefonistes de reacties van woedende kijkers niet aan. Zelf werd ik tijdens de uitzending door mijn echtgenote tot twee keer toe tegen mijn schenen geschopt. 'Wat is dit? Wordt dit het niveau van jouw programma? Schandalig!'

Zeker een kwartier bleef Natasja X in haar rol. Achteraf kunnen we zeggen dat anderhalf miljoen mensen er met open ogen waren ingetuind. Niet zo gek in een periode van aanhoudende geruchten. Na die vijftien minuten was het welletjes en kon ik met grote vrolijkheid bekendmaken dat Natasja X een fabuleuze creatie was van actrice Marjan Luif. Ze zette haar pruik af, een groot applaus volgde en toch was er ook een soort opluchting voelbaar dat we ons niet tot dit soort 'informatie' hadden verlaagd.

Bij AT5 had ze het vijftig minuten volgehouden – voor Marjan een fantastische ervaring. Ik zei tegen haar: 'Het moet toch een groot compliment zijn dat mensen vijftig minuten lang bij die uitzending van AT5 in Amsterdam maar bleven geloven dat jij Natasja X was.'

‘Dat is de kroon op je werk, dat je type zo sterk is dat het geloofwaardig wordt.’

Een goede grap of zonde van de zendtijd? In elk geval sluit het mooi aan op het vorige verhaal.

Boze kijkers (2)

Alleen al omdat hij in die tijd voor veel jonge kinderen een idool was, had ik me zeer verheugd op de komst van David Hasselhoff, beter bekend als *The Knight Rider,* hoofdrolspeler in de gelijknamige Amerikaanse serie en later wereldberoemd geworden door zijn rol in *Baywatch.* In de jeugdserie had hij een kolossale automobiel tot zijn beschikking die kon praten, reageren en signalen geven.

Vanaf zijn binnenkomst in de studio had ik van het ene op het andere moment een hekel aan de Grote Vedette. Hij gedroeg zich alsof hij een president van een groot land was die zich verwaardigd had om op onze uitnodiging in te gaan, knipte met zijn vingers als hij wilde dat een van de redactrices een flesje water voor hem regelde en was ook tijdens de make-up allesbehalve aangenaam gezelschap. Ik kon de verleiding niet weerstaan om hem op een of andere manier op zijn nummer te zetten (mag je nooit doen natuurlijk, maar het waren de beginjaren van ons programma...). Dit was mijn tegenzet: tijdens een deel van de live-uitzending zou ik zijn antwoorden voor de kijker bewust verkeerd vertalen. (Van het ondertitelen van een rechtstreekse uitzending had niemand toen nog gehoord.)

'In wat voor auto rijdt u zelf?' vroeg ik.

'I have a Trans Am similar to Kitt and I have a Porsche and a Mercedes SL. My wife has a Corvette.'

Ik vertaalde: 'Mister Hasselhoff rijdt in een Skoda met bretel-aandrijving.'

'*You are the most eligible instant sex symbol of the United States*' vertaalde ik als: 'Is hij gewoon een soort instant sekspudding in Amerika?'

Hasselhoff antwoordde: *'I don't think my wife would appreciate the word eligible, no no.'*

'Hij zegt dat hij inderdaad de meest begeerde vrijgezel van Amerika is.'

En omdat hij recentelijk in een televisieserie de geliefde van Joan Collins had gespeeld, zei ik: *'But she is 51 and you...?'*

'51? I think everybody is lying about their age these days. Including me. I am 22.'

'Hij zegt: zij is 51 en ik ben 42, dus dat ging wel.'

Ik had er zelf de grootste lol in, maar de kijker vond het geen stijl. Opnieuw werden ze in de centrale bij de TROS overspoeld met klachten en kritiek. Ik werd de volgende dag bij de hoogste baas op het matje geroepen. Het was duidelijk: op een enkeling na had geen hond er de humor van ingezien. Achteraf meer dan begrijpelijk. En één iemand zou me zeker op de vingers getikt hebben.

De kritische koningin

Wat mij vooral met Mies verbindt is de totstandkoming van het VU Cancer Center in Amsterdam, waarin we beiden een niet onbelangrijke rol gespeeld hebben. Op een dinsdagmiddag was professor Pinedo, de 'peetvader van de kankergeneeskunde in Nederland', op kantoor in Bussum langsgekomen met de vraag of we hem aan twintig miljoen gulden konden helpen. Samen met de TROS en de toenmalige Sponsor Loterij tuigden we een wekenlange televisieactie op die moest culmineren in een grootse inzamelingsfinale in Ahoy. Iedereen zag het belang in van een centrum waar je na echt persoonlijk contact met de arts direct een diagnose en behandelplan zou kunnen krijgen in een veel sfeervoller omgeving dan een doorsnee ziekenhuis. Wat ons restte was toen nog dat ene, superbelangrijke punt. Er was maar één iemand die we er absoluut bij moesten zien te betrekken en die op de slotavond van een serie Bingo-achtige programma's de presentatie op zich zou moeten nemen: Mies. Nu had ze al lang daarvoor gezworen zich nooit meer voor welk prachtig doel ook te laten strikken, want sinds de marathonuitzending *Open het Dorp* in 1962(!) was ze vaker dan haar uiteindelijk lief was ingezet als fondsenwerver. Met een snik in de stem 'het laatste miljoen voor De Zonnebloem' proberen binnen te halen: ze was er helemaal klaar mee. Maar welke onvermoede overredingskracht ik daarvoor ook heb weten aan te spreken, het werkte. Mies stond in Ahoy, het geld kwam binnen en iedere keer als ik langs het VU-ziekenhuis rijd, moet ik terugdenken aan dit grootse avontuur. Beschouw het als ons levenswerk. Voor mij voelt het in elk geval zo.

Mies Bouwman heeft me vanaf dag één van mijn televisiecarrière kritisch gevolgd. Ze belde regelmatig op met een recensie van de TV-*show* en altijd had ze meteen een bijbehorend advies klaar. 'Die minister Luns was oprecht geestig. Maar als hij goed uit de hoek komt en de mensen lachen, moet jij niet proberen er nog een grap overheen te maken. Laat het scoren bij de gast.'

Vaak ook kwam er de vraag wat ik van 'dat nieuwe, suffe programma' vond. Want haar uitgesproken mening zat altijd meteen al in de vraag verpakt. Door de jaren heen informeerde ze me ook ongevraagd over 'weer een meisje dat door een van de omroepen naar mij is toegestuurd om haar een middagje te coachen'. Meestal kwam er een dodelijk oordeel: 'Leuk koppie, maar die stem!'

Of: 'Ik heb er nu weer eentje langs gehad, die is niet langer dan een kwartier binnen geweest.'

Mies had namelijk een persoonlijke visie op de (on)geschiktheid van met name presentatrices. Haar lijfspreuk was immers: 'Televisie is geluid.' Als iemands stem te veel afleidde, was het vanaf de eerste tekst foute boel. Later pas begreep ik hoezeer ze gelijk had. Annechien Steenhuizen en destijds Pia Dijkstra en Sacha de Boer van het NOS *Journaal* – om er maar een paar te noemen – en bij de mannen Koos Postema, Aad van den Heuvel en Jaap van Meekren: je geloofde ze altijd, vanwege hun prettige, vertrouwen inboezemende stemgeluid. (Veelzeggend in dit verband: Van Meekren was ook woordvoerder voor het Foster Parents Plan. De opzet van die organisatie lag terecht nogal eens onder vuur, maar een paar woorden van de goede Jaap in een van de actualiteitenrubrieken en ieders zorgen over de betrouwbaarheid van de hulp aan 'arme kinderen' waren verdwenen.)

Mies had er een handje van om collega's af en toe te wijzen op een afgrijselijke blunder. Altijd op haar bekende minzame toon, maar wel recht voor zijn raap. Ik heb er, vooral buiten het zicht van de camera, toch een aardig aantal op mijn palmares. Op één ervan heeft ze me publiekelijk afgerekend. Wat was het geval? Ik werd eens gevraagd de avond van het World Press Gala te presenteren. Dat was meer dan een eer, het had iets van een officiële erkenning. Je telde mee, je hoorde bij de 'elite'! Dat gold evenzeer voor de gasten die een uitnodiging hadden gekregen om het *society event* mee te maken. Alleen de ware hotemetoot kreeg een plaatsje aan een van de tafels in het Amsterdamse Hilton. Wie geen uitnodiging in de bus had ontvangen, voelde zich pijnlijk gepasseerd. Hoezo was hij of zij over het hoofd gezien?

Ik heb wel vaker last gehad van een te grondige voorbereiding. Uit angst 'of het wel goed genoeg zal worden' ben ik tot op de dag van vandaag een aartsvoorbereider gebleven. Maar soms tuimelde ik diep in een op die manier door mezelf gegraven valkuil. In het geval van het World Press Gala was het logisch dat ik er iets heel bijzonders van wilde maken. Mijn doel was onverwacht geestig uit de hoek komen; dat zou de feestvreugde zeker verhogen. Maar hoe? Ik had geen greintje cabarettalent. De oplossing diende zich aan toen ik in het theater de destijds zeer populaire cabaretier Fons Jansen aan het werk zag. Het ene lachsalvo volgde op het andere. Eureka! Als ik nou eens een aantal van zijn beste grappen zou aanpassen aan de inhoud van het gala? Alsof het om Duitse naamvallen ging, zo begon ik een aantal van zijn teksten uit mijn hoofd te leren. Dagen voorafgaand aan dé avond tot aan het moment dat ik 'op' moest. Het was allemaal goedbedoeld, maar helaas: vanaf de openingstekst ging het al mis. Op elke uit het hoofd geleerde grap volgde een doodse stilte. Kansrijk grappig zijn voor een kritische zaal vereist timing, routine en een bepaalde gelaatsuitdrukking. Aan geen van die drie voorwaarden voldeed ik. Eén kopregel velde het meedogenloze vonnis, in dit geval van de in de zaal aanwezige Mies Bouwman. Boven haar column in de *Margriet,* waarin het ging over de 'World Press-avond' stond: 'Lachloze grappen'.

Hoe fors ik in die twee woorden en het artikel van een regel of twintig ook door haar werd neergesabeld, het stond onze latere vriendschap dus niet in de weg. Intussen mag ik de Almachtige op mijn blote knieën danken dat de blunder gemaakt werd in een tijd waarin je niet, zoals nu, onmiddellijk zou wegzakken in het moeras van de sociale media.

De 'dag lieve mensen'- kant van Mies was dus maar een deel van haar persoonlijkheid. Ze had me al een keer sympathiek te grazen genomen. Voor haar informatieve programma Netwerk was ze in New York de straat opgegaan om de buitenlandse bekendheid van zogenaamde bn'ers te onderzoeken. (Aan wie nu nog dacht dat televisieroem iets voorstelde, werd hier de genadeklap gegeven.) Aan een nietsvermoedende voorbijganger vroeg ze: 'Have you ever heard of the name Ivo Niehe?' De dame die de vraag voorgelegd kreeg, wist zich duidelijk geen raad. Mies herhaalde de naam en o ja, na enig nadenken wist ze het: 'It's a way of life. A religion. God.' Als het ter sprake kwam, kon ze het niet laten me erop te wijzen dat ze 'graag bij mij in de uitzending kwam', maar dat 'Jeroen Pauw toch echt beter was'. Ik heb haar maar één keer kunnen terugpakken. Ter gelegenheid van haar zeventigste verjaardag op 31 december 1999 had de AVRO haar aangemeld voor een uitgebreid portret. Mies zelf was schoorvoetend bereid dat te laten gebeuren: 'Maar geen privégedoe.'

Nee, natuurlijk niet – tot het moment kwam waarop ik echt de paniek in haar ogen zag. 'We hadden beloofd ze niet te laten opkomen, maar ja, we vieren je zeventigste verjaardag en dus zijn ze hier: Marieke, Jessica, Miesje en Joost, plus de kleinkinderen.'

Het applaus van de tweehonderd man in de studio overstemde ternauwernood Mies' kreet van ontzetting. Een uur lang was ze haar beheerste zelf geweest, maar nu was ze totaal de controle kwijt. Lang duurde het niet voor ik haar geruststelde – 'Ze komen niet, hoor, afspraak is afspraak' – maar het punt was gescoord.

Om af en toe 'iets terug te doen' waren we jaren later ook in New York de straat op gegaan met de vraag: '*Do you know Mies Bouwman*?' Geen hond natuurlijk die haar kende. Maar we registreerden wel één topantwoord van een Amerikaan van in de veertig: '*Oh, yes.* Dat is de naam van een nationaal park in Zuid-Afrika.'

Google, de dames Matla en een pak op de broek

Mies' kritiek op de World Press-avond lijkt me een goede aanleiding meteen ook maar een aantal andere in het oog springende blunders kort door te nemen. Een van de eerste door mij geschoten bokken vraagt om een kleine inleiding. Want een van de grote verschillen tussen de eerste jaren van de *TVshow* en hoe het vak van televisie maken er nu uitziet, zit hem in de vraag: hoe kwam je indertijd aan je informatie? Om een gesprek zo goed mogelijk voor te bereiden kon je niet even het internet op. We begonnen met de *TVshow* in 1981, dus zou het nog ruim vijftien jaar duren voor bijvoorbeeld Google zijn intrede deed en je zelfs de meest actuele biografische gegevens van je gasten kon raadplegen. Nu is er vaak ook al een *upload* beschikbaar met fragmenten van een Amerikaans programma van de avond tevoren. Wij waren jarenlang aangewezen op het werk van – hoezo nostalgie – 'de Dames Matla'. In werkelijkheid heetten ze Gerda Huberts en Wil Kortekaas, maar iedereen noemde ze naar de Haagse journalist Matla, die in 1927 met een kranten- en tijdschriftenarchief was begonnen. Aan de Riouwstraat in Den Haag knipten de dames in navolging van hun oprichter werkelijk alle stukken die ze tegenkwamen uit dag-, week- en plaatselijke bladen, tot hun collectie het ongeëvenaarde aantal van meer dan twee miljoen 'clips' (zo noemden ze het zelf) had bereikt. Als je een gesprek met een bekende gast wilde voorbereiden of met iemand die groot in het nieuws was, was je voor informatie op hen aangewezen. De dames hadden alle gedrukte info 'op naam' verzameld.

Een voorbeeld. Sonja Barend had samen met haar eindredactrice Ellen Blazer een boek geschreven over hun programma. Ze kwamen zelf met het voorstel om daarover bij ons in de uitzending te komen vertellen. Dat was toen een hele gebeurtenis, want het was de tijd van een veel sterkere scheiding der geesten dan tegenwoordig: de *first lady* van de VARA in een TROS-programma: dat was op zichzelf al nieuws! Ik moest zelfs (voor de eerste en enige keer) toestemming vragen aan de directie of dit wel kon. Omdat alleen daardoor al met name veel persogen op ons gericht zouden zijn, wilden we ons zo goed mogelijk voorbereiden. En daar kwamen de Matla-dames in beeld. 'Wat wilt u? De kleine, de middel- of de grote verzameling?'

Natuurlijk kozen we in dit geval voor het laatste. En zo werd een paar uur na ons telefonisch contact per koerier op de redactie een envelop van ongekende afmetingen afgeleverd met daarop in grote letters met rood potlood: SONJA B. Of we de hele collectie artikelen wel binnen drie dagen wilden retourneren, want er waren meer aanvragen voor hetzelfde pakket. Ik heb toen werkelijk elk artikel gespeld, de zinnige én de onbeduidende stukken. Fout! Ik beschikte daardoor over een nauwelijks voorstelbare overdaad aan informatie, wist veel en veel te veel voor een studiogesprek van pakweg een minuut of twintig. Consequentie: ik wilde alles wat in mijn hoofd zat aan bod laten komen en dus ging het gesprek van de ene hak op een totaal andere tak. Mede daardoor denk ik niet met grote voldoening terug aan het interview met Sonja en Ellen, en dat is dan nog heel zacht uitgedrukt. Tegenwoordig zou ik nog in staat geweest zijn er in de montage een sympathiekere lijn in te brengen, maar in die tijd werd de *TVshow* nog rechtstreeks uitgezonden, dus was reparatie onmogelijk.

Een lichte volkswoede en de ramp Niehe

In 1984 kreeg ik de eervolle opdracht om het commentaar te verzorgen bij de grote finale van het Eurovisie Songfestival. Niet dat ik in die jaren een enorme fan was van het liedjesfestijn, ik zou haast zeggen: integendeel. Ik begreep ook niet hoe het kwam dat dat Europese evenement zo ontspoord was. De oorspronkelijke bedoeling van de bedenkers was om jonge componisten en tekstschrijvers te stimuleren tot het schrijven van goede, nieuwe lichte muziek. Het ging dus om het liedje, vandaar dat in den beginne elke zanger of zangeres meer dan één nummer ten gehore bracht – alles live en begeleid door een groot orkest. Hoe ver waren we in 1984 al verwijderd van dat oorspronkelijke idee...

Net als voor het gesprek met Sonja en Ellen had ik me achteraf bezien iets te grondig ingelezen. Wat heet: ik had zoveel gegevens over het festival en de artiesten verzameld dat er nog net ruimte was om het liedje te laten horen. Dat wil zeggen, tot en met de Nederlandse inzending. Die vond ik dermate tegenvallen dat ik dacht: nul kans op een behoorlijk aantal punten. Vanaf dat moment kon de hele wedstrijd me niks meer schelen. Wij geen kans op de overwinning, wat is dan nog de waarde van de rest van de uitzending? Ik ging ervan uit dat de 'mensen thuis' mijn desinteresse niet alleen zouden begrijpen, maar ook zouden delen. Dus werd de hoeveelheid commentaar die ik tussen en tijdens(!) de nummers ten beste gaf nog een ruim tikje groter. Pas later besefte ik waarom ik nooit teruggevraagd ben. Met mijn overdosis achtergrondverhalen had ik de avond van een paar miljoen kijkers verpest. Op de avond zelf had ik van die boosheid van de kijker niets meegekregen, maar de zondag na het evenement bleek dat er inderdaad een licht soort volkswoede was ontstaan. Alleszeggend was de maandagse recensie in het *Algemeen Dagblad* met de even nietsontziende als terechte kopregel 'De ramp Niehe'. Maar daarmee was de kous van kritiek dan ook af. Nu zou het zoals gezegd op Twitter *trending topic* geweest zijn. Mies heeft me er zeker over gebeld. Dit keer om toch vooral 'moed te houden'.

De tranen (1)

Een dikke lach, maar ook tranen doen wonderen voor de waardering van een televisieprogramma. Je zag het terug in de kijk- en waarderingscijfers voor de uitzending waarin de hartstochtelijke Sandra Suárez brak, moeder van oorbijter en doelpuntenmachine Luis. Haar waterlanders werden hogelijk gewaardeerd. Ooit leefde het gezin onder armoedige omstandigheden met een man of tien onder één dak (behalve de ouders en vier kinderen ook andere familieleden). Ver van Montevideo, de hoofdstad van Uruguay, in een huis dat die naam nauwelijks verdiende. Maar toen zoonlief carrière maakte in Groningen en Amsterdam kocht hij als eerste een nieuw huis voor mama. Toen daarna het goudschip echt de haven van de topspits binnenvoer, stelde Luis voor een mooiere, stijlvollere woning voor haar aan te schaffen. Toen we dat ter sprake brachten wist Sandra Suárez even niet meer waar ze het zoeken moest. Niet uit onstuitbaar enthousiasme dat ze nu een heuse villa zou kunnen betrekken, nee, juist vanwege het tegendeel: ze wilde niet méér luxe dan die ze nu tot haar beschikking had. De reden? Deze woning stond symbool voor wat een van haar zoons bereikt had en, meer nog, voor zijn liefde voor haar.

De tranen (2)

Tranen waren er ook bij Rafael van der Vaart, toen we hem thuis in Londen (hij speelde destijds voor Tottenham Hotspur) de opnames lieten zien die we vooraf hadden gemaakt bij zijn opa en oma. Die woonden sinds jaar en dag in Chiclana de la Frontera, een Andalusisch dorp in de regio Cádiz. Oma Dolores en opa Rafael in hun zondagse outfit met op de achtergrond in hun huiskamer een levensgrote foto van hun beroemde kleinzoon. Die was in het geheel niet voorbereid op een persoonlijke boodschap uit Spanje. Uit zijn reactie bleek hoe uitzonderlijk hecht hun familieband was, want hoe verklaren we anders dat door de volgende eenvoudige zinnen bij Rafael de tranen over zijn wangen biggelden? 'Hallo Rafael, ik ben het, oma. Ik wens je heel veel geluk. Dat alles goed met je gaat. Ook met je kind. Kleed je goed aan, het is daar heel koud. Kom gauw op bezoek. Heel veel kusjes. Bedankt voor alles wat je ons gegeven hebt. We worden heel gelukkig als je ons bezoekt en hebben het heel leuk.'

En toen kwam opa. 'Rafael, ik ben je opa, maar dat wist je al. Normaal ben ik niet erg spraakzaam, maar ik ga je iets vertellen. Ik houd ontzettend veel van je. Je weet het. Laten we elkaar gauw eens zien. Ik weet dat je Chiclana heel erg mist en dat je het in je hart draagt. Kusjes! Dag Rafael, dag kind.'

Het was een heus tranendal, waarvoor we gelukkig een paar Kleenexjes binnen handbereik hadden, en ik zei: 'We hoeven het niet uit te zenden, hoor.'

Raf schudde het hoofd ten teken dat het prima was. 'Het is gewoon geluk. Het zijn zulke fijne mensen. Megatrots. Altijd foto's laten zien aan de mensen op straat. Ze hebben natuurlijk altijd over mij opgeschept. Maar wat denk je toen hun kleinkind bij Real Madrid ging spelen? Toen was het pas echt waar.'

Van der Vaart laat vaker dan de meeste van zijn collega's zijn emoties zien. Voor een programmamaker is dat dus meer dan prettig. Dat heet het hart op de goede plaats hebben. Voor wie écht succes wil hebben in het televisiewereldje, is één ding mooier dan een spontane huilbui: dat de lach en de traan samenkomen. Dat is helemaal goud. Zoals het geval was bij ons bezoek aan Johnny Kraaijkamp.

JOHNNY KRAAIJKAMP

Er is een Amsterdammer doodgegaan

Het was weer een zonnige dag in Zuid-Frankrijk toen in juli 2011 de telefoon ging. Sanne Kraaijkamp aan de lijn; ze vertelde over het verdriet vanwege de toch nog onverwachte dood van haar vader. En toen vroeg ze of ik een van de sprekers wilde zijn tijdens de speciale bijeenkomst die overmorgen zou plaatsvinden in Amsterdam. Het overviel me. Deze eervolle uitnodiging was zo ongeveer het laatste wat ik had verwacht. Het enige wat in me opkwam om te vragen was hoeveel sprekers er zouden zijn.

'Tien? Vijftien?'

'Nee, u bent een van de vijf.'

Sanne is de jongste dochter van de onvergetelijke John Kraaijkamp. Wat ik voor hem voelde? Een grenzeloze bewondering, zoals iedereen die iets van zijn ongekende talent heeft mogen zien. Van nachtclubartiest die als bassist-grappenmaker optrad voor een publiek dat met de rug naar hem toe zat, tot humorist met die genadeloze timing. Van zanger van het levenslied tot bejubeld vertolker van Shakespeare, Diderot en Pinter. Als je onze afkomst meetelt, lag het niet echt voor de hand dat we het later zo goed met elkaar zouden kunnen vinden. Hij geboren en getogen in de Amsterdamse Kinkerbuurt, waar het voor zijn ouders, als voor zovelen uit die wijk, een dagelijkse strijd was om de eindjes aan elkaar te knopen. Ik afkomstig uit een veilig gezin uit Zuid, opgegroeid met te veel aandacht en te weinig tegenslag. Maar tot mijn verbazing waren wij van de *TVshow* de enigen die John tijdens zijn Zuid-Afrikaanse jaren met de camera hadden mogen opzoeken.

Het was een onvergetelijk bezoek aan dat indrukwekkende pand aan de Atlantische Oceaan in het land waar John en zijn Mai-Lun op een reis met vrienden compleet voor gevallen waren. Onvergetelijk, omdat het een fijn gesprek opleverde op basis van een door John uitgekiend plan. Een ontmoeting als een vooraf gerepeteerd stuk voor twee heren. Hij had het de dagen voor onze komst helemaal als draaiboek in zijn hoofd gezet. Om te beginnen: zodra hij ons hoorde aankomen, zou hij – voor het dramatische effect – met de grote verrekijker in de zitkamer uitkijken over de oceaan, op zoek naar walvissen. Zodra ik dan de zitkamer binnenkwam, zou hij bij het horen van mijn stem verbaasd achteromkijken, alsof hij door onze komst overvallen werd. Aansluitend had John een rondleiding in gedachten door de inderdaad majestueuze, door Mai uiterst smaakvol ingerichte villa. Daarna zouden we ons, volgens zijn scenario, naar het terras begeven voor een gedetailleerde beschrijving van zijn gevoel als hij hier over de zee staarde en hoe het was om onder de Afrikaanse sterrenhemel in een buitenjacuzzi te badderen. Vervolgens nog even langs de vijver met de vissen.

Alles verliep volgens plan, maar wel met een hilarische onderbreking. Want het mooiste moment was níét gepland: de onvoorziene komst van een klusjesman. John had ons net verteld over de lichtgelovigheid van veel Zuid-Afrikanen. Als je een lege envelop in je handen had en je keek naar de hemel met het verzoek om een kleine bijdrage voor wie het niet al te breed had, kon het wel eens gebeuren dat er een Hans Klok-achtig slot aan die korte act zat – je hóórde het geld erin vallen...

'Dat zien ze letterlijk als een geschenk uit de hemel. Ze geloven dat Iemand van Boven dat geld in die envelop laat vallen.'

Het gebeurde toen we een kamer binnengingen waar de eerdergenoemde klusjesman de lamellen aan het repareren was. Kraaijkamp schakelde razendsnel en haalde uit de andere kamer een envelop, wenkte de cameraman zodat die niets van het spektakel zou missen en leverde in de volgende anderhalve minuut het ultieme bewijs van zijn door niemand ooit nog geëvenaarde improvisatietalent:

'Wat is de *medder*?'

'The screw is stuck under the rail.'

'Oh, is the schroef *dolgedreed. I doubt that there was something that it not packed. When you dree and it packed not,* ja...'

De reparateur knikte.

'Oh it's now fest, goed zo.' Johnny keek naar de hemel. *'My friend, I have here Martin. He works on my* lamellen, *my labels. One of the screws was* kapot. *And one of the chords was* kapot. *Now he works and he makes everything. Can you give him something?'*

Kraaij bleef naar de hemel kijken, hield de envelop open en tikte ertegen alsof er iets in viel. *'Thank you.'*

Hij haalde een bankbiljet uit de envelop en gaf dat aan de man die hem zo vakkundig geholpen had. Aan diens gezichtsuitdrukking was te zien hoe verbijsterd hij was dat die rare bewoner van dit schitterende huis, afkomstig uit een ver land, tot zoiets in staat was.

Waarop John tegen mij zei: 'Nou vindt-ie het leuk. Als ik het gewoon gegeven had, had-ie gedacht: wat een kapsoneslijer.'

Daar in Zuid-Afrika leerden we elkaar voor het eerst écht kennen. Tijdens ons lange gesprek in Kaapstad hield John iets te nadrukkelijk vol dat dit zijn nieuwe leven was. Geen publiek, niet overal herkend worden. ('Héérlijk!' Je hoort het hem zeggen.) De jacuzzi, de pinguïns, het bed in de logeerkamer met uitzicht op de oceaan dat lag te wachten op de komst van boezemvriend Rijk, en wandelen met Mai-Lun, zijn grote liefde.

Toen Mai-Lun vijftig werd, schreef John:

> Lieve Mai, ik heb een lied voor je geschreven.
> Er waren soms probleempjes in ons leven.
> Vooral de eerste jaren, het begin.
> De grijze jaren zijn verdwenen, het duurde even.
> Ongemerkt werd ik een brave oude man
> Die nog heel veel jaren voor jou hoopt te leven
> Zonder bier en oude klare als het kan.

Lieve Mai, zonder jou was alles anders gegaan
Dan had ik ook waarschijnlijk op deze zonnige dag hier niet gestaan.
Maar ik zeg het je maar even.
Ik zeg het nog een keer.
Ik hou van jou steeds meer.

'Vind je het mooi?'

Het was alles rozengeur zonder een spoortje prikkeldraad.

Maar toen de opnameapparatuur was opgeborgen, ontstond tijdens het diner een langdurig, bij tijd en wijle loodzwaar gesprek over geloof in het hiernamaals, over gevoelens van eenzaamheid en depressie. Dat vooral Mai het hier zo naar haar zin had en dat dát het was dat John gelukkig maakte. Naarmate de avond vorderde, corrigeerde hij eigenhandig het ideaalbeeld. Tussen de regels door hoorde je dat het voor hem helemaal geen uitgemaakte zaak was dat hij hier de rest van zijn leven wilde blijven.

We waren al lang en breed in Nederland toen we hoorden wat het uiteindelijke omslagpunt was: het moment dat hij in Kaapstad het beeld opgestuurd kreeg van Rijk de Gooyer die het net door hem gewonnen Gouden Kalf uit het raam van een taxi gooide. Ik ben er nog steeds van overtuigd dat het vooraf bedacht en in scène gezet was, want het is allemaal iets te mooi gefilmd en (zoals dat in vaktermen heet) in continuïteit te perfect opgenomen. Maar John kwam letterlijk niet meer bij en wist opeens wat hij in Zuid-Afrika miste: de gein, de spanning, het onverwachte. Hij wilde terug.

Mai zag het. 'Je hoeft me niets te vertellen, je gaat terug. Het publiek hoort bij je, het is een onderdeel van je leven.'

Was die zeer persoonlijke ontmoeting in Kaapstad hem zo bijgebleven dat hij Sanne gevraagd had mij te bellen? Wie weet, al waren we inmiddels al dertien jaar verder. Maar er kon ook een andere aanleiding zijn. Veel recenter hadden we samen iets gedaan wat achteraf waarschijnlijk meer indruk op hem gemaakt moet hebben dan hij toen liet merken: de avonden in het officieel al gesloten 'oude' Nieuwe DeLaMar Theater.

Een lening van vijfentwintig mille en binnen het uur uitverkochte zalen

Begin 2006 werd ik gebeld:

'Meneer Van den Ende voor u aan de lijn.'

'Heb je zin om een paar maanden in Amsterdam een eigen plek te hebben voor je televisieprogramma?' vroeg Joop.

Een speciale voorstelling van Freek de Jonge had enige tijd daarvoor het definitieve einde gemarkeerd van het uit 1947 stammende DeLaMar. Want dat was de plek waar Joop het over had.

'Maar het pand is toch dicht? Rijp voor sloop en verbouwing?'

'Niet alle vergunningen zijn rond en dat kan nog wel even duren.'

De sleutel krijgen van een historisch gebouw in hartje Amsterdam. Het leek me meteen meer iets voor avontuurlijke theateravonden dan voor een wekelijkse tv-opname, maar het aanbod was te mooi om af te slaan. Een vermogende vriend was bereid om vijfentwintigduizend euro te fourneren, waarvan ik eerlijkheidshalve vooraf duidelijk maakte dat één ding zeker was: hij zou dat geld nooit terugzien. Maar ja, gratis naar elke voorstelling mogen, inclusief een drankje in de pauze, dat trok hem wel over de streep.

En wat hebben we daar heerlijke maanden en unieke avonden beleefd! Een muzikaal optreden van acteur Gijs Scholten van Aschat, voetbalinterlands op groot scherm met livemuziek en analyses van deskundigen, plus voor de niet-geïnteresseerden speelautomaten op de benedenverdieping. Een Reve-avond, waarop voorgedragen werd uit diens werk. Avond aan avond was er meer dan voldoende belangstelling. Maar de drie avonden met John Kraaijkamp sloegen alles. Toen bekend was geworden dat de Oude Kraaij zich nog één keer aan het publiek zou laten zien, waren alle 550 plaatsen voor alle drie de avonden binnen een uur weg. Iedereen wilde de laatste akte zien uit het rijke toneelleven van een van Nederlands allergrootsten.

Dat we ondanks de forse donatie van de begripvolle vriend en de massale belangstelling nooit uit de kosten zouden komen, was inderdaad al snel duidelijk. Daarbij kwam dat Joop bij zijn genereuze aanbod een klein detail was vergeten door te geven: hij was nog geen eigenaar van het pand, wat betekende dat de salarissen van wie er werkten en de vaste kosten als verrassing op ons bordje kwamen. Daar hadden we natuurlijk niet op gerekend. Maar ach, kniesoor, want het plezier dat we er beleefd hebben was immens.

Een slecht plan, een plaid op een stretcher en een Amsterdammer die nog net niet doodging

De kaartverkoop voor de avonden met Kraaijkamp was één ding, maar we hadden nog wel de taak om John zelf te informeren dat er drie avonden lang iets van hem verwacht werd. Dat was geen eenvoudige opgave. In die dagen woonde hij – laten we zeggen niet geheel tot zijn onbegrensde tevredenheid – in het Larense Rosa Spier Huis, een laatste pleisterplaats voor oudere kunstenaars. Die wonen daar met gelijkgestemden en kunnen er, dankzij de mensen die er werken, vaak tot op hoge leeftijd hun vak blijven uitoefenen. Je vindt er een mooie theaterzaal, er worden concerten gegeven, er is ruimte voor tentoonstellingen. Je zou denken dat de grote Kraaij het maar getroffen had dat hij hier terecht kon, nota bene in twee kamers, een aparte ruimte om te slapen en de grote zitkamer waar Marten Toonder zijn laatste dagen had doorgebracht. Maar John vond het over het algemeen maar niks. Hij had weinig op met de meeste van de andere bewoners. En ook het plan om nog een paar avonden half-geïmproviseerde optredens te doen in Amsterdam leek niet aan hem besteed.

'Geen goed idee, gewoon een slecht plan.'

Tot we opperden dat we het mooie theaterzaaltje in het Rosa Spier zouden kunnen gebruiken om alles voor te bereiden en een paar dialogen te repeteren. Dat vooruitzicht deed iets met hem, want opeens reageerde hij met een zin uit een van zijn sketches met Rijk de Gooyer: 'Ah, dan ben ik content, menneke.'

Die repetities waren noodzakelijk, want we beseften dat alleen een interview en videobeelden op een groot scherm niet voldoende waren. Het publiek moest John ook live in actie zien. Hij stelde zelf voor om een komische sketch na te spelen, waarmee hij ooit met Rijk veel succes had gehad.

'Waarom doen we niet een stuk uit *The Price,* de laatste voorstelling die ik op hetzelfde toneel gespeeld heb, samen met onder meer Victor Löw?' Hij draaide zich naar mij en zei op licht spottende toon: 'Dan doe jij Victor.'

Ja ja. Maar we waren al lang blij dat hij 'om' was en het moet gezegd, de repetities waren een feest. Vrienden, collega's en een enkele medebewoner van het Rosa Spier waarschuwden ons dat John sr. soms op z'n zachtst gezegd 'niet meer de oude was'. En ze hadden gelijk: er waren momenten waarop je met geen mogelijkheid kon achterhalen wat hij precies bedoelde. Maar niet tijdens die repetities. Dan was hij in alles duidelijk, bij tijd en wijle op het meedogenloze af.

Die, naar later zou blijken, écht allerlaatste optredens van John Kraaijkamp zijn een boek op zich waard. Hij wilde voor elke voorstelling opgehaald worden – logisch. Maar keer op keer was er behoorlijk wat discussie voor hij bereid was in de auto te stappen.

'Wat gaan we doen?'

'We gaan praten, beelden laten zien van je mooiste prestaties op televisie, toneel en film en we spelen de scènes die we hier hebben doorgenomen.'

'Lijkt me niks. Voor wie doen we dat?'

'Het kan heel bijzonder worden, John.'

'Toch geloof ik niet dat ik dit nog moet doen.'

Zo ongeveer verliep onze conversatie in of voor de deur van het Rosa Spier, drie middagen rond de klok van vier. Dat hij uiteindelijk elke keer meeging, zij het met frisse tegenzin, mag een wonder heten. Het was de volle zaal die hem uiteindelijk over de streep trok. Zoals een bekend gezegde van John luidt: 'Een volle zaal, daar is niks mis mee.'

Maar daarmee waren we er nog niet. We hadden besloten dat ik zelf drie kwartier lang een soort warming-up zou doen en dat hij de zaal na de pauze een dik uur bezig zou houden. Tijdens de pauze was het iedere avond hetzelfde liedje. John lag in een van die idioot kleine kleedkamers van het oude theater onder een plaid op een stretcher. Na een klop op de deur en zijn 'Binnen!' ontspon zich telkens een vergelijkbaar gesprek.

'Het is zover! Je moet op, John.'

'Voor wie? Geen zin.'

Het liep steevast uit op een onderhandeling. Hij zou het doen, maar alleen als hij geen stropdas om hoefde. Of hij zou het doen, maar alleen als hij zich niet hoefde te scheren. Uiteraard ging ik op zijn eisen in. Samen liepen we dan het smalle trappetje op dat uitkwam aan de zijkant van het toneel. John nam plaats op een stoel in de coulissen, ik speelde op de piano zo goed en zo kwaad als het ging de eerste maten van 'Er is een Amsterdammer doodgegaan'. Dit laatste werkwoord is zonder overdrijving van toepassing op hoe ik me in die twintig, dertig seconden voelde. Want zou hij wel opkomen? En wat stond ons dan te wachten?

Het moment dat hij op moest naderde. Licht gestommel naast het podium, een duidelijk hoorbare kraak veroorzaakt door het feit dat het stoeltje zijn beste tijd echt wel had gehad. Geschuifel van voeten ten teken dat hij in elk geval in aantocht was. En dan... Kraaijkamp kwam niet op het toneel, nee, hij maakte zijn entree. Het was een ronduit sensationele transformatie. In één seconde was hij van een nukkige oude baas weer veranderd in de grote acteur en komiek. Hij liep naar de microfoon, pakte die van het statief en zegende de zaal voor hij – ik krijg nog kippenvel als ik eraan terugdenk – misschien wel zijn mooiste lied inzette.

Man, wat een opluchting. John genoot van het contact met het publiek.

'God, wat geweldig dat jullie er zijn. Had ik nooit verwacht. Bent u voor mij gekomen?'

Dikke lach.

'Dat geeft me heel veel geluk. Ik heb dat nodig, ik heb publiek nodig dat van me houdt. Een geboren komiek heeft dat nodig. Dit vind ik prettig. Daar mankeert niks aan.'

Grote lach en applaus.

Goed, net als bij zijn laatste grote rollen in *Herfst in Riga* en *The Price* had hij voor alle zekerheid een oortje in, zodat hij op momenten van vergeetachtigheid gesouffleerd kon worden. Trouwens, ook Mary

Dresselhuys kon bij hun laatste gezamenlijke theaterstuk niet meer zonder, maar beiden gingen daar zo meesterlijk mee om dat de timing van hun teksten nog beter was dan normaal. Even dat voor de medespelers beangstigende wachten... en dan die volzin. Alsof het een regieaanwijzing betrof.

Voor John stond zijn vaste assistente achter het toneel. Zij en John hadden intussen tientallen voorstellingen samen tot een goed einde gebracht. Daardoor waren ze zo goed op elkaar ingespeeld geraakt dat je totaal niet merkte dat de oude meester regelmatig een volgende zin ingefluisterd kreeg.

Een uur lang was John Kraaijkamp niet te stuiten; elke grap landde. Iedere minuscule blik leidde elke avond weer tot gejuich en gejoel. Een van de heerlijkste verhalen was hoe hij te horen kreeg dat hij de hoogste toneelonderscheiding had gekregen, de Louis d'Or, voor zijn rol in *Jacques de fatalist en zijn meester.*

'Dat was op zondagmorgen. Willy Alberti leefde toen nog. Die belde mij vaak op met imitaties en grappen, ik hem ook. Dan deed ik een jong ventje na met een hoog stemmetje: "Meneer Alberti, ik wil graag een foto van u hebben." Dat was de enige keer dat hij meteen hoorde dat ik het was. Voor de rest heeft hij het altijd geloofd. Ik kon een hysterische dame doen van: "Oooh, meneer Willy, wat me nu is overkomen..." Daar trapte-ie in. Alleen dat kind niet. Daarom dacht ik dat hij mij opbelde over de Louis d'Or. "U heeft de hoogste toneelonderscheiding gewonnen." "Ja Alberti, je kan me nog meer vertellen."' [John deed een zeer bekakt pratende heer na:] "Nee, ik ben écht de veurzitter. U heeft inderdaad de prijs gewonnen voor de beste toneelprestatie. Die wordt u daarom eutgereikt." Ik zeg nog: "Hij is goed, Willy, hij is goed." Ik heb lang met die man gepraat en op een gegeven moment dacht ik: ik tuin d'r in. Toen heb ik mijn excuses gemaakt. Hij was dus echt de voorzitter van de jury. Ja, het is ook zoiets ongelofelijks dat je vanuit het variété in het toneel komt en dat je na een paar jaar die prijs krijgt.'

Een lachsalvo en een oorverdovend applaus uit de zaal. Gevolgd door doodse stilte toen hij vertelde over de pijnlijke perioden in zijn leven.

'Door drank ben ik aan de rand van de afgrond in mijn leven geweest. Dan is het een godswonder als je wakker wordt en je kunt zeggen: "Afgelopen." En dat deed ik. Het is zo jammer als je echt van je vrouw houdt en van je kinderen, je maakt er zoveel kapot mee. Je kunt niet met een alcoholist leven, tenminste als het een echte is. Zoals ik was, daar was geen fout aan.' Johnny lachte. 'Een originele! Maar ik heb het aan de kant geschoven en ben gaan leven om gelukkig te worden en dat is redelijk gelukt, vind ik. Ja, ik heb mijn werk, klinkt misschien lullig, maar mijn werk geeft mij heel veel geluk en liefde van mensen. Ik geloof niet dat het leven je kan geven wat je ervan verwacht. Als je aan het eind, als je de balans opmaakt, maar zegt: "Nou, het is niet helemaal voor noppes geweest, het is toch leuk geweest, de kinderen zijn goed opgegroeid. Ik moet zeggen dat ik er blij mee ben dat het allemaal zo gegaan is en dat je het ook ergens voor gedaan hebt.'

'Is de dood iets wat je bezighoudt, denk je daarover na?'

'Nee, waarom zou ik me met de dood bezighouden als ik nog volop in het leven sta? Moet je niet doen.'

Elke avond kende het slotapplaus geen einde. Dit was de echte John, niet die van de buitenjacuzzi. Nog één keer op deze paar vierkante meter staan die hem zo dierbaar waren, waar hij bovendien zijn laatste stuk had gespeeld.

De nazit in de foyer (meer type minibar) van het oude theater verliep steeds volgens een vergelijkbaar stramien.

'Wat gaan we doen?'

'Je hebt net een geweldige voorstelling gespeeld.'

'Je bedoelt, dat gaan we doen?'

'Nee, John, je bent al klaar. Het was een megasucces, je was in topvorm.'

Na dat uur waarin hij op de toppen van zijn kunnen bezig was geweest, had hij opeens geen idee meer van wat zich in de zaal boven ons had afgespeeld. Hij kon zich geen beeld meer vormen van de gouden avond die toch ook voor hem grote betekenis moet hebben gehad. De maanden erna zou het er niet beter op worden.

Ik koester tot op de dag van vandaag de herinnering aan drie nooit-meer-uit-je-gedachten-te-krijgen voorstellingen, intense belevenissen, niet alleen omdat zich van opkomst tot slotapplaus een wonder had voltrokken, maar vooral omdat het zo'n feestelijk voorrecht was om een klein deel te zijn van de laatste optredens van een van onze meest zeldzame talenten. Waren het dan toch misschien die drie historische avonden die hem ertoe gebracht hadden om mij het grote voorrecht te gunnen van die paar minuten tijdens die ceremonie om hem de eer te bewijzen die hem toekwam?

Een tycoon in hawaïshirt, twee zwarte Mercedessen en een Roodkapjespel

De speech, dus. Sanne meldde zich op mijn eerste Zuid-Franse vakantiedag. Vanzelfsprekend was er geen twijfel: er moest een terugreis geregeld worden en snel ook, want het grote afscheid (in het DeLaMar!) stond gepland voor twee dagen later. Het noodlot sloeg toe. Alle vluchten vanaf Nice en Marseille waren *overbooked*. Mijn eerste gedachte was een studiootje te zoeken in Cannes of Nice en een videoboodschap te sturen. Ik hoefde maar heel kort na te denken om te beseffen dat dat een heel fout idee was. Zoiets doe je als vader of broer van de overledene die al sinds een eeuwigheid op een afgelegen plek in Australië woont en voor wie een terugreis echt onmogelijk is, maar niet als het gaat om een vriend en een tripje van zo'n 1100 kilometer.

Ik bedacht dat het niet anders kon of Joop van den Ende was een van de andere sprekers. Ik belde zijn secretaresse. Ja, Joop was vanzelfsprekend ook gevraagd, want wat die allemaal voor John gedaan had, tot het regelen van een huis aan toe... En ook hij was in het buitenland, op Mallorca. Kon hij dan met zijn eigen vliegtuig niet in Nice even een kleine tussenlanding maken? Dat lag toch redelijk op de route? Dat Joops onvolprezen rechterhand bij deze vraag als enige reactie een dikke lach in huis had, is veelzeggend. Ze had in de loop der jaren duidelijk wel brutalere verzoeken voorgelegd gekregen. Feit is dat ik de bewuste ochtend van de ceremonie klokke negen op Nice Airport bij de terminal voor *vols privés* werd opgehaald. Een schitterende kist, twee piloten, veertien witte fauteuils, één stewardess – die meteen vroeg of ik al had ontbeten – en Joop en Janine. De tycoon zelf in niet eerder vertoond kleurig hawaïshirt en zo ontspannen als ik hem nooit eerder gezien had. Het duidde erop dat er even geen zakelijke zorgen waren, geen onhaalbare deadlines en geen cijfers die wezen op tegenvallende kaartverkopen. Verdomd, nu begreep ik voor het eerst waarom Amerikanen hem regelmatig hadden aangezien voor Gene Hackman. Prachtige, doorleefde kop. Ogen die paradoxaal genoeg uitstraalden dat hij overal zin in had.

De gesprekken onderweg waren vanwege de droevige aanleiding van onze trip logischerwijs intens. Over Kraaijkamps sensationele talent, hoe hij op het randje had geleefd, maar ook over de zin van het leven en het onverbiddelijke einde. De anderhalf uur ononderbroken conversatie met ons drieën herinner ik me als misschien wel de eerlijkste die ik ooit met 'vrienden uit het vak' gevoerd heb.

Na de landing op Schiphol-Oost stonden er twee zwarte Mercedessen met chauffeur klaar. 'Voor wie is die tweede auto?' vroeg ik. 'We gaan toch direct samen door naar het theater?'

'Nou ja, we dachten dat je misschien onderweg nog ergens langs wilde.'

En zo reden er op die tweeëntwintigste juli 2011 rond 11.00 uur twee limousines achter elkaar via het Amsterdamse Bos naar een gemeenschappelijke eindbestemming: de 'uitvaartdienst' aan de Marnixstraat.

De toon werd gezet door John jr.: 'Pa werd bij de juf van de peuterschool op het matje geroepen. De reden? Kleine John, ik dus, had tijdens het Roodkapjespel aan Liesje zijn slakje laten zien. Vader John in alle staten, zou je denken. Maar eenmaal thuis zei hij: "Zal papa dan ook zíjn slak maar aan de juf laten zien?"'

En over de bijzondere band van zijn vader met Joop van den Ende, voor wie niets te gek was om de komiek een dienst te bewijzen: 'Dat Joop daarnaast ook met andere dingen bezig was, kon hij maar moeilijk begrijpen.'

Junior had het over die wezenlijke factor in zijn vaders leven: het publiek: 'Hij hield zielsveel van u.'

Maar hij zei ook: 'Als ik een vader mocht kiezen, had ik weer voor jou gekozen. Ik had het voor geen goud willen missen.'

Vriend Lex Daniëls sprak geheel in de stijl van de overledene. 'Het zou me niets verbazen als ik hier tegen een lege kist sta te praten en dat je verdekt opgesteld staat tussen de coulissen om te horen wat er over je verteld wordt.'

De voorbereiding van wat mijn verhaal moest worden, was niet al te vlot verlopen. Wat moest ik zeggen zonder in de 'ik herinner me nog goed dat we...'-valkuil te trappen? Maar ik kon en wilde me er niet gemakkelijk van afmaken. Achteraf bezien lag de oplossing voor de hand: gebruikmaken van fragmenten uit onze gezamenlijke televisieprogramma's die zo veel over hem zeggen en waarin John vaak naast de gebruikelijke grappen zulke wijze filosofische gedachten ten beste gaf.

Ik kon er niet meer aan toevoegen dan: 'John, wat een gemis, maar ook wat meesterlijk dat jij zesentachtig jaar in ons midden was. En één ding is zeker: je hebt geleefd voor drie. En als een intensief leven synoniem is met een geslaagd of zelfs een zinvol leven, dan sta jij bovenaan de lijst. Wat hebben we met je meegeleefd en van je mogen genieten.' Van Yves Montand leende ik eens te meer diens levensles: 'Lieve John, er zijn mensen die dromen met hun ogen open en je hebt mensen die leven met hun ogen dicht. Jij hebt periodes in je leven afwisselend beide gedaan. Maar in elk geval heb je ons honderden uren laten dromen met onze ogen open.'

Op de terugreis naar onze vakantieadressen had Joop direct na het opstijgen een verrassing in petto.

'Heen had je mazzel. Terug heb je pech.'

Ik schrok. Zou ik bij de halte Mallorca moeten uitstappen, wachtend op een bootverbinding met het vasteland van Zuid-Frankrijk? Nee, het ging om iets minder ingrijpends.

'We hebben voor vanavond een dinerafspraak op Mallorca. Dus gaan we eerst daarnaartoe en dan pas zijn de piloten bereid je af te zetten in Nice.'

Wat je noemt pech hebben...

Eenmaal 'thuis' op mijn Zuid-Franse vakantieadres deed ik een VHS in de recorder met een van onze laatste interviews. Ging het met Kraaijkamp niet over zijn publiek, Mai-Lun, de kinderen of de drank, dan ging het bij hem meestal over de liefde.

'Echte liefde is iets, dat kun je niet uitleggen. Ik heb 't een paar keer in mijn leven meegemaakt, zo van "wam". Je bent helemaal anders, de zon schijnt mooier, 't eten smaakt lekkerder, de goudvissen zijn leuker, alles is leuker.'

Het was een tekst waarbij ik het niet droog hield.

EEN HOND STEELT DE SHOW (1)

In de begintijd van de TVshow deden we er alles aan om de aandacht van de kijker te trekken. Een van onze 'briljante' ideeën was om meteen na de openingstune een hond brieven van kijkers op te laten brengen. Geen echte reacties, maar zogenaamde kijkerspost, door de redactie geschreven. Met uitsluitend pittige klachten: *De uitzending van vorige week kan zo naar de lommerd.* Of: *Kunt u uw gasten eindelijk eens een keer laten uitpraten?* Of: *Die das van afgelopen dinsdag, die kon echt niet.* Geweldig plan natuurlijk. We moesten alleen nog wel een hooggebaafde hond vinden om als postbode te fungeren. We kwamen uit bij een viervoeter uit een Duits circus. Zijn trainer vond 750 gulden per keer wel een interessante gedachte. Tijdens de middagrepetitie ging alles vlekkeloos. Deze artiest had duidelijk voor hetere vuren gestaan dan met een paar brieven in zijn bek naar een tafeltje te moeten lopen. Maar tijdens de rechtstreekse uitzending ging het wat minder voorspoedig. Want toen 's avonds de deur opengingn, kwam er een enorme partij licht op hem af en was er een donderend applaus. Daardoor raakte de Duitse dog volkomen de weg kwijt en weigerde dienst. Tot grote frustratie van zijn baas, die half zichtbaar achter de deur maar aan hem bleef sjorren om hem alsnog naar de set te krijgen. Hij zag zijn prettige wekelijkse schnabbel in rook opgaan. Het was pijnlijk om te zien.

Toch wilden we het idee een tweede kans geven. Wij hadden destijds thuis een golden retriever, Woody, en een labrador, Fellini, allebei blond. Fellini was ouder en slimmer, maar om een of andere reden leek de rustigere Woody geschikter om dit klusje te klaren. En ja hoor, alsof het niks was kwam hij tijdens de volgende uitzending pontificaal met post en al de studio ingewandeld. Het stevige applaus, de gigantische partij lampen, het publiek, het bracht hem niet van zijn stuk. We hadden het kunnen weten, want 's middags bij de repetitie maakte hij al een zelfverzekerde indruk. Kennelijk leefde hij in de veronderstelling dat hij een van de gasten was die geïnterviewd zouden worden en dus nam hij maar vast even plaats aan de tafel. Overigens bleek deze hele brievenact bij de kijker totaal niet aan te slaan, dus was Woody's eerste optreden meteen ook zijn laatste. We zijn er nooit achter gekomen of hij dat als een grote tegenslag ervaren heeft.

Bij de Van Vollenhovens

Het was een mooi gesprek met de Van Vollenhovens, thuis op 't Loo. De stemming was opperbest, de sfeer ontspannen. De prinses was in vorm, professor meester Pieter was als altijd de spraakzaamheid zelve. Tijdens het laatste deel van het lange interview met hem zaten we aan een ronde tafel. Daaronder lag de hond van de familie. Onbeweeglijk, maar het leek toch of er opvallende aandacht was voor de woorden van Margriet en Pieter. Ik vroeg aan de heer des huizes: 'Hoe heet de hond?'

'Glenzie.'

'Denzie luistert heel...'

'Het is Glenzie, met een g.'

'Glenzie luistert heel geïnteresseerd naar ons gesprek, ze haakt niet af.'

'Ze is doof.'

'Pardon, is ze doof?'

Op de achtergrond kon prinses Margriet haar lach niet onderdrukken. Daardoor in twijfel (de baas staat immers bekend om zijn *practical jokes*) vroeg ik het nogmaals:

'Is ze echt doof of niet?'

Dat werd met een duidelijke knik bevestigd. Terwijl ik meester Pieter op zijn schouder sloeg, kon ik op mijn beurt mijn lachen niet inhouden. 'Dit is wel goed! Dit fragment moeten we ooit gebruiken.'

Met stijve kaken van het lachen kon ik nog uitbrengen: 'We doen het over. Daar gaan we nog een keer.'

En na een korte pauze: 'Wat opvalt is dat de hond Glenzie, hoewel ze doof is, zeer geïnteresseerd naar u zat te luisteren.'

Deze hernieuwde poging strandde onvermijdelijk in ons beider slappe lach.

Meester Pieter (proestend): 'Ja, ze vangt er altijd wel iets van op, denk ik.'

'Bovendien kent ze de meeste antwoorden van u wel. Altijd uit hetzelfde mandje.'

'Absoluut, altijd dezelfde mand.'

Het was meteen het einde van ons gesprek. Verder gaan was ook absoluut onmogelijk.

DAPHNÉ DU BARRY

De gemene streek van Salvador Dalí

Behalve naar de *usual suspects* en de groten der aarde, waren we voor de *TVshow* ook altijd op zoek naar minder bekende hoofdpersonen waarmee we het Nederlandse publiek kennis wilden laten maken. In die categorie was zij een van de opvallende gasten: Daphné Du Barry. Googel haar naam, want met wat nu volgt doen we haar zonder meer tekort. Ze verdient meer aandacht dan alleen dit verhaaltje, dat evenwel te leuk is om te laten liggen. Daphné, bij de Arnhemse burgerlijke stand ingeschreven als Dorothea Maria Daphne Vissinga, was een blauwe maandag *in the picture* geweest als zangeres met een paar 45-toerenhits, studeerde aan de universiteiten van München, Montreal en Parijs (de Sorbonne!) en spreekt zeven talen vloeiend. Haar kunstenaarsopleiding kreeg ze goeddeels in Florence. Ze legde zich toe op beeldhouwen, en met succes. Grote werken van haar hand vind je in Europa, Azië en Amerika. In ons land zijn zij en haar figuratieve beeldhouwwerken minder bekend. En toch, ze maakte het grote beeld van Pim Fortuyn in Rotterdam en een meesterlijke 'Beatrix op de fiets'. Maar haar bekendheid heeft ze vooral te danken aan de beelden die je in andere landen tegenkomt. Vandaar het Google-advies. Dat was de reden dat we haar met onze cameraploeg opzochten in het Château de la Reynerie in de buurt van Toulouse. Ze trouwde met de Fransman Jean-Claude Du Barry. Dankzij hem maakte de prachtige Daphné kennis met de grote kunstenaar Salvador Dalí. Die was dermate onder de indruk van haar uitstraling dat hij haar wilde portretteren. Dat vroeg de Spaanse kunstenaar nooit zelf, hij stuurde altijd een assistent op iemand af om de bereidheid te peilen tot – vaak langdurig – poseren.

Ik weet dat, omdat ik in het stenen tijdperk een relatie had met een tot in het buitenland gevraagd fotomodel. Zij werd door een belangrijk Frans agentschap uitgenodigd om een aantal maanden in Parijs te komen werken. Haar vader wilde voor dit avontuur alleen toestemming geven als ik bereid was om als chaperon mee te gaan. Op een van de society-avondjes waarvoor wij werden uitgenodigd, kwam een onbekende heer met het verzoek of mijn vriendin ervoor zou voelen om geportretteerd te worden. 'Door wie dan wel?'

'Door mijn meester, Salvador Dalí.'

Ik moest de boodschap overbrengen, had mijn antwoord al klaar ('*No way!*'). Het ging dan ook niet door, ook al was mijn negatieve advies meer ingegeven door jaloezie dan door de angst dat ik mijn rol van bodyguard niet voldoende zou kunnen vervullen. Hoe verstandig mijn opstelling was, bleek achteraf pas na het verhaal van Daphné.

Dagenlang had zij voor de grote Dalí bloot geposeerd. Met tussenpozen vroeg ze 'of het wat werd en of ze vast wat kon zien?'

Salavadors antwoord: 'Het wordt wat, maar blijf nog maar even nieuwsgierig.'

Toen ze het werk ten langen leste onder ogen kreeg, zag Daphné niet zichzelf, maar een grote, op de meest luxueuze manier gepresenteerde vis, onder meer omgeven door kleine kreeftjes. Duidelijk een visuele parafrase op haar naam VISsinga. (De moeite waard om de foto in het katern even op te zoeken.) Ik ga ervan uit dat de inmiddels tweeënzeventigjarige beeldhouwer er niettemin met veel plezier aan terugdenkt.

Zo'n practical joke, *Mister Speaker* had het kunnen bedenken.

JOHN BERCOW

Een Britse Bomans in het Lagerhuis

We ontmoetten hem op een moment waarvan we dachten dat hij op alles zat te wachten, behalve op een gesprek voor de Nederlandse televisie. Want Brexit was op zijn heetst en hij, John Bercow, was een van de belangrijke spelers. We waren lang bezig geweest om de voorzitter van het Britse Lagerhuis te strikken, want dankzij zijn manier van de zaak onder controle houden (zijn '*Order, order*!' haalde bijna dagelijks journaals over de hele wereld en maakte hem tot een tot ver buiten zijn landsgrenzen geliefde persoonlijkheid) was hij het gesprek van de dag. We achtten onszelf nagenoeg kansloos, want ons verzoek belandde op zijn Londense kantoor midden in een van de meest hectische periodes van zijn werkzame leven. Maar tegen alle verwachtingen in kwam er een met gejuich begroet telefoontje van een van zijn assistenten: 'Mister Bercow doet eigenlijk nooit persoonlijke interviews, hij is doorgaans alleen beschikbaar voor nieuwsprogramma's. Maar na het zien van uw *showreel* met al die grote namen vond hij dat er reden was om een uitzondering te maken. "*I'll go Dutch for once.*"'

Die showreel, dat is een promotiefilmpje met een compilatie van onze beroemdste gasten. Het is ons geheime wapen geworden, dat we alleen hebben kunnen maken doordat we het vier decennia lang hebben volgehouden om gasten uit de hele wereld te interesseren voor ons programma. Zo kwam het dat we dus welkom waren in de ambtswoning van John Bercow, *Speaker of the House of Commons*. Wat zeker geholpen heeft, is dat we lieten weten de opnames drie dagen later al te zullen uitzenden, zodat we niet door de actualiteit ingehaald zouden worden.

'Mister Bercow zal op enig moment zijn zetel in het Lagerhuis verlaten, hoe laat precies kan ik u vanzelfsprekend niet zeggen. Maar hij woont tijdens zijn ambtsperiode in Speaker's House, dat zich bevindt binnen de muren van de Houses of Parliament,' vertelde zijn assistent.

We verheugden ons op Bercow. Niet zozeer omdat hij al ruim tien jaar speaker was en daarmee de langstzittende uit de historie, maar vooral omdat we ons konden voorbereiden op inspirerend verbaal geweld, want 'goed van de tongriem gesneden' móét als gezegde wel uitgevonden zijn voor woordkunstenaars als Bercow. Vriend en zelfs vijand genoot van zijn grote gevoel voor humor. Als hij van boven meegekeken heeft, zal Godfried Bomans groot plezier beleefd hebben aan de toon en inhoud van Bercows optredens.

In de maanden waarin die beslissing over Brexit de Engelse politieke agenda's beheerste, was de acteur in hem dag en nacht klaarwakker. Hij genoot zichtbaar van zijn rol als schoolmeester die er ook onder die omstandigheden steeds maar weer in slaagde een kleuterklas met 650 leerlingen zijn wil op te leggen. Onomstreden was hij nooit. Dat kwam omdat er grote twijfels waren aan zijn voor het ambt verplichte onpartijdigheid. En zijn noodgedwongen afscheid was zo ongeveer het laatste mooie moment uit zijn hele carrière. Want daarna kwam de vijandigheid die zijn tegenstanders jarenlang binnenskamers gehouden hadden in onvoorziene hevigheid los. De klagers liepen te hoop. Wangedrag, intimidatie, grensoverschrijdingen. Bercow zou medewerkers stelselmatig beledigd hebben. Een parlementaire commissie onderzocht de aanklachten en achtte eenentwintig van de vijfendertig tenlasteleggingen bewezen. Het gevolg: Bercow mag nooit meer het Lager- of het Hogerhuis betreden. Mister Speaker ontkent, is in beroep gegaan. Dat hij niet zoals gebruikelijk als lord Bercow tot het Hogerhuis werd toegelaten was een van de gemene streken van ex-premier Boris. Die bestrafte John voor het regelmatig dwarsbomen van zijn plannetjes. Geen thema's om het op een feestelijke avond eens uitgebreid over te hebben. Maar toen we hem in Londen spraken, speelde hij nog dag na dag, iedere minuut, de rol van zijn leven.

John Bercow was de eerste speaker uit de parlementaire geschiedenis van het Verenigd Koninkrijk die tot in de verre uithoeken van de aardbol bekend en populair was vanwege de onorthodoxe, vaak verrukkelijke manier waarop hij zijn taak opvatte. En hij had zoveel heerlijke teksten in huis om iedereen in het Lagerhuis in het gareel te houden: 'Geachte afgevaardigde, u bent een bijdehand kereltje, maar wel heel rumoerig. Toen u nog aan Oxford studeerde gedroeg u zich veel netter. Wat is er met u gebeurd?'

Of: 'U bent een eminente advocaat. Zo zou u zich toch ook niet gedragen in de rechtszaal? Nou dan, doe dat dus hier ook niet. Kalmeer en zwijg.'

Schreeuwerige dassen, een publieke onthoofding en een luchtalarm met verkoudheid

Voor mister Bercow binnenkwam (hij hoefde maar één deur door om de grote vergaderzaal te bereiken en woonde dus niet boven, maar gewoon naast de zaak) hadden we ruimschoots de tijd om rond te kijken. Wat ons het meeste opviel? Het enorme bed in de zijkamer. Zo te zien eeuwenoud en met zulke imposante afmetingen dat we ons afvroegen of John en echtgenote Sally hier ooit het vermoeide hoofd op het kussen zouden leggen. Dat bleek inderdaad niet het geval. De sponde moet al sinds mensenheugenis 24/7 gereserveerd blijven voor de aanstaande vorst die hier in de nacht voor de kroning mag slapen. Zou Charles daarin gelegen hebben? Denk het niet...

Niet iedere Member of Parliament, MP dus, liep met Bercow weg. Dat kwam met name doordat Bercow van meet af aan wilde vernieuwen. Het begon meteen met zijn afkeer van de traditionele pruik, die veel van zijn voorgangers nog droegen. Daarnaast legde hij een overduidelijke voorkeur aan de dag voor vrolijke, kleurrijke, volgens sommigen schreeuwerige dassen, die niet bij iedereen in de smaak vielen. Zijn opvallende smaak werd weggezet als zeer on-Brits. En dan was hij ook nog eens een meester in het stijlvol beledigen van anderen: 'Als u een minister aan de tand wilt voelen, is de voorzitter uw vriend. Zo is het en niet anders. Dus doe rustig aan en gedraag u wat volwassener.

Lukt dat u niet, verlaat u dan de Kamer. We redden het ook wel zonder u. Of ga aan yoga doen, zoals ik ooit zei.'

Soms ging hij in zijn enthousiasme over de schreef, bijvoorbeeld nadat iemand van de oppositie had gehoord dat hij in de wandelgangen een vrouwelijke MP een 'dom wijf' had genoemd. Toen hij in een plenaire zitting werd geconfronteerd met het feit dat hij daarvoor nimmer zijn excuses had aangeboden, had hij de grootst mogelijke moeite om de zaak niet te laten escaleren. Maar verder, je kan het je nauwelijks voorstellen, kwamen er niet alleen in Engeland, maar ook in andere landen T-shirts en mokken op de markt met de beeltenis van de flamboyante voorzitter erop. *The New York Times* was minder ingenomen met zijn schreeuwerige '*Order, order!*' en omschreef zijn stemverheffing als 'het niet te overstemmen geluid dat klinkt als een luchtalarm met een verkoudheid'. Bercow accepteerde het als een 'dubieus compliment'.

Hij was de baas over de dagelijkse gang van zaken op een plek waar tradities, ondanks zijn moderniseringen, nog altijd hoog in alle vaandels staan. Zo begint de dag achter gesloten deuren, zonder pers en publiek, met een gebed en wordt de zittingsdag ingezegend. Nog steeds zijn er lang niet voor iedereen vaste plaatsen, dus moeten laatkomers de vaak eindeloze debatten staand volgen. Wie het woord wil, maakt dat kenbaar door op te staan en een van de boven de hoofden hangende microfoons te pakken. Aan de voorzitter vanaf zijn plek de taak om te bepalen wie van de leden aan bod komt. Geen makkelijke opgave, want hij moet de spreektijd niet alleen over de partijen verdelen, maar ook rekening houden met de regio's.

Grappig is ook dat de Lagerhuisleden elkaar nog steeds niet bij naam noemen, maar aanspreken met de plaats die ze vertegenwoordigen. 'Mag ik *the Right Honourable Member from Birmingham* erop attenderen dat hij volkomen uit zijn nek staat te kletsen?'

Heerlijk!

De voor een buitenstaander meest wonderlijke traditie dateert nog uit het tijdperk van koninklijke suprematie, toen de voorzitter van het parlement niets anders was dan de woordvoerder van de koning. In die pre-democratische jaren werd van hem verwacht (of van haar, want er is ook een vrouwelijke voorzitter geweest) dat de leden geïnformeerd werden over de wensen van de koning. Maar als de voorzitter, bot gezegd, de koning teleurstelde in het overbrengen van diens dwingende boodschap of, erger nog, als Mister of Madam Speaker het in zijn of haar hoofd haalde om er een eigen mening op na te houden, dan waren de rapen gaar. Er waren dan twee mogelijkheden: ofwel de voorzitter werd gevangengezet in de *Tower* of, jawel, er volgde een publieke onthoofding. En denk niet dat het zelden zover kwam. Maar liefst zeven voorgangers van Mr. Bercow wachtte het laatste lot. Logische consequentie van dit alles was dat als iemand als voorzitter werd aangewezen, de uitverkorene doorgaans hevig protesteerde om aan te geven dat hij zich uit pure angst 'voor het ambt niet bekwaam genoeg achtte'. In de rijke geschiedenis van het Lagerhuis wordt meer dan eens melding gemaakt van een kandidaat die met bibberende stem probeerde aan zijn mogelijke noodlot te ontsnappen: 'U kunt echt beter iemand anders kiezen.'

Maar meestal werd daar niet op gelet en werd de onfortuinlijke door twee man naar zijn zetel gesleurd. Dat ritueel is nog steeds voorschrift bij de verkiezing van de voorzitter. Je begint een beetje meer te begrijpen waarom een, overigens ridicuul kleine, meerderheid van de Britten het verder zonder Europa wilde doen... Naast alle bekende politieke uitganspunten is er ook nog eens te weinig onderling raakvlak in zeden en gebruiken, te weinig gedeelde stijl van regeren en van de andere kant te veel vrolijke, eeuwig ingesleten tradities waar de Europeaan zich grinnikend bij achter de oren krabt.

Sally in een beddenlaken, 'Celebrity Big Brother' en een anti-Brexitsticker

Tijdens zijn ambtsperiode kwam Bercow met enige regelmaat in de problemen – hoofdzakelijk dankzij Mrs. Sally Bercow. In een ver verleden hadden John en Sally al eens iets met elkaar gehad. Maar pas jaren na de eerste stappen op het glibberige pad van hun liefde maakte John echt werk van de aantrekkelijke Sally. Tijdens een prijzig diner in een Aziatisch restaurant ging hij *en plein public* op de knieën en scoorde een 'ja, ik wil'. Dat Sally twee koppen groter is dan Bercow, die van het formaat Sarkozy is, was voor beiden geen huwelijksbeletsel. Er kwamen drie kinderen, Oliver, Freddie en Jemima; de oudste, Oliver, lijdt aan een bijzondere vorm van autisme. Zij aan zij traden zijn ouders daarmee in de publiciteit, bewust, om zo een betere, snellere diagnose te bepleiten van de afwijking waarmee hun oudste zoon ter wereld was gekomen. Dat ze zo gezamenlijk optrokken was eerder uitzondering dan regel, want Sally Bercow is het prototype van de vrijgevochten, onafhankelijke geest. Waar manlief oorspronkelijk uit een conservatief nest komt, is zij enthousiast aanhanger van links. Maar dat is verre van het grootste probleem. Sally heeft er het grootste plezier in zich af te zetten tegen de per definitie strikte mores waaraan haar echtgenoot zich te conformeren heeft. Zij belde met liefde een fotograaf met het verzoek om haar te vereeuwigen, gehuld in een lang niet alles bedekkend beddenlaken en dan ook nog met de Houses of Parliament op de achtergrond. De shock die die foto teweegbracht reikte tot in Buckingham Palace. En Sally bleek er ook heel eigen opvattingen op na te houden over de huwelijkse trouw. Volgens het soort pers dat van dit soort details op de hoogte is, verliet ze de echtelijke woning voor langere tijd om te gaan samenwonen met Bercows neef. Leidde dat bij de meeste politici nog tot medeleven richting de geplaagde voorzitter, moeilijker kreeg hij het door haar deelname aan het niet door iedereen hooglijk gewaarde tv-programma *Celebrity Big Brother*, waarin ze zich als volgt aan de kijker voorstelde: 'Hoi, ik ben Sally Bercow. Mensen kennen mij als een voormalig alcoholist die in een laken poseerde en die getrouwd is met de voorzitter. Mijn echtgenoot heet John Bercow, de man die "*Order, order!*" roept tegen alle politici. Dat moet hij bij mij niet proberen. Het feit dat ik hier zit zegt genoeg. Toen ik hem vertelde over die foto, werd hij gek.'

Bercow: 'Mijn vrouw in *Big Brother*? Ik zat er niet op te wachten...'

Van meer recente datum is een kiekje waarmee de vrouw des huizes de krant haalde, waarop ze de vorstelijk getatoeëerde bodybuilder Clinton Oliver tongzoenend liet zien dat ze hem leuk vond. Nu is Bercow er de man niet naar om bij dit soort acties uit zijn vel te springen, maar er bestaan gegronde twijfels of thuis al het Wedgwood-servies heel is gebleven. Want je kunt je niet voorstellen dat de heer des huizes, die parlementariërs soms fijntjes dan weer meedogenloos fileerde, ook achter zijn eigen voordeur niet van tijd tot tijd tot andere dan verbale actie overging om zijn ongenoegen kenbaar te maken. Wat eega Sally betreft, insiders en de buitenwacht zagen haar baldadige acties wel door de vingers. De boot was pas echt aan toen Sally haar auto voorzag van een uitdagende, op de voorruit geplakte anti-Brexitsticker. Nu moest John zich hiervoor publiekelijk verantwoorden. Dat deed hij, zoals te verwachten viel, op geheel eigen wijze: 'De geachte afgevaardigde zei dat er een sticker in mijn auto was waargenomen. Die sticker, over het onderwerp Brexit, is toevallig bevestigd op de voorruit van de auto van mijn vrouw. Jawel. De geachte afgevaardigde wil toch zeker niet suggereren dat een echtgenote op de een of andere manier het bezit is van haar echtgenoot? Zij heeft recht op haar mening. Die sticker is niet van mij en daarmee uit. Orde graag!'

Sally's reactie is na elk incident: 'Jammer dan, ik ben wie ik ben en ik ben niet mijn man.'

Meer dan een saillant detail is dat hij zelf in 2019 in Londen een voordracht hield voor The Foreign Press Association met als stelling dat Brexit de grootste fout was in de naoorlogse buitenlandpolitiek van zijn land. 'En dat is mijn oprechte overtuiging.'

Houd dan maar eens overeind dat je tijdens de debatten in het House of Commons volkomen onpartijdig bent, een keiharde eis die door alle democratische tijden heen aan elke voorzitter wordt gesteld. Maar ja, ondanks een boel gemor kwam Bercow ook hiermee weg.

Praten in alinea's, blozen bij Federer en 'ontruim de zaal'

De Bercows hebben een bijzondere familiegeschiedenis. Opa kwam uit Roemenië naar Engeland in de hoop op een betere toekomst. Johns vader was niet, zoals je misschien zou verwachten, een verbaal sterke jurist of een andersoortige academicus; nee, hij verkocht tweedehandsauto's en werd later taxichauffeur. Tegen die achtergrond is het toch op zijn minst verrassend dat zijn zoon al jong opvallend welbespraakt was. Vrienden uit die tijd zeggen: 'Al op zijn tiende praatte hij als een politicus.'

Maar John heeft zijn verbale vermogen wel degelijk aan zijn vader te danken. De politiek had diens grote interesse. Hij was wat ze in Engeland een *armchair politician* noemen, een salonpoliticus, uiterst conservatief in zijn opvattingen. De oude Bercow had over alles een uitgesproken mening en was de eerste in alle generaties van zijn familie die zijn overtuigingen zo eloquent en uitgebreid kon overbrengen. John: 'Als mijn vader aan het woord was, kwamen er nergens punten en komma's, hij ging maar door, hield hele referaten over welk onderwerp je ook maar aan de orde stelde en dat zonder enige onderbreking, want hij sprak niet in zinnen, maar in alinea's. En wij hingen aan zijn lippen. Het kan niet anders of ik heb mijn manier van spreken van hem meegekregen.'

Bercow, dus: de eerste Speaker of the House of Commons met een internationale schare fans. Zelf aanhanger van Arsenal ('mijn club'), in zijn jonge jaren talentvol tennisser. Roger Federer is zijn grote idool: 'Voor mij de grootse sportheld aller tijden. Twee jaar geleden kwam hij hier langs voor een evenement. Ik zweette en bloosde als een opgewonden kind. Mijn grenzeloze bewondering voor hem komt voort uit de combinatie van hoe hij punten kan maken, zijn flair, zijn elegante manier van bewegen en zijn onberispelijke gedrag, zowel op als buiten de baan. Roger Federer is uniek. En hij nam alle tijd om met de kinderen op de foto te gaan.'

Wat me verbaasde is dat hij me na ons gesprek liet weten dat hij zich behoorlijk zorgen maakte over wat hij na zijn intensieve ambtsperiode moest gaan doen. De tien jaar dat hij in functie was, behoorde hij tot de bestbetaalde publieke functionarissen. Hij had genoten van zijn werk en van alle aandacht die dat met zich meebracht. Hij was eerlijk genoeg om dat toe te geven. Jammer dus dat er een eind aan zijn lange ambtsperiode zou komen. 'Maar ik heb geen plannen om dood te gaan en als ik zal sterven, zal dat zijn als een gelukkig man. Want ik heb geluk gehad. Ik wil niet overdreven sentimenteel doen, maar ik denk dat er niets mooiers is dan dat je werk hebt waarvoor je elke dag met plezier je bed uitkomt. Dat is ook wat ik altijd tegen studenten zeg: ik hoop dat je geluk hebt. Dat je iets mag doen wat je leuk vindt, goedbetaald of niet. Veel mensen doen hun werk, terwijl ze maar naar één ding uitkijken: hun vakantie. Ik niet, ik geniet van elke dag.'

Hij kwam nog even terug op het einde van ons interview, dat ik heel precies had voorbereid. Het leek me namelijk een grappig idee om af te sluiten met Bercows bekende woorden. Alsof ik als voorzitter de vergaderdag officieel toesprak: 'De vragen zijn gesteld en we hebben de antwoorden gehoord. Ik hoop dat ik kan zeggen dat met uw uitspraken de nieuwsgierigheid van onze kijkers is bevredigd. Ontruim de zaal, zou ik zeggen.'

Bercows reactie viel te verwachten: 'Je plaagt me met wat ik altijd zeg in het Lagerhuis. Hoe lang het ook duurt, we zullen de vragen en antwoorden horen. Jij zegt het om op een zeer beleefde manier duidelijk te maken dat dit interview voorbij is. Je vraagt me dus: "Doet u alstulieft eens iets tegen uw gewoonte in, Mr. Bercow, en zwijg!"'

Hij moest er zelf hartelijk om lachen.

Televisie is geluid (1)

Het kan bijna niet anders of de hoeveelheid prijzen en onderscheidingen die Jessye Norman ten deel zijn gevallen, is een record. Meer dan veertig awards kreeg ze voor haar werk, waaronder veel meer dan alleen een hele serie Grammy's en andere prestigieuze Amerikaanse hommages. Over de hele wereld werd haar grote talent erkend. Alleen in Frankrijk al werd ze om haar werk geëerd met drie van de grootse culturele blijken van waardering die ze daar in huis hebben: de Grand Prix du Disque, het commandeurschap in de *Ordre de l'Art et des Lettres* en ze werd opgenomen in het *Légion d'honneur*.

Jessye Norman, geboren op 15 september 1945 in Augusta in de staat Georgia, werd als sopraan een regelrechte sensatie. Zag maar eens een kaartje te bemachtigen voor een opera of concert waarbij haar naam op het affiche stond! Niet gek dus dat ik lichtelijk nerveus aan de start verscheen, toen we haar bij een bezoek aan Nederland in de Glazen Zaal van het Concertgebouw te spreken kregen. Het vermelden van de locatie is in dit geval van belang, omdat de omstandigheden daar tot een paar minder prettige uurtjes leidden. Niet dat Norman niet de bereidwilligheid zelve was, integendeel. Maar bij het naderhand terugluisteren van de opnames in de montagekamer gingen de editor en ik uit ons dak – niet van vreugde, maar vanwege een onbegrijpelijke fout in het geluid. Mijn vragen waren keurig netjes opgenomen, maar elk antwoord van de Amerikaanse superster ging gepaard met een irritante, ondefinieerbare storing, alsof er iemand tegen een glas aan stond te tikken. We belden de geluidsman en lieten hem via de telefoon de registratie horen. Had hij iets verkeerd afgesteld? Was het een kapotte microfoon? Hij kon geen uitsluitsel geven.

Onbegrip. Handen in het haar. Wat nu? Een tweede opname was uitgesloten. Talloze keren speelden we het geluid opnieuw af om uit te vinden wat er aan de hand kon zijn. Hard, zacht, *compressed*, met meer en minder *presence*... Tot opeens alles duidelijk werd dankzij het beeld. In een ruim *two-shot* zagen we dat de stoel waarop Miss Norman zat ongeveer een meter verwijderd was van een grote kroonluchter. En wat zagen we gebeuren? Het volume van haar stem was dermate overweldigend dat bij ieder woord en elke zucht van de zangeres de kristallen in de grote luster elkaar aantikten! Toen ik de kijker vóór de uitzending deelgenoot maakte van dit euvel, werd het van een probleem opeens een extraatje.

Televisie is geluid (2)

Er kwam een verzoek bij ons binnen. 'Meneer Heineken neemt afscheid. We willen voor intern gebruik binnen het bedrijf een video laten maken met als onderdeel een gesprek met de heer Heineken.'

Dat die vraag niet uit de lucht kwam vallen, blijkt uit het grotere verhaal hieronder. Niettemin logisch dat we opgetogen waren. Maar toen hadden we nog geen idee dat een duivels probleem het plezier in onze droomopdracht zou komen vergallen... Wat het interview betreft: na de opnames was Heineken tevreden over het resultaat. Hij wilde wel de definitieve versie nog even kritisch kunnen bekijken.

We hadden de volgende dag de montagecomputer nog niet gestart of de schrik sloeg ons om het hart. De beelden zagen er prima uit, maar wat was er met het geluid? Wat we ook probeerden, uit de speakers kwam niet meer dan een ruis begeleid door schijnbaar in een vreemd dialect uitgesproken teksten. Er was geen touw aan vast te knopen. De geluidsman gealarmeerd, die intussen thuis aan een wijntje zat. 'Hebben we een van de mooiste opdrachten die ik me kan voorstellen, krijgen we dit!'

Hij had er geen verklaring voor. Lag het aan de draadloze microfoontjes? De opnameapparatuur? Een *senior sound engineer* van naam en faam werd erbij gehaald. Die concludeerde na een minuut of wat 'dat hij er op geen enkele manier chocola van kon maken'. Wat er misgegaan was? Hij had geen idee. Na eindeloze pogingen er toch nog iets van te maken, restte ons slechts één ding: Heineken bellen dat het over moest. Zweet op de bovenlip en in de knieholtes. De assistente zei: 'Hij zal er niet blij mee zijn, maar wat moet, dat moet. Ik maak ruimte in zijn agenda. Morgen 09.00 uur?'

De volgende ochtend. De miljoen excuses die ik in mijn hoofd had waren niet nodig, want achter het bureau was er – 'nadat ik aanvankelijk even woedend was' – berusting en begrip dat we ons een-tweetje nog eens over moesten doen. Om deze keer elk risico te vermijden, waren we nu uitgerukt met een extra opnameapparaat en – we zetten de klok een jaar of tien terug – microfoons aan een draadje. Het werd inhoudelijk zo ongeveer dezelfde riedel als de dag tevoren, en Heineken was professioneel genoeg om zijn rol opnieuw met verve te spelen. Wel besloten we het resultaat deze keer direct ter plekke, dus nog op het kantoor, te checken. En godzijdank, alles was in orde. Het geluid met de relatief ouderwetse opnametechniek was perfect. Wij opgelucht naar de montage, maar onze gemoedstoestand toen we daar eenmaal waren laat zich niet in woorden vatten. Vanaf de eerste seconde hoorden we hetzelfde miserabele geluid als op dag één. Nu geen zweet, maar totale paniek.

Het heeft geen zin om wat er hierna gebeurde tot in detail te beschrijven. Een derde opname plannen was natuurlijk uitgesloten. We zouden onze neus nooit meer aan de Stadhouderskade durven laten zien. Na een uur of wat kwamen we als mogelijk laatste reddende engel uit bij een Limburgse geluidsman op leeftijd die wel eerder met een onmogelijk, kennelijk enigszins vergelijkbaar audioprobleem te maken had gehad. Hij kwam spoorslags naar Hilversum. Nu wordt het verhaal een beetje technisch: na wat speurwerk kwam hij met een geen enkele zekerheid biedend advies: 'Kopieer alles naar een *U-matic tape*, dat heeft vroeger wel eens, om onverklaarbare redenen een totaal onverwachte verbetering opgeleverd.'

De U-matic bracht ons terug naar het pleistoceen, zo lang geleden was het dat dit type opnameband in onbruik was geraakt. Het leek dan ook een zinloze actie, maar het bleek deels onze redding. Toen we het geluid van de ouderwetse band teruggekopieerd hadden, was het interview om werkelijk onverklaarbare redenen redelijk te volgen. (Voor de buitenland-versies in verschillende talen zouden de ondertitels sowieso een groot hulpmiddel zijn als compensatie voor de moeizame verstaanbaarheid). Spannend zou het alleen nog worden bij de laatste check door Heineken zelf. Na een doorwaakte nacht kwam ik, tapeje in de hand, de grote kamer naast zijn kantoor in. We hadden niets over de tweede mislukking losgelaten, dus was mijn enige hoop die op een coulante bui.

Heineken drukte op de knop van een afstandsbediening. Daardoor rees uit de vloer een middelgrote televisie op met links en rechts twee forse luidsprekers. Freddy zei: 'Het is jammer dat een van de twee speakers kapot is, we moeten het met die ene doen.'

Mijn reactie: 'Dan zal het geluid misschien wat minder goed zijn...'

Een schitterend ongeluk dus.

Een half uur later. De baas was tevreden. De band kon naar de pr-afdeling. We namen een biertje op de goede afloop.

De tape is bij Heinekens afscheid afgespeeld en volgens de berichten was er waardering, mede door de laatste paar seconden van de video. Alfred Heineken liep daarin in de oude Amsterdamse brouwerij tussen de ketels door, ging de trap af, deed de deur naar de hal met een klap dicht terwijl zijn bekendste foto in beeld kwam met daarover heen in *slow reveal* zijn handtekening. Dat alles begeleid door de laatste maten van Sinatra's 'What are you doing the rest of your life?'. Een hachelijk avontuur had een passend einde opgeleverd. En toen, nog geen dag later, kwamen plotsklaps alle apen uit de mouw en kregen we te horen dat er een duidelijke reden was waarom de geluidsopnames tot twee keer toe onbruikbaar waren. Na Heinekens ontvoering waren in dit kantoor voorzieningen getroffen waardoor er nooit meer een telefoongesprek opgenomen zou kunnen worden, maar dankzij een technische ingreep was ook de registratie van elk ander geluid onmogelijk. Niemand had de tegenwoordigheid van geest gehad om ons dat te laten weten. Later bleek dat Heineken daar zelf niet eens van op de hoogte was. En het had behoorlijk wat bloed, zweet en tranen gescheeld als we tevoren even waren geïnformeerd...

Voor niks geposeerd? Wie goed kijkt ziet in Salvadors vis wel degelijk Daphné

John, de Britse Bomans met de eigenzinnige eega

Freddy, met de beroemdste Nederlandse achternaam

Grace, de onnavolgbare, met haar eigen opvatting van tijd

Brian, grensoverschrijdend gedrag met als enig slachtoffer zichzelf

Luciano, de zelfgekozen ontspannen pose van een supertenor

De Mia van Frank, André en Woody

Het eerste logo, uit betere tijden...

Julio, de vliegtuigtrap van zijn jet had minder treden

De bijna-president Yves: de liefde van Edith, Simone, Marilyn en Carole

Kees hoefde ons huis maar even te zien en tekende toen dit!

In eeuwige dank, de grote leermeester Wibo

Volgens Gerard hebben katholieken mooier haar dan ongelovigen

Het zoete leven van mooie Marcello

Shirley en het eindeloze gedoe met het licht....

‘... de spot graag niet lager dan hier’

George, een van ’s werelds besten. Een gesprek in een anderhalf kamerappartement in Chelsea

Al jong begonnen...

... dertig jaar later nog steeds op zoek naar de juiste woorden

Uitvinder van het lachende e'tje

Raadpleeg het hele omroeparchief op zoek naar een persoonlijk interview met Alfred Heineken en je komt van een koude kermis thuis. 'Ik verkoop bier, niet mezelf' was zijn standaardreactie op niet-businessgerelateerde aanvragen van journalisten. Hij was er zo ongeveer in zijn eentje verantwoordelijk voor dat een puur Nederlandse brouwerij een wereldspeler werd met belangwekkende marktaandelen in 170 landen. Daardoor heeft hij – meer dan onze vorst of vorstin, meer nog dan Cruijff, Rieu, Rembrandt en van Gogh – de status van 's werelds meest bekende Nederlandse naam. Maar in de meeste landen beseft men nauwelijks dat er achter de naam van het bier een familie schuilgaat. Dat komt mede omdat Heineken, Freddy voor vrienden, één ding categorisch weigerde: een persoonlijk interview. Vandaar ook dat er in de reportages en documentaires over zijn leven bijna uitsluitend anderen over hem aan het woord kwamen. De grote man zelf bleef zo veel mogelijk buiten beeld. Speuren naar ontboezemingen van de legendarische ondernemer? Vergeefse moeite.

Heineken wist ook precies waarom hij niet meedeed aan de trend om je als tycoon op het scherm te laten zien. 'Om je de waarheid te zeggen, ik word zo ongeveer elke dag gevraagd voor interviews, voor televisieprogramma's en God mag weten wat, maar ik vind het niet leuk om over mezelf te praten. Het gaat ook niemand wat aan wat ik denk, daarom schrijf ik ook geen autobiografie.'

Ik meen dat alleen de hoofdredacteur van het Amerikaanse blad *Fortune* in hoogsteigen persoon erin geslaagd is hem te spreken te krijgen, zoals in een recenter verleden ook zijn dochter Charlene dat gezaghebbende magazine te woord stond ter gelegenheid van een jubileumjaar in het bestaan van de onderneming. Niet dat dat artikel groot nieuws of belangwekkende onthullingen opleverde, de redacteur die het eervolle karwei op zijn bord kreeg moest het doen met een enkele quote en de rest van de hem toegemeten ruimte opvullen met een verhaal over de unieke historie van het al even unieke bedrijf. Ik denk dat wij van de *TVshow* de enigen zijn die een programma konden maken met daarin een aantal behartenswaardige uitspraken van de grote baas. Dat kon dankzij de toestemming om gedeelten uit zijn afscheidsinterview voor televisie te gebruiken.

Maar er was nog iets. Als er intern, dus binnen het bedrijf, iets speciaals gecommuniceerd moest worden, liet Heineken ons meer dan eens opdraven om de videoregistratie van die boodschap in goede banen te leiden. Bij elke gelegenheid zei ik dan als we klaar waren: 'Mogen we toch ook niet even een stukje interview opnemen? Gewoon voor de heb.'

In de meestal ontspannen setting na de 'officiële' opname bromde Heineken dan iets half verstaanbaars dat wij interpreteerden als: 'Nou goed dan, heel even.'

En we kregen een tweede kanskaart in handen. Heineken werd met de regelmaat van de klok gevraagd om ergens ter wereld zijn leerzame levensverhaal te komen vertellen. Na verloop van tijd kreeg hij dan – meestal op het laatste moment – spijt van zijn toezegging. 'Ik heb geen zin om overmorgen het vliegtuig naar Shanghai of New York te pakken. Kom maar langs, dan maken we een video, daar moeten ze het maar mee doen.'

Ook dan mochten we een paar extra minuten stelen voor 'je-weet-niet-wanneer'.

Leverden die gesprekken en het laatste interview iets wereldschokkends op? Dat niet. Maar zelf zou Heineken als antwoord geven: het werkt als in elke markt, ook in die van bier. Als het aanbod schaars is en de vraag groot, heeft het in elk geval iets bijzonders.

Alfred Heineken werd geboren in Amsterdam. Van jongs af aan had hij vele hartstochten: architectuur, fotografie en vooral muziek. Dat was een van zijn grote passies. Later zou hij een hele serie nummers componeren die door diverse artiesten werden opgenomen. Zo schreef hij een mooi stuk voor mondharmonicavirtuoos Toots Thielemans. Maar het werd dus de brouwerij.

'Is het nou zo dat u uw leven lang eigenlijk bezig gebleven bent met het verwezenlijken van dromen?'

'Dat geloof ik niet, ik weet wel dat ik natuurlijk vanaf mijn veertiende jaar thuis aan tafel voor het eerst het woord bier gehoord heb. Daar ben ik mee opgegroeid. De droom was wel om niet zozeer te worden wat ik ben geworden, maar om die zaak te maken tot wat hij geworden is. Daar ben ik wel een beetje trots op.'

Hij was nog jong toen hij naar de Verenigde Staten ging om het vak te leren en om te worden klaargestoomd om uiteindelijk de plaats van zijn vader in te nemen.

'Misschien is het aardig om te weten dat er in april 1946 in de krant stond dat een paar mensen, onder wie ik, met een vliegtuigje naar Amerika waren gegaan. Het duurde vier dagen in een TG4, zonder *pressure* want het weer was niet zo goed, maar het was een heel grappige ervaring om na die oorlog in de toch moeilijke tijd die we gehad hebben, opeens in Luilekkerland terecht te komen en daar Heinekenbier te moeten gaan verkopen.'

'Als ik u goed begrijp, is het erg belangrijk voor u dat u deze Amerikaanse achtergrond had?'

'Het heeft mijn leven veranderd en ik dank God ervoor. Ik heb er mijn vrouw ontmoet en ik leerde van barmannen en de bediening in de VS dat de volgorde waarin je merken opnoemt belangrijk is voor mensen. Mensen zijn als papegaaien, ze zullen altijd het laatste herhalen. Als je zegt: wil je een Carlsberg, Budweiser of Heineken, dan zullen ze Heineken zeggen.'

Hij zag dat de kleur rood van het etiket een slechte keus was. 'Ik had in Amerika gezien dat er enthousiasme was voor mijn bier. Ik had het groene exportlogo gezien. Groen was een veilige kleur en rood niet. Ik heb zo'n theorie dat als het om je maag gaat, het een beetje conservatief moet zijn. Een maag is een zeer conservatief orgaan. De maag is bang dat er iets met hem gebeurt. Daarom ben ik erg verbaasd als ik hoor dat mensen Mexicaans bier drinken. Dan is mijn eerste reactie ook altijd: zou je het water daar drinken?'

Zijn opleiding kreeg hij dus in de Amerikaanse cultuur waar *advertising* in die tijd al buitengewoon belangrijk was. En dus stoorde hij zich na zijn terugkeer in Nederland met name aan het feit dat er meer reclame werd gemaakt voor de brouwerij dan voor het product waar het om ging. En behalve de kleur van het etiket was er volgens Heineken nog veel meer mis. 'Het etiket was niet te lezen, de lichtbakken waren heel slecht, op de vrachtauto stond "Heineken brouwerij", en ik kwam tot de conclusie dat we geen brouwerij verkochten maar bier. Ja, dat etiket. Dat is een grote hobby van me geweest. Op een dag bedacht ik dat het oude groene exportetiket eigenlijk verreweg het mooiste was. En ook de belettering van het merk is door de jaren heen ingrijpend veranderd. Eerst hebben de dunne, slecht leesbare hoofdletters plaats moeten maken voor de dikke hoofdletters. Later werd het onderkast met eerst nog gewone e'tjes die recht stonden. De vondst was om die te laten kantelen zodat het leek alsof ze lachten.'

Ja, de lachende e'tjes in de naam Heineken: dat was een vondst van niet te onderschatten belang.

In die drie jaar in Amerika had Heineken gezien hoe de wereld in Europa zich zou ontwikkelen en later ook de rest van de wereld. In de VS hadden mensen koelkasten, de televisie was al op weg naar de status van volwassen medium, er waren al supermarkten en *liquor stores*, winkels die uitsluitend drank verkochten, maar die nog niet veel leken op wat we nu een slijterij noemen.

'En als je dan hier terugkomt, dan vraag je je af waarom dat hier allemaal nog niet is. Dan gaan mensen ook tegen je zeggen: "Maar het wordt hier nooit zoals het in Amerika is." Nou, als je vandaag de dag in je auto in de rondte rijdt en dan een supermarkt binnengaat, dan weet je echt niet of je in Amsterdam of in Los Angeles bent.'

Ondanks het feit dat hij niet graag over zichzelf vertelde, was hij bereid tot een persoonlijk gesprek met ons.

'U heeft wel eens gezegd: "Ik had vijf lichamen moeten hebben." Waarom?'

'Ja, omdat ik het vervelend vind dat je beperkt bent met dat ene lichaam. Ik was dolgraag architect geworden of fotograaf. Ben ik niet zo slecht in, al zeg ik het zelf. Of componist, musicus. Misschien was het heel leuk om voor zo'n groot orkest te staan, het lijkt me verrukkelijk om met zo'n stokje in je hand uit veertig, vijftig man te laten komen wat je voelt en wat je zelf wil. Lijkt me een geweldige bevrediging.'

'Maar u heeft uw hele leven toch niks anders gedaan dan met een stok voor een heleboel mensen staan en de zaak dirigeren?'

'Ja, maar in mijn jonge jaren hebben ook een heleboel mensen mij verteld wat ik moest doen. Niet dat ik zo'n geweldige behoefte heb om te gaan leiden, maar ik vind het wel leuk om in overleg met mensen en speciaal collega's tot de conclusie te komen dat je het zo en zo moet doen.'

'Beschouwt u zichzelf als een zeer of een normaal bevoorrecht mens?'

'Nou, ik ben rijkelijk bevoorrecht. Tot nu toe geniet ik van een hele goede gezondheid. En wat je zakelijk aankan, heeft ook te maken met de fysieke toestand. Maar ik herinner me ook vijf oorlogsjaren die ik heel aardig had kunnen missen. De jaren in Amerika waren niet altijd even makkelijk, dat was zwaar werk. Naarmate ik ouder werd, werd het eigenlijk makkelijker. En als ik terugdenk aan mijn eindexamen op de middelbare school krijg ik nog nachtmerries.'

'Heeft het leven u alles gebracht waarop u mocht durven hopen?'

'Nee, want dan had ik toch die vijf lichamen moeten hebben. Om al die ambities te kunnen uitproberen.'

'Wat is uw grootste onvervulde wens?'

'Dat is een hele moeilijke vraag... Ik hoop die buitengewoon goede gezondheid te kunnen hebben en nog lange tijd te kunnen kijken, van enige afstand, hoe dit bedrijf reilt en zeilt en vooral hoe het groeit.'

'Moet het nog verder groeien?'

'Als je niet groeit, sta je stil. Als je stilstaat, gaat het niet goed.'

Er is één onderwerp dat hij zelfs met zijn beste vrienden blijkbaar zelden of nooit besprak: zijn ontvoering in 1983. Samen met chauffeur Doderer had Heineken drie weken onder mensonterende omstandigheden opgesloten gezeten in twee cellen, vastgeketend aan een veertig centimeter lange ketting. Alleen als je een hele dag met hem optrok, wilde hij nog wel eens een kleine toespeling maken op deze meest dramatische periode uit zijn leven. Verder stopte hij het voor de buitenwereld zo ver mogelijk weg. Heineken wilde dat zijn wereld ook naar buiten toe een *wonderful world* was. Dat hij sinds die tijd voortdurend bodyguards bij zich moest hebben, nam hij op de koop toe.

Over zijn naderende pensioen zei hij dat hij er nog helemaal geen last van had: 'Ik heb niet het gevoel dat ik dan meteen doodga. Nee, ik ben er niet diep droevig over. Ik weet zeker dat ik niet meteen werkloos ben overmorgen.'

Na zijn aftreden hield Freddy Heineken zijn eigen privékantoor in een pand iets verderop aan. Een plek met voor hem een grote emotionele waarde.

'Mijn grootvader en grootmoeder woonden hier en dit was mijn grootmoeders slaapkamer, hiernaast was de zitkamer.'

Hij gaf het vertrek de veelzeggende naam: het Pentagon.

Heineken werd de man van een eindeloze reeks spannende ideeën en initiatieven. Zo bedacht hij zijn *Eurotopia*. Europa moest volgens hem opnieuw worden herverdeeld in 75 staten. Zo zou je alle grensoorlogen in één keer kunnen voorkomen. De dag na publicatie van zijn revolutionaire plan lag de folder al op het bureau van Thatcher, Clinton en andere wereldleiders. Want contacten had hij.

Hij kwam ook met een plan met de naam WoBo: *World Bottle*. Doel: vierkante geribbelde flessen benutten als een soort baksteen. Zo kon je van gebruikte flessen hutten bouwen in ontwikkelingslanden. Stuk voor stuk ideeën die als zeer inspirerend werden ervaren, maar die nooit werden gerealiseerd.

Freddy Heineken was een man van doortastend natuurlijk leiderschap die het toch belangrijk vond om aardig gevonden te worden. 'We proberen allemaal aardig gevonden te worden, denk ik. Als je met een mooi meisje gaat lunchen, hoop je niet dat ze je haat maar dat ze je aardig vindt. Dus je moet charmant en eerlijk zijn en je moet verleidelijk zijn. En er moet vertrouwen zijn. Jij moet haar vertrouwen en zij jou.'

Als het moest, kon hij ook venijnig uit de hoek komen: 'Ik ben een schorpioen, wegkruipen, wachten, plotseling tevoorschijn kruipen, steken, *sting*. Raak! Kijk maar uit.'

Maar hij had ook een andere kant: 'Vooruit, ik ben een aardige man. Ik ben wel eenzaam, maar ik ben gráág eenzaam.'

Het was een groot voorrecht Freddy Heineken een aantal keren gesproken te hebben.

Na een herseninfarct in april 2001 ging zijn gezondheid snel achteruit en hij overleed op 3 januari 2002, achtenzeventig jaar. Over de dood zei hij: 'Het is niet erg om dood te gaan, want het was ook niet erg toen je er nog niet was.'

GRACE JONES

Geduld als schone zaak (1)

Behalve doorzettingsvermogen en een talent om Grote Namen te interesseren voor je programma, is er voor het wereldje waarin ik opereer ten minste nog één eigenschap vereist: geduld. De redactie en ik hádden iets met de excentrieke Grace Jones. Door in onze proefuitzending te verschijnen met de Engelse versie van Piafs 'La vie en rose', had ze ons zonder het te beseffen mede opgestuwd in de vaart der Hilversumse bestuurders. De geslaagde pilot zette de deur open naar veertig gelukkige jaren. Niet lang na dat eerste optreden werd Miss Jones van leuke zangeres van beroemde covers alsnog een wereldster. Ze had meerdere internationale hits op haar naam en kreeg als klap op de vuurpijl een hoofdrol in de Bondfilm *A View to a Kill.* Die roem maakte het onmogelijk om haar nogmaals naar de studio te laten komen. Maar ze kon zich ons programma herinneren en wilde ons best via een straalverbinding te woord staan.

Het zou een onvergetelijke nacht worden. Waar ter wereld ze zich bevond weet ik nog steeds niet, maar we hadden een afspraak dat we elkaar om een uur 's nachts Nederlandse tijd zouden spreken. Daar hoef je geen overdreven technisch interessant beeld bij te bedenken, want het ging per telefoon. De gast had een oortje in, een cameraman nam het beeld op, ik stelde later in de studio mijn vragen opnieuw. Daardoor ontstond de indruk van een live conversatie. Nou was ik dat weekend op familiebezoek in het oosten des lands en logeerde in een groot huis met een piepklein keukentje. Dat is van belang omdat die keuken me werd aangewezen als 'de beste plek om niemand midden in de nacht wakker te maken'. Er stond geen stoel, dus was ik bij het wachten aangewezen op een vuilnisemmertje naast het aanrecht. Daar zat ik, telefoon in de aanslag, met groeiende angst voor een lege batterij en de vraag of onze vedette überhaupt op zou komen dagen. Het werd namelijk half twee, drie uur... Enfin, Grace Jones meldde zich klokke half vijf. Toen ik haar op lichtelijk grimmige toon aansprak op haar niet al te sociale gedrag, kwam het excuus: '*I probably have a different concept of time...* En je mag nog van geluk spreken. Want [op de videoband zag ik later een lach van oor tot oor] een man van de BBC heeft hier gisteren vierentwintig uur op me gewacht, en die heb ik zonder een woord met hem te wisselen naar huis laten gaan.'

Er was ten minste één moment dat een beloning vormde voor bewezen geduld: halverwege het interview floepte het oortje van de telefoon uit de plek waar het hoorde te zitten en was enige tijd onvindbaar. Het moest ergens op haar schoot liggen. De cameraman was de enige in de buurt die haar te hulp kon schieten. Hij kwam van achter zijn opnameapparatuur, liet de tape doorlopen, waardoor we een enorm achterste voor de lens kregen van een man die voorovergebogen bij de Grote Grace aan een zoektocht begon, onder begeleiding van de verrukkelijke, door haar meerdere keren herhaalde aansporing: '*Find the hole, honey, find the hole...*'

BRIAN WILSON

De bad vibrations *van een genie*

Brian Wilson begon zijn in 1991 verschenen autobiografie *Wouldn't It Be Nice* met de periode waarin hij zo ongeveer uit de dood was opgestaan. Wij waren, om welke reden dan ook, de eersten die hem precies in die tijd mochten opzoeken. Wilson, een genie op het niveau van Prince. Hij schreef 'Good Vibrations', een magistraal kunstwerk dat volgens kenners niet anders tot stand gekomen kan zijn dan onder invloed van een grote dosis chemische stimuli. Hoe dan ook, 'Vibrations' is, volgens dezelfde deskundigen, zo ongeveer het ultieme van wat er in de vorige eeuw op het gebied van popmuziek aan werkelijk creatief componeren gepresteerd is.

Samen met hun neefje Mike en schoolvriend Al vormden de broertjes Brian, Dennis en Carl Wilson een closeharmonygroepje dat er keurig uitzag, keurig meerstemmig zong, altijd vrolijk gestemd was en vooral dankzij Wilsons composities een wereldact werd. Totdat voor Brian, de inspirator van de band, alles anders werd. Het levensverhaal van de man achter de Beach Boys is het klassieke voorbeeld van de droom die veranderde in een nachtmerrie. Hij had een traumatische jeugd gehad, dankzij een te dominante, agressieve vader en een veel te begripvolle moeder. Het gebeurde dat pa zoonlief met een loden pijp te lijf ging en mama als troost steevast met twee zachtgekookte eitjes kwam aanzetten. Toen vader Wilson bij een van die acties ook Wilsons oor raakte, was het wonderkind aan die kant voor de rest van zijn leven zo goed als doof.

Toen Brian met de boys alsnog de wereld veroverde, was dat voor de volle honderd procent te danken aan de meesterlijke harmonieën, ontsproten aan dat deel van zijn brein waarop die traumatische jeugdervaringen blijkbaar geen invloed hadden gehad. Maar zelfs toen Wilson zijn naam had gevestigd was de rol van zijn vader niet uitgespeeld. Hij wilde financieel meeprofiteren. Hij was het die alle auteursrechten verkocht, voor een bedrag dat mijlenver verwijderd was van de werkelijke waarde. Met nummers als 'Sloop John B.', 'Surfin' U.S.A.', 'God Only Knows' en 'California Girls' had Brian Wilson een van de rijkste mannen uit de industrie kunnen zijn.

Waarom nam senior genoegen met bedragen waarvan ook hij heus wel wist dat die absurd laag waren? Wie Brians biografie leest, moet haast wel concluderen dat de oude Wilson op deze manier zijn supergetalenteerde zoon zo diep mogelijk wilde vernederen. Blijkbaar was hij zo gefrustreerd over wie hij zelf was geworden, dat hij steevast ook zijn zoon naar beneden wilde halen om hem niet te laten ontsnappen aan de status van mislukkeling. Tja, de wegen van de psychologie zijn vaak ondoorgrondelijk. Duidelijk is dat dat ten minste één positief effect moet hebben gehad: wie Brian Wilson kende, kon zich niet aan de indruk onttrekken dat die zich juist door dat alles via de muziek extra fanatiek wilde bewijzen. Maar je kon erop wachten – vroeg of laat zou die dramatische start toch zijn tol eisen.

Een wonderkind in doodsangst, een zo Big mogelijke Mac en de reddende engel

Brian Wilson is nooit echt losgekomen van zijn vader. Toen de voormalige Beach Boy de vijftig al ruim gepasseerd was, schreef hij nog dat zijn hoofd en geest door hem beheerst werden en dat hij dagelijks met hem bezig was. 'Als hij nog leefde, zou ik hem met alle plezier verneuken,' is de letterlijke tekst uit ons televisie-interview.

Maar er was nog iemand die zich intensief met Brian Wilsons leven ging bemoeien en die – zo lijkt het – door zijn vader aan de hand werd meegenomen: de duivel. 'Ook die heeft me nooit met rust gelaten. Hij nestelt zich langs telepathische wegen in mijn geest en laat me dingen doen die ik vaak helemaal niet wil.'

Door dat alles leefde het wonderkind constant in doodsangst, en bestond het risico dat hij op een gegeven moment onder alle druk zou bezwijken. De druk van steeds weer een briljant nummer te moeten schrijven, dat ook nog eens beter moest zijn (en beter verkocht moest worden!) dan dat waarmee die vier jongens uit Liverpool opeens kwamen aanzetten, bleek de nekslag.

Toen Brian Wilson zelf vader werd, wist hij zich helemaal geen raad meer. Twee dochters, een rijkdom! Maar dat hij nu zijn liefde kwijt kon, hielp niet om zijn pijn te verdrijven. Ook het feit dat hij intens bewonderd werd bracht hem niet op een – al was het maar kronkelig – pad naar wat levensgeluk. Meer en meer sloot hij zich op, hij werd steeds onbereikbaarder, en uiteindelijk kwam er een moment waarop Wilson besloot niet meer de straat op te gaan. Het duurde niet lang of hij kwam zelfs zijn slaapkamer niet meer uit, beperkte zich tot het eten van junkfood en het nemen van verdovende middelen. Jarenlang leefde hij in bed, rolde er alleen nog uit om af en toe een Big Mac te bestellen of naar de wc te gaan. Hij zweefde op het randje van de dood.

Drie jaar lang zag hij vrijwel geen daglicht: 'Ik keek maandenlang naar het plafond en naar mijn borstkas.'

Hij at 'als een varken', woog op een bepaald moment ruim honderdveertig kilo, was te corpulent om zijn schoenveters te kunnen vastmaken, wilde niet meer optreden, wilde niet meer componeren, wilde niet meer leven. Tot overmaat van ramp kon Wilson op een bepaald moment geen piano meer spelen. Hij was het totaal verleerd.

'De duivel hield me tegen. Steeds als ik naar de piano toe ging, zei hij: "Weg daar, weg jij, bij die piano."'

Maar toen kwam de niet meer verwachte, totale ommekeer. De reddende engel klopte aan. Het was psychotherapeut Eugene Landy, in die jaren befaamd vanwege zijn onconventionele vierentwintiguurstherapie. Hij kreeg Wilson zogezegd in zijn macht, zorgde ervoor dat hij zestig kilo afviel. Het was een traject van de extreem lange adem, maar de voormalige voorman van de Beach Boys ging zich voor het eerst sinds lange tijd weer wassen, maakte af en toe een afspraak en kwam die ook na.

Die Landy was allesbehalve onomstreden, maar Marilyn, Brian Wilsons eerste vrouw, was onder de indruk van diens 'klokje-rond behandeling'. Zijn protocol was simpel. Zo lang als dat nodig was, hield Landy met zijn team van 'professionele oppassers' zijn niet zelden suïcidale patiënten in de gaten. In het geval van Wilson ging er een slot op de koelkast en als de musicus weer eens weigerde uit bed te komen, volgde keihard een ijskoude douche. Dat soort therapie dus – maar het had effect. Het probleem met Landy zat hem dan ook niet zozeer in zijn werkwijze als wel in het feit dat hij ervoor zorgde dat Wilson totaal in de ban raakte van zijn 'verlosser'. Het gevolg? Niet alleen kreeg hij zo'n vijfendertigduizend dollar per maand voor zijn helende diensten, opeens werd de therapeut ook mede-producer van Wilsons werk: hij ging mee componeren, zorgde ervoor dat een fiks deel van de royalty's op zijn bankrekening terechtkwam. Door het creëren van die totale afhankelijkheid was Landy deel geworden van Brian Wilsons creatieve en financiële kringen. Het leidde tot grote spanningen en rechtszaken, met name omdat zijn cliënt na een eerste intensieve periode een enorme terugval had en er toch weer een beroep op Landy gedaan moest worden.

Een hysterische lach, 'Waar is mijn broek?' en *paralyzed with excitement*

Hoe dan ook, hij had Wilson wel geleerd weer enigszins in zichzelf te geloven en hij had het voor elkaar gekregen dat Brian één ding met zichzelf had afgesproken: nooit meer drugs!

De extreem intensieve werkwijze van Landy had wel diepe sporen nagelaten, vooral wat betreft de fysieke gesteldheid van zijn patiënt. Toen we hem in Los Angeles ontmoetten, in het kantoor naast zijn privéstudio, zaten we tegenover een man die in niets meer leek op de opgewekte dikkerd die we kenden van de Beach Boys-hoezen. Daar waren we wel op voorbereid. Maar dat hij zó vermagerd was, zijn mond scheef hing en hij zich alleen met de grootste moeite verstaanbaar kon maken, dat was oprecht schrikken. Hij leek het merendeel van de vragen maar half te begrijpen. Hij begon zijn antwoord ook steevast met het herhalen van onze vraag:

'*You wanted to prove yourself?*'

'Yes, I wanted to prove myself.'
'Were you flipped by the success of the Beatles?'
'Yes, I was flipped by their success.'
'Were you laughing very loudly?'
'Was I laughing very loudly? Yes!'

Tijdens ons gesprek stond er een begeleider achter de camera. Na elke zin nam Wilson een slok water uit de gezinsfles die hij tijdens het hele interview binnen handbereik hield. Maar toen, midden in een antwoord, we waren drie vragen onderweg, stond hij ineens op en liep weg, naar buiten toe. De begeleider ging achter hem aan. Omdat hij nog steeds het draadloze microfoontje op zijn shirt had, konden we de conversatie die zich op de binnenplaats afspeelde letterlijk volgen:

'Ik had het niet moeten doen. Het gaat niet.'

'Geloof mij nou maar. Je kan het wel. Ga terug. Die jongens zitten te wachten.'

Toen ons gesprek tien minuten verder was, verliet Wilson opnieuw de set en volgde buiten, op dezelfde plek, een vergelijkbare discussie.

'Het kost me moeite, zoveel moeite. Moeten we echt doorgaan?'

'Het gaat juist steeds beter.'

'Vind je het echt oké?'

Brian kwam terug en we konden verder.

Het vervolg van ons gesprek kende een paar hartverscheurende momenten. Eerst begon hij beangstigend hard te lachen om aan te geven dat hij in zijn slechtste periode een heel enkel keertje toch ook weer de humor inzag van zijn eigen hopeloze situatie. Het was een hysterische lach, een lach zonder enige vreugde die gepaard ging met een holle, geen enkele emotie uitstralende blik.

Ik kreeg nog een keer kippenvel van medeleven toen Brian Wilson een verhaal uit zijn biografie probeerde na te vertellen. 'Ik schreeuwde naar Caroline, mijn hulp in de huishouding: "Mijn broek, waar is mijn broek?" terwijl ik hem al aanhad, omdat ik wekenlang dag en nacht dezelfde droeg.'

In het interview kregen we een iets andere versie van hetzelfde verhaal te horen: '"Caroline, mijn broek!" Ik was zo vet dat zij hem voor me uit moest trekken. Zelf kon ik dat niet meer.'

Wilson omschreef de Brian uit die periode als '*paralyzed with excitement*', verlamd van opwinding. Toen we hem vroegen wat hij daar precies mee bedoelde, zei Wilson na enig nadenken: 'Geen idee. Ik weet werkelijk niet wat ik daarmee wilde zeggen.'

Maar het meest verdrietige stond ons nog te wachten.

Wilson nam ons mee naar de ruimte naast zijn kantoor, waar we tot op dat moment gezeten hadden. Achter de deur met het bordje PRIVATE bevond zich een complete opnamestudio, met de meest moderne apparatuur. Wilson zette zich achter het keyboard en speelde minutenlang in een monotoon ritme een armoedige improvisatie, daarbij heen en neer bewegend als in trance.

Daar zaten we dan, tegenover een door iedereen als genie omschreven musicus. In een hightech platenstudio, omgeven door peperdure microfoons, de meest geavanceerde recorders, het nieuwste type mengtafel. En de eigenaar van al dat moois, die hier zijn muzikale invallen voor handel en nageslacht op tapes vastlegde, kwam nu niet verder dan een paar majeurgrepen die elk kind na één week muziekles vol trots aan zijn ouders kan laten horen. Af en toe onderbrak Wilson zijn onthutsende performance voor tekst en uitleg. 'Toen ik me goed voelde was componeren net zo makkelijk als een glas melk drinken. Maar de drugs hebben me instabiel gemaakt.'

En na nog een paar akkoorden: 'Ik ben de duivel de baas. Hij had me bijna te grazen. Maar ik drink niet meer, ik gebruik niet meer. Nooit meer.'

Bij het afscheid pakte hij ieder van ons met beide handen vast. '*Thanks very, very much for coming.*'

Er klonk iets in door van: ik kan dit dus misschien toch weer, godzijdank.

Daarna heb ik lange tijd niets meer van Brian Wilson gehoord of over hem gelezen. Navraag leerde dat hij de jaren na ons bezoek niet veel vooruitgang had geboekt. Toch kon ik me totaal niet voorstellen dat Brian Wilson nog altijd niet meer uit zijn Korg wist te krijgen dan dat onthutsende beetje dat hij ons toen liet horen. We waren toen vertrokken met één grote zekerheid: we moesten ooit terug. Die kans heeft zich nog niet voorgedaan. Intussen hebben zijn broers Dennis en Carl allebei al het loodje gelegd, en tot ieders verrassing heeft Brian hen ondanks alle fysieke en psychische ellende overleefd.

Een gedeeltelijke wederopstanding, een kerstalbum en loerende demonen

We bleven Wilson volgen. Tot hij in 2004 voor het eerst weer in het nieuws kwam met een meesterlijk album: *Smile*. Een jaar later kreeg hij een Grammy Award en hadden wij de kans om live getuige te zijn van een waarschijnlijk wonderbaarlijke, in elk geval gedeeltelijke wederopstanding toen voor de zomer van 2006 een optreden werd aangekondigd in het Amsterdamse Paradiso.

Wie het voorrecht heeft gehad erbij te zijn, zal zich rot geschrokken zijn. Want die avond zat Wilson het eerste uur volkomen bewegingloos op de bühne van de voormalige kerk. Zijn instrument stond er voorlopig voor niks, want tot de pauze kéék Wilson er alleen maar naar. Wat hij aan teksten ten beste gaf, las hij af van een blaadje op de muziekstandaard; zang en timing waren angstaanjagend beneden de maat. Goddank was er die band, vijftien man sterk, die een volle Boeing 747 aan instrumenten had meegenomen. Tijdens het hele concert maakte zich een dubbel gevoel van me meester. Ik bleef maar denken: had iemand Wilson niet tegen zichzelf in bescherming moeten nemen? Diezelfde gedachte bekroop me toen hij met een wanstaltig kerstalbum op de proppen kwam. Maar het was net als bij de in zijn laatste jaren soms matig presterende Charles Aznavour: je keek wel naar een legende, een cultuurhistorisch fenomeen en bovendien een fysiek wonder. Want het was en bleef een mirakel hoe Wilson erin geslaagd was om op zijn negenenzestigste nog live op te treden. Na de onderbreking kwam er toch ook opeens iets van vuur en enthousiasme in zijn spel, noemde hij – misschien wel ongewild toepasselijk – 'God Only Knows' zijn allerbeste nummer en had menigeen moeite om zijn tranen te bedwingen.

Op zijn vijfenzeventigste deed Wilson nog één keer ons land aan als onderdeel van de *Pet Sounds 50th Anniversary Tour.* Volgens de recensenten maakte hij ook toen 'een afwezige indruk'. Hij zong bibberig en ronduit vals. Hij zat wel achter een vleugel, maar deed hij daar ook iets? De recensent van *Het Parool* schreef: 'Niet alleen is hij verre van toonvast, ook lijkt elk nummer weer een strijd met de tekst op te roepen. Zou hij überhaupt weten waar hij is vanavond? Zijn zang heeft het niveau bereikt van dat van een benevelde bezoeker in een karaokebar.'

Maar je kon het ook beleven als het wonder van een magiër, die het recordaantal demonen dat vanaf dag één naar hem loerde uiteindelijk had weten te verslaan. Voor een deel dan, maar nog lang niet meedogenloos genoeg.

Geduld als schone zaak (2)

We gingen op reis naar Luciano Pavarotti in zijn buitenhuis in het dorp Modena, gelegen in de Povlakte. Volgens afspraak meldden we ons om tien uur 's ochtends aan de voordeur. We hadden daartoe een krankzinnig vroege vlucht moeten nemen, want het budget voorzag niet in een overnachting, dus moesten we nog dezelfde dag terug. Dat we niet in huis mochten filmen was vooraf bekend. Dat was geen punt, aangezien we op foto's al hadden gezien dat de tuin rondom het huis van Maestro Luciano meer dan riant was, en bovendien scheen de zon volop. Maar in dat laatste bleek hem nou juist de kneep te zitten.

'*Ze lait izz no good at zis moment.*' Daar had de heer des huizes inderdaad een punt, omdat hij voorgesteld had om ons vanuit zijn hangmat te woord te staan en die bevond zich vol in het keiharde zonlicht. Of we rond het middaguur terug wilden komen. Nu is een paar uur slenteren door de straatjes van Modena geen straf, maar toen we op het afgesproken tijdstip opnieuw ter plekke waren, bleek het voor bakkerszoon Pavarotti wat het licht betreft nog steeds te vroeg. Het zou uiteindelijk vijf uur in de namiddag worden voor hij in voornoemde hangmat 'landde'. Dat werkwoord is op zijn plaats, want het kostte een aantal pogingen voor het machtige lijf van de tenor er veilig in 'geland' was om – zoals hij per fax had laten weten – 'eindelijk eens relaxter over te komen dan in al die statige vraaggesprekken'. Het lange wachten leverde in elk geval unieke beelden op. Het betekende wel dat er geen mogelijkheid meer was om terug te vliegen, dus moest er toch nog een overnachting worden bijgeboekt. De producer in Hilversum was stampvoetend ontevreden, maar we hadden wel uitzonderlijke opnames, een halve dag wachten meer dan waard. Wat geduldig wachten betreft waren we trouwens wel wat gewend. Het regelen van een ontmoeting met onze volgende gast nam ook alweer iets meer tijd in beslag...

De lovers van Mia Farrow: Sinatra, Previn en Allen

Voor miljoenen jongeren van mijn generatie was Mia Farrow de lieveling uit de eerste langlopende soap ooit: *Peyton Place*. Voor mij blijft ze dan ook eeuwig Allison MacKenzie, een breekbaar poppetje tussen al die stoere binken en *bitches*. Een piepjonge Amerikaanse actrice bij wie je als klein mannetje, liggend voor de zwart-witbuis, in stiekeme verliefdheid wegzwijmelde. Ze leek mij, Hollandse televisiekijker in bijna-tienerleeftijd, op een bepaalde manier *nodig* te hebben. In gedachten wierp ik me op als haar redder, want ze verdiende beter dan constant de dupe te moeten zijn van al die eindeloze intriges.

Later haalde ze ook het nieuws door haar relaties – eerst met de tweeëndertig jaar oudere Frank Sinatra, later met de in die dagen beroemde dirigent André Previn – voor ze in haar eigen soap, wat zeg ik, in haar eigen Griekse tragedie belandde dankzij de derde en belangrijkste man in haar leven: Woody Allen. Het interview met Allen verliep binnen de vooraf door het management bepaalde lijntjes. Belangrijkste voorwaarde: geen woord over Farrow. Anders zou het interview direct worden beëindigd. Het was in elk geval fijn om te horen dat hij enthousiast was over ons land: 'Pittoresk! Ik heb het beroemde schilderij van Rembrandt gezien en het kleinste huis.'

Toen ik hem naar zijn kinderen vroeg, zei hij: 'Ze zijn belangrijk voor me, ze geven zin aan het leven.'

Dat was zijn belangwekkendste uitspraak over zijn persoonlijk leven. Daar moest ik het mee doen. Ik had er begrip voor.

In de jaren negentig kreeg je nog met enige regelmaat de kans om bij een bekend persoon thuis opnames te maken en midden jaren negentig konden we bij Farrow terecht. Dat ging niet zonder slag of stoot: we investeerden twee jaar in 'project Mia'. Per kwartaal ten minste één keer faxen, een verjaardagskaart sturen, kennissen en correspondenten benaderen. Tot het verlossende telefoontje kwam: 'Kom maar langs, op voorwaarde dat jullie een bedrag storten op de rekening van mijn stichting.'

We stemden in, ook al omdat het een organisatie was die zich inzette voor een betere toekomst van geadopteerde gehandicapte kinderen.

Bij Mia thuis te mogen filmen was een voorrecht, want ze woonde op een droomplek. Een romantische boerderij met kippen en een immens grote tuin aan een privémeertje in Bridgewater, Connecticut. Daar ontmoetten we haar en haar kinderschare waarvan de teller op dat moment op veertien(!) stond. Het eerste wat ons opviel waren de plakstrookjes in braille. Ze zaten overal: op de muur, de boekenkast, de tv, de ijskast. Dat was ten behoeve van twee van haar geadopteerde kinderen, die blind waren.

Er zaten geen restricties aan waar we opnames mochten maken. Later las ik in een vakblad dat Amerika's beroemdste interviewster Barbara Walters voor haar programma ook bij Farrow thuis was geweest. Maar waar wij met de *handheld camera* zo ongeveer het halve huis op beeld mochten vastleggen, kreeg Walters niet meer voor elkaar dan een *medium shot* met de geïnterviewde op de bank met de open haard onscherp op de achtergrond. De rest van huize Farrow bleef zelfs voor de *Grand Old Lady* van de Amerikaanse buis verboden terrein. Het 'bewijs' van mijn stelling dat er bij een ploegje uit Nederland veel minder kritisch naar de privacy gekeken werd.

Toen de opnames er na een dik half uur opzaten, zei Farrow letterlijk: 'Was dat het? Heb ik jullie hiervoor twee jaar aan het lijntje gehouden? Als ik dit geweten had, zo pijnloos...'

Met Mia ontstond een bijzondere band. Zo was zij de enige uit de hele historie van ons programma die na afloop van het interview aan me vroeg: 'En jij? Heb je ook kinderen? Heb je foto's bij je?'

Daar zaten we aan haar keukentafel, met een pot thee voor ons, ervaringen uit te wisselen. En telefoonnummers! Dat was al helemaal ongebruikelijk in de relatie ster-interviewer.

Een wonderbaarlijke genezing en trouwen op je eenentwintigste met een man van vijftig

In veel verhalen over Mia Farrow lees je dat ze in haar dagelijks leven vóór alles op zoek was naar zekerheid. Niet zo gek als je weet dat ze op haar negende polio kreeg, destijds een ongeneeslijke ziekte. Voor wie in die tijd kinderverlamming kreeg, zoals de ziekte toen genoemd werd, was het zeer waarschijnlijk einde verhaal. Een medicijn ertegen bestond nog niet en er werd ook nog eens gedacht dat het extreem besmettelijk was. In het ziekenhuis in Beverly Hills zag Mia alleen doodzieke volwassenen en kinderen. Maar Mia overleefde haar polio zo ongeveer als enige van alle toen opgenomen patiënten. De artsen waren sprakeloos, hadden het over een wonder. Maar omdat de ziekte dus als uiterst gevaarlijk voor haar omgeving werd gezien, had die onverwacht goede afloop voor haar wel grote consequenties.

Toen ze thuiskwam constateerde ze dat uit veiligheidsoverwegingen al haar speelgoed weggedaan was. Er was nieuwe vloerbedekking, er hingen nieuwe gordijnen, want je wist maar nooit. Het beddengoed moest eruit, de hond werd afgedankt, in de tuin was zelfs het gras uit de grond getrokken tot daar een volkomen kale vlakte was ontstaan. Hoe pijnlijk het ook voor haar was, Mia begreep het heel goed. Ze was zelf ook als de dood dat ze iemand zou besmetten. Haar klasgenootjes meden haar, ik zou haast zeggen 'als de pest'. Ze was om die reden zelfs een jaar van school weggebleven. Ze zei over deze periode: 'Het heeft me voor altijd opgezadeld met een zwaar schuldgevoel. Het heeft me voor eens en voor altijd geleerd hoe oneerlijk de schepping is. Tot op de dag van vandaag voel ik dat zo. Waarom mocht ik wel genezen en al die anderen, die ik in het ziekenhuis zo goed had leren kennen, niet?'

Aan het boek met grote tegenslagen werd een intens triest hoofdstuk toegevoegd toen haar lievelingsbroer Michael op zijn negentiende bij een vliegtuigongeluk om het leven kwam. Uitgerekend hij was haar grote held. Dat betekende nogal wat, want ze waren bij de Farrows thuis met zeven kinderen, dus Mia had de keus uit zes. Het was dan ook een onvoorstelbare dreun toen ze op haar dertiende afscheid van hem moest nemen. De gevolgen binnen het gezin waren sowieso niet te overzien. Vader John, regisseur van beroep, raakte zwaar aan de drank, werd een alcoholist van het zuiverste soort. Hij kreeg geen werk meer en overleed aan een hartaanval. Haar moeder, actrice Maureen O'Sullivan, ging van de weeromstuit weer filmen. Dat ze daartoe in staat was kwam door haar niet-geringe reputatie. Ze had vooral naam gemaakt in zes Tarzan-films, waarin ze naast Johnny Weismuller de rol van Jane had. En dat waren *box-office* hits van de hoogste orde. Ze móést wel aan het werk, ze had geen keus. Want het eens zo welvarende gezin zat van de ene op de andere dag opgezadeld met een gigantisch pak onbetaalbare rekeningen.

Als je dat allemaal overziet, begrijp je heel goed waarom Mia van meet af aan bijna wanhopig op zoek ging naar zekerheid. En waar kon ze die vinden? Bij oudere mannen. Opeens is het minder verbazingwekkend dat ze op haar eenentwintigste trouwde met de vijftigjarige Frank Sinatra. Op het eerste gezicht een onmogelijke combinatie, het jongensachtige, onzekere meisje dat in de armen viel van de wereldster die al twee huwelijken achter de rug had. Dat ze elkaar vonden, was te danken aan het feit dat de families elkaar kenden. Frank en Mia's vader waren dikke maten, gingen samen nog wel eens uit eten. Naderhand zou Mia te weten komen dat tijdens een van die dinertjes, in L.A.'s restaurant Romanoff's, John Farrow over zijn dochter had gezegd: 'Frankie, ze moet hoe dan ook buiten die verderfelijke showbusiness gehouden worden. Ik heb nog nooit een gelukkige actrice gezien. Dus je blijft bij haar uit de buurt, hè!'

Hij zag de bui blijkbaar al hangen. Toen het er alsnog van kwam, was wel meteen duidelijk wie de baas was in huize Sinatra-Farrow. Ze waren nog niet getrouwd of hij beval haar direct te stoppen met *Peyton Place*. Mia gehoorzaamde gedwee. Ik herinner me nog de oplossing waar de schrijvers van de soap mee kwamen, toen ze van de ene op de andere dag van een van hun hoofdrolspelers beroofd werden: in de serie werd Allison ontvoerd en nooit meer teruggevonden. Dat is nog eens een radicale oplossing van de *scriptwriter*! Het verbaasde niemand dat twee turbulente jaren later *Ol' Blue Eyes* zich, tot Mia's grote verdriet, van haar liet scheiden. Wat ze tegen ons zei over het vroegtijdige einde van haar eerste grote liefdesrelatie loog er niet om: 'De dag van de scheiding van Sinatra had de ranzige smaak van een overhaaste abortus in een achterafstraatje en bezorgde me een litteken van diepe, persoonlijke schaamte.'

Frank en Mia, geen gelukkige combi dus. Het leek al evenmin logisch dat ze niet lang daarna op haar vijfentwintigste een relatie kreeg met een van de meest bewierookte dirigenten uit die tijd, de vijftien jaar oudere André Previn, ooit door de grote Leonard Bernstein genoemd als zijn opvolger. Nog steeds op zoek naar – in elk geval financiële – zekerheid? Ongetwijfeld, maar Mia had zich langzamerhand wel ontwikkeld tot een jonge vrouw met een doorleefde afkeer van onrecht. In Londen liep ze mee in de grote anti-Vietnamdemonstratie, gericht tegen het Amerikaanse militaire ingrijpen. Mia achter de kinderwagen, met daarin haar eerste kinderen, een jongenstweeling. In de publiciteit over deze nieuwe verbintenis sloeg de toon van onbegrip om in bewondering toen zij en Previn een Vietnamees weeskindje adopteerden, een drie maanden oud slachtoffertje van de oorlog in haar land. Later zouden er nog twee dochters bijkomen: eentje uit Saigon, en de naderhand veelbesproken Soon-Yi uit Seoul.

Na zeven jaar samen scheidden Mia en André in vrede en vriendschap. Over hun huwelijk zei Mia: 'Ik hield van hem, maar hij was er nooit. Hij was altijd op reis.'

Ze verhuisde als moeder van een hele schare kinderen naar Manhattan. Met haar carrière ging het intussen crescendo. Farrow werd een veelgevraagd filmactrice en ze had al geschitterd in bijvoorbeeld *Rosemary's Baby* en *The Great Gatsby*, naast Robert Redford. Eigenwijs als ze was, had ze – tegen de uitdrukkelijke wens van haar vader in – toch gekozen voor de cinema.

Een onoverkomelijke bindingsangst, voor elk wissewasje naar de psych en *MeToo*

En dan krijgt de roman over haar persoonlijk leven een verbijsterend vervolg als ze het aanlegt met Woody Allen, ook weer zo'n oudere jongere. Leeftijdsverschil: tien jaar. We moeten meteen vaststellen dat Farrow dankzij hem haar allermooiste rollen zou spelen: *A Midsummer Night's Sex Comedy*, *Zelig* en vooral *Hannah and Her Sisters*. Ik herinner me een recensie in het gezaghebbende blad *Variety* over haar prestaties als gangstermeisje in *Broadway Danny Rose*: 'Het duurde ruim tien minuten voor ik in de gaten had dat dat ordinaire blonde wijf met die vreselijke viswijvenstem Mia Farrow was.'

In totaal had Farrow hoofdrollen in dertien Allen-films. Hoe verschillend ze ook waren, tussen de wereldvreemde acteur met zijn Joodse achtergrond en de vrolijke, katholieke Mia ging het een tijdlang verbazingwekkend goed: 'Woody en ik woonden dus tegenover elkaar, met Central Park ertussen. We hielden er een bijzondere manier van communiceren op na, knipperden met onze lampen, keken naar elkaar met verrekijkers, hingen soms, als we iets wilden afspreken, handdoeken uit de ramen. Trouwen wilde Allen niet, vanwege zijn onoverkomelijke bindingsangst. En toch dacht ik nog: deze relatie is het beste dat me in dit leven kon overkomen. We zullen voor altijd samen zijn.'

Maar hoe pijnlijk zou het worden...

'Het eerste probleem was dat we nooit met zijn tweeën waren. In onze relatie was er altijd die derde, de psychiater. Werkelijk voor elk wissewasje raadpleegde hij zijn *shrink*. Als er nieuwe beddenlakens aangeschaft moesten worden, regelde hij een consult. Synthetisch of katoen, wat is het advies? Onder welk type laken zal ik het het beste uithouden? Kun je je voorstellen dat ik bijna gek ben geworden?'

Erger was dat hij weinig op had met haar op dat moment zeven kinderen: 'Woody had niks met kinderen, heeft nooit raad geweten met ze, begreep niet hoe hij met ze om moest gaan.'

Toch wilde ze dolgraag een kind van Allen. Maar niet alleen hun relatie bleek een steeds moeizamer proces, ook de pogingen om zwanger te raken bleven zonder het gewenste resultaat. Vandaar dat Mia en Allen besloten tot nóg een adoptie: 'Het was ook bedoeld om hem het gevoel te geven dat het ook zíjn gezin was.'

Alsof het geen misverstand is te denken dat een relatie er beter op wordt door een kind. Maar Dylan, een blond meisje uit de Midwest, zorgde wel degelijk voor een positieve verandering in Allens gedrag. Na een lange periode van gewenning werd hij steeds enthousiaster over haar, maar alle andere kinderen liet hij onverminderd links liggen. Dylan werd zelfs even de belangrijkste figuur in zijn leven. Volgens Farrow ervoer haar achtste kind die groeiende belangstelling als steeds bedreigender. 'Verstop me, verstop me alsjeblieft,' was volgens Farrows biografie Dylans reactie als ze vermoedde dat Woody thuiskwam. Was er meer dan een vader-dochterrelatie?

Ronan werd in 1987, een paar jaar nadat Dylan geadopteerd was, geboren, als het enige biologische kind van Mia en Woody. Zijn komst moet als een enorm cadeau gevoeld hebben, want de kinderwens van de vaker ruziënde dan liefhebbende echtelieden leek nooit in vervulling te kunnen gaan. Inmiddels wil een aanhoudende geruchtenstroom dat deze Ronan niet het biologisch resultaat is van Allen en Farrows af en toe oplevende onstuimige liefde, maar dat de oude vos Sinatra er 'de hand in gehad zou hebben'. Om wat Ronan gestudeerd en intussen gepresteerd heeft, ben je geneigd te denken dat het Sinatra-verhaal niet meer is dan een smeuïge roddel. Want Frank stond niet bekend als het meest intellectuele brein uit de muziekwereld. Het kan bijna niet anders of in Ronans buitengewone IQ moet het geniale deel van de genen van de Allens terug te vinden zijn. Maar ja, wie de moeite neemt Ronans foto op internet te bekijken, is zeer sterk geneigd om die roddel alsnog te geloven. De gelijkenis is té opvallend. In een televisie-interview gooide zijn moeder nog wat olie op het vuur door te zeggen dat het 'mogelijk was'. Allen zelf hield zich op de vlakte: 'Ik verwed er mijn leven niet om dat ik de vader ben. Maar het zou wel heel oneerlijk zijn als het niet zo is, want ik heb al die jaren alles voor hem betaald.'

Ronan antwoordde met een wel zeer cryptische tweet: 'Wij zijn allemaal mogelijkerwijs zonen van Frank Sinatra.'

Ronan is een bijzonder heerschap. Na briljant afgesloten opleidingen aan twee universiteiten werd hij speciaal adviseur voor president Obama. Later stond hij Hillary Clinton bij in haar werk als minister van Buitenlandse Zaken. Hij was een begenadigd speechschrijver, promoveerde aan de universiteit van Oxford, koos voor een toekomst in de journalistiek, schreef boeken en had een eigen televisieprogramma: *Ronan Farrow Daily*. Hij was ook degene die als eerste kwam met de harde beschuldigingen aan het adres van filmproducer Harvey Weinstein. Toen de televisiezender NBC de uiterst gedetailleerde aanklacht aan het adres van de Hollywood-tycoon weigerde uit te zenden, besloot Ronan zelf tot publicatie over te gaan. Ronan Farrow staat dus te boek als de grote aanstichter van de MeToo-beweging. Het leverde hem menige onderscheiding op, inclusief de prestigieuze Pulitzer Prize. In navolging van zijn moeder, die ooit op de TIME-lijst kwam van invloedrijkste mensen van de wereld, kreeg ook hij een plek in die zeer prestigieuze galerij der groten.

Blootfoto's, vechten in de rechtszaal en een hardvochtige vrouw

Toen Ronan vijf jaar oud was, ontdekte Mia Farrow dat Allen naaktfoto's had gemaakt van haar Koreaanse dochter Soon-Yi, die op dat moment eenentwintig was. En toen kwam ze erachter dat hij ook een seksuele relatie met haar had.

'De naaktfoto's van Soon-Yi lagen open en bloot naast de telefoon. Met opzet? Het was het laatste wat ik had verwacht.'

De poorten naar de hel stonden wijd open, alle publicitaire poppen gingen aan het dansen. Sinatra bood publiekelijk aan om 'Allens benen te komen breken'. Woody vroeg via de televisie om vergiffenis: 'Ik smeek om vrede. Als de Arabieren in Israël het kunnen, kunnen wij het ook... Ik bied hier mijn excuses aan dat ik je heb gekwetst. Je bent vergevingsgezind en je kunt geweldig zijn. Je bent een prima actrice en een prachtige vrouw.'

Het hielp niet. Er kwamen rechtszaken, openbare woede-uitbarstingen, voorpagina's vol roddel en achterklap. Hun breed uitgemeten ruzies en spijkerharde onderlinge verwijten waren *gefundenes Fressen* voor de pers uit alle categorieën, van *Bild Zeitung* tot de *Frankfurter Algemeine,* van de afzichtelijkste roddelbladen als de *National Enquirer* tot gerespecteerde kranten als *The New York Times* en NRC. Het werd er allemaal niet beter op toen Allen zijn eeuwige bindingsangst wist te overwinnen door met Soon-Yi in het huwelijk te treden. Zij werd de eerste mevrouw Allen, vijfendertig jaar jonger dan haar echtgenoot!

Mia zei over die tijd: 'Ik heb geprobeerd de kinderen zoveel mogelijk af te schermen van de media. We werden belegerd door journalisten. Er vlogen helikopters rond het huis. De meeste mensen die zoiets overkomt, houden er waarschijnlijk geestelijke littekens aan over. Ik hoop dat mijn kinderen in staat zijn het te verwerken en dat ze ervan hebben geleerd. Om met Nietzsche te spreken: "Dat waar ik niet aan bezwijk, geeft me kracht." De voornaamste les is dat je altijd je integriteit moet zien te bewaren. Afschuwelijke daden hebben afschuwelijke consequenties. Misschien hebben de kinderen hierdoor later een extra sterk normbesef.'

Mia wint het slepende juridisch gevecht om de voogdij van Dylan en twee andere adoptiekinderen. Later kunnen verschillende rechters het er maar niet over eens worden of er in Woody's relatie met de destijds vijfjarige Dylan overtuigend bewijs te vinden was van misbruik. Zelfs een zeven maanden durend onderzoek van drie gespecialiseerde rechercheurs bracht geen uitsluitsel. Eén rechter achtte het misbruik bewezen, maar achtte het een heilloze missie om Allen te vervolgen, laat staan om hem veroordeeld te krijgen. Het bracht een andere rechter tot de uitspraak: 'Wat er precies wel of niet gebeurd is, zal hoogstwaarschijnlijk tot in de eeuwigheid onduidelijk blijven.'

Ronan stond in ieder geval achter zijn zus en zei: '*I believe my sister.*'

Het is geen geheim dat hij niets met Woody Allen heeft. Een bekende uitspraak van hem is: 'Hij is de man van mijn moeder, getrouwd met mijn zus. Dus ik ben zijn zoon én zijn zwager. Dat op zich al is moreel verwerpelijk'.

Intussen kreeg Allen dus niet de voogdij over Dylan, sterker nog, hij kreeg zelfs geen bezoekrecht. Jaren later kreeg hij ook in hoger beroep het lid op de neus. In zijn memoires *Apropos of Nothing* liet hij geen spaan heel van de vrouw die ondanks alles dertien jaar zijn levenspartner was: 'Ze geniet van de heilige reputatie die ze kreeg, maar in werkelijkheid zag ze haar adoptiekinderen als haar speelgoed. Na nummer tien adopteerde ze nog twee kinderen, maar een daarvan stuurde ze gewoon terug, omdat die – volgens een van haar andere liefjes – irritant was. Het is niet verrassend dat twee van haar adoptiekinderen zelfmoord hebben gepleegd en dat een derde dat serieus heeft overwogen.'

Allen beschouwde alles wat Mia Farrow tegen hem in gang zette als 'wraak' voor het feit dat hij haar voor Soon-Yi verlaten had. In een van de zeldzame interviews die Soon-Yi samen met haar man gaf, schetste ook zij een allesbehalve fijn beeld van haar moeder: 'Alles was goed, als je maar exact dat deed wat zij wilde. Nadat ze de blootfoto's gevonden had, was ze buiten zinnen, ze sloeg me en belde ik weet niet wie allemaal om over het schandaal te vertellen. Mia heeft de MeToo-beweging gebruikt en Dylan als slachtoffer naar voren geschoven. Nu hoort een hele generatie het en dat was niet nodig geweest.'

Ook door een van haar geadopteerde zoons werd Mia beschreven als een 'hardvochtige vrouw'. Het rechtvaardigt de vraag: wie is Mia Farrow werkelijk? Op ons maakte ze grote indruk. Ze was hartelijk en bereid over alles te praten. Ze was UNICEF-ambassadeur en werd in 2008 door TIME gerekend tot de invloedrijkste vrouwen in de wereld. Maar er moet dus ook een andere Mia Farrow zijn dan die wij op die zomerse middag leerden kennen.

Anne Frank, een jaarsalaris voor een interview en een doucheputje in het midden

Mia Farrow had mijn telefoonnummer duidelijk goed bewaard. Want toen ze ruim een jaar na ons interview bij haar thuis voor een optreden op de Duitse televisie naar Keulen moest, belde ze op. Of ik iemand wist die haar en een van haar kinderen kon vergezellen naar het Anne Frank Huis? En o ja, ze kreeg voor een kwartiertje Duitse tv zo ongeveer een jaarsalaris in D-marken. Dus als we ervoor voelden om haar tijdens haar korte Europa-trip nog eens in de uitzending te halen voor een studiogesprek: graag!

Zo kwam Mia Farrow, ditmaal zonder donatie aan haar stichting, opnieuw in ons programma. We zagen een andere Farrow dan destijds, rustiger, alsof ze wilde aantonen dat haar vaders standpunt – dat hij nooit een gelukkige actrice had gezien – door haar werkelijkheid was achterhaald. Niet dat ze de zware jaren uitgewist had: 'Geluk ligt niet voor het oprapen in deze wereld. Ik heb het heel moeilijk gehad, de rechtszaal was lange tijd *my main arena.* Ik moest en zou de voogdij over mijn kinderen behouden. Na alle rampspoed heb ik inmiddels een duidelijke lijn gezien in mijn manier van overleven. Want de les die ik geleerd heb is dat het leven voornamelijk bestaat uit verliezen. Als je tachtig of negentig bent, heb je waarschijnlijk alles om je heen verloren.'

En over Allen was ze mild: 'Hij was een verrijking in mijn leven. We pasten in veel opzichten goed bij elkaar. We waren twaalf jaar samen. Pas op het laatst ging het mis.'

Farrows meest opmerkelijke reactie kwam na mijn opmerking dat Allen nog nooit een relatie had gehad met een vrouw met kinderen, terwijl bij haar kinderen met stip op één stonden. Was dat meteen niet al de reden waarom zo'n relatie gedoemd was te mislukken?'

'Dat is ook zo,' zei Mia. '*Ivo, where were you when I needed you?* Daar kom je nu mee! Te laat!'

'Het spijt me...'

'Maar je hebt gelijk. Had ik het maar geweten. Ik heb moeite om het mezelf te vergeven, want ik heb mijn kinderen in gevaar gebracht. En mezelf. Hij was geen man voor een gezin. Ik wist niet hoe gevaarlijk dat kan zijn. En rampzalig voor mijn kinderen.'

Dat ze zelf kinderen op de wereld gezet had, vond ze achteraf eigenlijk een daad van verregaand egoïsme: 'Er zijn er al zoveel die hongerlijden, vang die eerst op.'

En eerlijk is eerlijk, ze hoort ook tot mijn favorieten omdat ze, in die grote open keuken in Connecticut, eindeloos uit de school klapte over haar leven met Woody Allen. Ik mocht het niet doorvertellen, maar beroep me op het feit dat dat verbod inmiddels verjaard moet zijn. Bovendien heeft ze het voorval zelf beschreven in haar boek *What Falls Away: A Memoir*: 'Onlangs kwam Allen hier onaangekondigd langs. Hij wil dus duidelijk toch af en toe nog bij ons zijn. Hij ging naar boven om te douchen. Maar nog geen minuut later kwam hij onverrichterzake de trap weer af, in onderbroek, op zijn speciale badslippers, met een handdoek en de rest van zijn kleren over zijn arm.

"Ik kan me hier onmogelijk douchen. Het afvoerputje van de douche zit in het midden. Het hoort aan de zijkant. Dit is onverdraaglijk."

Voor Mia was het duidelijk: Woody Allen was geen steek veranderd.

Farrow, in alles dubbel en tegenstrijdig. Wat haar óók zo'n boeiende persoonlijkheid maakt, is haar altruïstische levensinstelling. Want wie adopteert er zoveel kinderen met of zonder handicap? Mia zelf zei: 'Ik heb altijd de drang gehad om iets terug te geven na die wonderbaarlijke genezing van polio.'

En zo was het. Een simpele verklaring voor een hoe dan ook bewonderenswaardige invulling van haar leven.

Geduld als schone zaak (3)

Gebrek aan geduld kan je ook duur komen te staan. We waren thuis bij de McCartneys, om precies te zijn in de molen, een van hun uiterst prettige onderkomens. We kwamen voor Pauls echtgenote Linda, die een duidelijk commercieel belang had bij wat televisie-aandacht. Ze had een aantal vegetarische en veganistische producten bedacht die onder haar naam in de markt waren gezet. Volledig vleesvrije burgers, gemaakt van tarwe- en soja-eiwit met ui. En worstjes gemaakt met gedehydrateerde eiwitproteïne, ui en salie. Wie wil daar niet alles van weten?

Het vraaggesprek verliep niet geheel volgens plan omdat we na elke vraag en antwoord van achter de camera een luidkeels 'stop!' te horen kregen. Telkens met dezelfde reden: de visagiste vond dat Linda's haar niet goed zat, de neus moest bijgepoederd of haar voorhoofd glom. Na een minuut of twintig hadden we voldoende goed materiaal, want Linda was de bereidwilligheid zelve en gaf ook prettig antwoord op de vragen die niet aan de marketingdoelstelling waren gerelateerd. Inpakken geblazen. Nu was ons vooraf verteld dat er een reële kans was dat echtgenoot Paul tegen het eind van het interview even 'spontaan' langs zou komen om Linda's promotie extra te ondersteunen. En ja hoor, we hadden de laatste *flightcase* nog niet op slot gedaan of we hoorden iemand vrolijk fluitend de trap op komen... Te vroeg de pijp aan Maarten gegeven dus. Onze irritatie had het gewonnen van het eerder vertoonde geduld, nu met een negatieve uitkomst: géén tekst van Linda's echtgenoot. Goddank hebben we dat later kunnen inhalen en kregen we de kans op een uitgebreid gesprek met hem over muziek, Wings en de Beatles. Zonder visagiste.

JULIO IGLESIAS

Geduld als schone zaak (4)

Maar in het algemeen was ons lange wachten meer dan de moeite waard. Een enkele keer werden we er zelfs op een unieke manier voor beloond. Wat we in dat opzicht met Julio Iglesias meemaakten, hoort thuis in de eregalerij van sympathieke acties. In Atlantic City zette hij cameraman Henk, geluidsman Eli en mij uren in de wachtkamer. Al snel begrepen we waarom. De koning van het *canción de amor* wilde eerst de ene vrouwelijke fan na de andere op audiëntie ontvangen. Wij zaten als 'portiers' voor de deur van zijn appartement en zagen de hele parade aan ons voorbijtrekken. Twintigers, dertigers, een enkele veertiger, opgewonden standjes in alle soorten en maten. Wat zich achter de voordeur afspeelde interesseerde ons minder dan het feit dat we ook hier onze terugvlucht dreigden te missen. Maar de manier waarop de Spaanse charmezanger dat uiteindelijk oploste, was van grote klasse. Terwijl wij in lichte paniek waren omdat we nooit tijdig op Kennedy Airport zouden kunnen zijn voor onze trip huiswaarts, stelde Julio's assistent ons telkenmale gerust. Met bijna dezelfde zangerige intonatie als Pavarotti bleef hij ons kalmeren: '*Julio won't let you down. He'll organizz a zpezial tranzzport for you to zie airport.*'

Hij hield woord. En hoe!

'Julio zei net tegen me dat jullie de huurauto gewoon kunnen laten staan, en vroeg mij jullie naar het vliegveld te brengen.'

Goed plan, maar daarmee stonden we nog op Atlantic City Airport en waren dus nog lang niet bij ons KLM-toestel in New York. Wie schetste onze verbazing toen we 'ingeladen' werden in een enorme privéjet met aan boord zo ongeveer alle dranken die bij Gall & Gall in de rekken staan, plus een batterij films op video, voldoende om gedurende een paar reizen rond de aarde aangenaam beziggehouden te worden? Een stewardess blééf maar vragen of we het naar ons zin hadden. En toen moest het meest sensationele nog komen. Eenmaal geland op Kennedy wachtte onderaan de vliegtuigtrap een auto met chauffeur, die ons op het platform rechtstreeks naar ons toestel bracht! Dat kon toen nog, in die jaren van minder angst en minder strenge security. Julio zal nog net niet met de zittende president gebeld hebben, maar hij moet het behoorlijk hoog op gezocht hebben om hiervoor toestemming te krijgen. De Nederlandse vliegtuigcrew keek merkbaar vreemd op toen dat redelijk shabby trio op deze vorstelijke manier werd afgeleverd. Het zal duidelijk zijn: Julio zit voor altijd in ons hart.

Een maximum aan geduld hebben we ook moeten opbrengen om die ene grote Fransman te spreken te krijgen.

YVES MONTAND

Van kappersassistent tot bijna-president

Een van de meest unieke prestaties van ons productieteam was dat we op een dag in Parijs konden aanbellen op Place Dauphine nummer 15, bij het huis van de Franse acteur, zanger, filmster en idealist Yves Montand. Hij was mijn persoonlijke held, althans tot voor kort – waarom hij voor straf postuum een rood vinkje achter zijn naam heeft gekregen, vertel ik later. Verbazingwekkend blijft dat hij van New York tot Tokio werd toegejuicht in uitverkochte zalen en dat op het vliegveld van Moskou duizenden fans hem stonden op te wachten toen hij daar aankwam voor een uitgebreide tournee. En dat in een tijd dat er nog niet zoiets bestond als impactvolle televisiepromotie.

Voor wie er nog niet van doordrongen is: Montand was een veelzijdige grootheid. Hij speelde in meer dan vijfenzestig films, waaronder meesterwerkjes als *César et Rosalie*, *Les Choses de la Vie*, *L'Aveu* en *Is Paris Burning?* Hij had hoofdrollen naast Alain Delon, Jane Fonda, Barbra Streisand, Isabelle Adjani, Cathérine Deneuve, Marilyn Monroe, Orson Welles, Ingrid Bergman en Steve McQueen. Hij maakte van chansons als 'Les Grands Boulevards', 'La Bicyclette' en vooral 'Les Feuilles Mortes' internationale hits. Hij was getrouwd met Simone Signoret, voor mij een van de meest indrukwekkende vrouwen die Europa in de twintigste eeuw heeft voortgebracht. Ze schreef belangwekkende boeken als *Nostalgie is ook niet meer wat het was* en was de eerste Franse actrice die een Oscar won. En dan is Signoret tot op de dag van vandaag ook nog een voorbeeld voor talloze Amerikaanse filmactrices op leeftijd. De Française geldt voor hen als het levende bewijs dat je ook zonder frequent bezoek aan de plastisch chirurg op latere leeftijd nog bestaansrecht hebt en kans op mooie rollen.

Montand-Signoret, een koppel dus uit duizenden, zeker in de wetenschap dat het paar zich behalve op artistiek vlak ook op politiek terrein manifesteerde. Ja, de arme Italiaanse immigrant Montand ook. Er kwam zelfs een moment dat hij met zijn idealen zoveel invloed had, dat een enquête uitwees dat een derde van de Fransen in hem de ideale president van hun land zag! Het is duidelijk, ik moest even flink uitpakken om recht te doen aan de grootsheid van Montand.

Vanwaar mijn adoratie? Die is niet louter en alleen gebaseerd op wat hij gepresteerd heeft. Wat ik vooral aan hem bewonderde, was zijn voor een ster ongewone opstelling toen hij – volkomen tegen zijn zin, wat zeg ik, tot zijn onstuitbare woede – op zijn zevenenzestigste nog (en voor het eerst) vader werd. Hoe hij vervolgens met die 'tegenslag' omging, zette voor mij alle deuren open naar een grenzeloze waardering. Tot voor kort...

Het regelen van een ontmoeting kostte ons bijna drie jaar. Montands manager ontving van ons meer dan eens een uitgebreide fax met een update van de Franse vedetten die we inmiddels geportretteerd hadden (Juliette Gréco, filmster Jeanne Moreau, Charles Aznavour, Gilbert Bécaud en Roland Garros-winnaar Yannick Noah). Hij leek in het geheel niet geïmponeerd. Dat weerhield onze onvolprezen Coby Gerritsen er niet van om regelmatig na te bellen met de smoes 'of alles wel in goede orde was ontvangen'. Ter gelegenheid van *Quatorze Juillet* stuurde ze briefjes naar Montands huisadres dat ze intussen had achterhaald en op 13 oktober kreeg hij een grote verjaardagskaart met de wens voor een *bon anniversaire*. Niettemin leek het allemaal op niets uit te lopen – tot we erachter kwamen dat Montand in zijn tweede woonplaats Saint-Paul-de-Vence (daar zijn we weer) een Nederlandse jeu-de-boulesmaat had op wie hij zeer gesteld was: Dick van Dijk. Hij was na zijn Ajax-periode terechtgekomen bij OGC Nice aan de Côte d'Azur en na zijn tijd als topspits een volgens zijn vrienden luie lokale makelaar in onroerend goed geworden. Of hij dan niet een goed woordje voor ons kon doen? Dat deed Dick, ook al moest hij het herhaaldelijk bij Montand onder de aandacht brengen. 'Die Nederlandse jongens kun je vertrouwen, Yves, die zijn zo gek nog niet.'

Dat Van Dijk er naderhand een nooit afgesproken rekening van zesduizend gulden voor stuurde, maakte de pret wel een fractie minder. Maar we waren er, belden dus aan op nummer 15 van het op het Ile de la Cité gelegen plein met zijn driehoekige vorm, maar niet eerder dan dat we ons op nummer 17 – in het zeer plezierige café Le Caveau du Palais – moed ingedronken hadden met een café crème en zenuwachtig een croque monsieur naar binnen hadden gewerkt.

Piaf, de Moulin Rouge en een Amerikaanse vedette uit de C-klasse

De alleen al dankzij zijn vertolking van 'Les Feuilles Mortes' onsterfelijke artiest deed zelf open en stelde zich met een handdruk voor als 'Yves Montand'. Alsof daar enig misverstand over kon bestaan! Overigens was het niet zijn eigen naam. 'Montand' was afkomstig van de schreeuw van zijn moeder, die hem als het etenstijd was in een van de arme volksbuurten van Marseille op haar eigen manier duidelijk maakte dat er niet langer gevoetbald kon worden. Ze had de gewoonte om hem naar binnen te commanderen met een: 'Ivo, *monta!*' ('Kom naar boven!')

Ivo, zo heette hij volgens de burgerlijke stand. Yves is net als Montand zijn naderhand bedachte artiestennaam. Toen ik mezelf voorstelde als 'Ivo Niehe', dacht hij even dat dat een grap was, bedoeld om het ijs te breken, maar toen ik vertelde dat dat niet het geval was, leidde het direct tot een onmiskenbaar ontspannen sfeer, die tijdens ons hele bezoek intact zou blijven. Later zei een goede bekende van Montand: 'Ik heb Yves zelden zo relaxed gezien en hem ook nog niet eerder zo uitgebreid horen praten over de eeuwige ruzie met zijn enige broer Julien.'

Het onderwerp van de tussen hen niet-aflatende discussie was Montands toen inmiddels aanzienlijk getemperde enthousiasme voor het communisme en zijn switch naar een veel liberalere opstelling, waarin broerlief weigerde mee te gaan. Maar ook over zijn ingrijpende amoureuze escapade met Marilyn Monroe had hij zich blijkbaar zelden of nooit zo uitgelaten.

Ivo. Zoon van Giovanni en Giuseppina Livi. Geboren in het Toscaanse dorp Monsummano Terme. Papa Gio was praktiserend communist, maar die overtuiging was nauwelijks vol te houden in de tijd van het onder Mussolini onstuitbaar opkomende fascisme. Zijn maten bedreigden hem. Hij moest zich hoe dan ook aansluiten bij de *chemises noires*, de zwarthemden, anders zou er wat zwaaien. Ondanks het feit dat zijn eigen zwager een van hun leiders was, bleef de oude Livi halsstarrig weigeren. Als beloning voor zijn opstelling werd hij regelmatig in elkaar geslagen, en tot overmaat van ramp werd de schuur waar hij bezems maakte in brand gestoken. Daarmee was hij zijn enige bron van inkomsten kwijt. Niet dat de jonge Ivo niets inbracht. Die was op zijn elfde al de deur uitgegaan, op zoek naar werk, en was als jongste bediende in een pastafabriek begonnen. Later vond hij emplooi in de haven en als kappersassistent.

Maar zijn bijdrage aan het huishoudboekje was natuurlijk een minidoekje dat het financiële bloeden niet kon stelpen. Door de brand waren de Livi's geruïneerd. Moe van alle bedreigingen besloot Giovanni dat er niets anders op zat dan te vluchten, de grens over, naar Frankrijk. Zijn vrouw en drie kinderen zouden hem later volgen. Maar *La Douce France* was in zijn gedachten hooguit een tussenstation. Het vrije Amerika, dat was – wonderlijk genoeg voor een communist – het einddoel! Daar hoopte hij in een echte democratie terecht te komen. Helaas. Omdat het Amerikaanse consulaat geen visa meer verstrekte, strandde het gezin Livi in een van de meest miserabele wijken van Marseille. In een driekamerwoning, die ze deelden met een ander gezin, zonder elektriciteit en met één wc op de binnenplaats... Tegen deze achtergrond is het niets minder dan een mirakel dat zoonlief Ivo zich zou ontwikkelen tot een wereldster. Dat Japanners een jaar of vijfentwintig later vochten om een kaartje voor zijn concerten, dat zijn onemanshows op Broadway avond aan avond uitverkocht waren, dat zelfs de Russen dus met hem wegliepen, ook al kenden de meesten hem alleen van zijn – in hun land illegaal uitgebrachte – platen. In bijna alle gevallen gold dat, buiten het Franse taalgebied, veruit de meerderheid van zijn hartstochtelijke fans geen woord kon verstaan van zijn toch allerminst onbeduidende teksten. Voor die Russische populariteit was trouwens wel een verklaring: Montands politieke overtuiging uit die dagen. Die kwam ten tijde van zijn grote tournee nog grotendeels overeen met het communistisch ideaal dat hij van zijn vader had overgenomen. Dat neemt niet weg dat zijn internationale roem als gezegd verrassend was, in een tijd zonder internet en met weinig wereldwijd uitgezonden entertainmentprogramma's.

Dat iemand vanuit een onmogelijke jeugd kon bereiken wat Montand voor elkaar kreeg – was dat de reden dat ik hem per se wilde ontmoeten? Was het zijn straatarme Italiaanse komaf of hoe hij in Marseille in de fabriek waar hij werkte direct al door zijn vrouwelijke collega's werd aangestaard? Speelde het mee dat hij in de kapperszaak (van zijn zus) een door elke vrouw in de stoel begeerde jonge assistent was? 'Ik kom om mijn haar te laten wassen, maar ik wil wel dat die lange daar het doet.'

Of heeft het ermee te maken dat hij, met nauwelijks meer bagage dan zijn talent om bekende artiesten te imiteren, nota bene in oorlogstijd de gok nam om zijn geluk te beproeven in Parijs? Zonder twijfel vormt dat alles bij elkaar de achterliggende gedachte waarom we zoveel werk gemaakt hadden van een gesprek met de bewoner van nummer 15. Ook bewonderden we hoe hij geen uitdaging uit de weg ging. Zo had vader Giovanni hem precies een jaar de tijd gegeven om er in de hoofdstad van zijn nieuwe vaderland wat van te maken. Liep het avontuur op niks uit, dan moest hij linea recta terug naar Marseille, terug naar de fabriek. Maar Ivo had alle geluk van de wereld.

Het was puur toeval dat hij niet lang na aankomst in Parijs werd ontdekt door ene Edith Piaf. Zij had die 'grote onbekende' nodig voor een show ter gelegenheid van de heropening van de Moulin Rouge, het cabarettheater in de rosse buurt van Pigalle. Iemand uit haar omgeving had haar geattendeerd op een zeer goed uitziend jong heerschap dat zich regelmatig ophield in Café de Flore aan de Boulevard Saint-Germain. Volgens de verhalen was die jongen een geniaal imitator. En zijn uiterlijk zou Piaf zeker bevallen... Vanwaar die kansrijke invalbeurt? De Amerikaanse ster uit de C-klasse die door Piaf voor de grote heropening geregeld was, had zich op het laatste moment afgemeld. Was hij gewoon komen opdagen, dan hadden we het nu hoogstwaarschijnlijk niet eens over Yves Montand gehad. Maar het was niet alleen puur toeval dat Piaf hem nodig had en een groot risico nam door die beginner voor een zo belangrijk optreden te engageren. Zij was het ook die Montand alle kneepjes van het vak bijbracht. Ze leerde hem spreken, dansen, zingen en optreden, en dat was nodig ook. Piaf zei: 'Hij kon niks, was alleen afgestudeerd als kapper!'

Ongewild zette ze haar pupil ook nog op het spoor naar iets wat zijzelf nooit wist te bereiken: de status van wereldster.

Wat bij Edith eerder regel dan uitzondering was, gebeurde nu ook: ze kreeg meteen een relatie met haar leergierige pupil. Hij was drieëntwintig, voor hem was het zijn eerste echte liefde. Dat zij bijna zes jaar ouder was, niet wat je noemt moeders mooiste en een kop of wat kleiner dan haar leerling, werd door 'de buitenwereld' als bijzonder ervaren. Maar Piaf was stapelverliefd geworden op die 'mediterraan tot in zijn vingertoppen', en hij liet het zich duidelijk maar al te graag welgevallen.

Een paar jaar later wachtte ene Chahnour Aznavourian exact hetzelfde lot. Ook voor hem was Piaf én leermeester én minnares. Ze beval de jonge, aankomend artiest uit Armenië om zich onmiddellijk te laten opereren aan zijn afzichtelijke neus. Ook hem leerde ze de finesses van het métier en ook bij hem koesterde ze zich in de warmte van hun beider verliefdheid. Lang duurden die relaties nooit. De rusteloze Piaf had doorgaans al snel genoeg van haar aanbidders. Ze maakte er een gewoonte van hen na verloop van tijd onaangekondigd en resoluut de laan uit te sturen. Het lijkt erop dat ze haar levensloop op cruciale momenten liet bepalen door kop of munt. En dan had ze er ook nog het grootste plezier in om geen van haar *aimants* zelfs maar het begin van een verklaring te geven waarom ze er met onmiddellijke ingang genoeg van had. Het bijzondere is dat ze achteraf nooit spijt had van haar impulsieve acties. Maar haar lijfspreukt was *Je ne regrette rien.*

Behalve de titel van haar beroemdste lied, was het ook de leidraad bij veel van haar beslissingen. De manier waarop ze Montand liet weten dat het wat haar betreft voorbij was, is overigens wel heel apart. Hij kwam thuis in Parijs na een reeks solo-optredens, deed de deur open en kreeg zonder omhaal van Edith te horen dat ze niet langer samenwoonden, en dat zijn plaats intussen was ingenomen door niet één, maar een paar heren van de groep Les Compagnons de la Chanson. Met hen was ze een vanzelfsprekend kortstondige *ménage à trois* (of zelfs *à quatre*) begonnen. In dit geval was er trouwens wel een aanwijsbare reden waarom ze Yves ineens de deur wees. Ze was van meet af aan stikjaloers op het feit dat hij al tijdens hun eerste gezamenlijke tournee zo veel meer succes had dan zij, met het pijnlijke gevolg dat zijn naam direct groter op de affiches kwam te staan dan de hare.

Een B-acteur in het Witte Huis en een '*non*' voor zevenhonderd-duizend francs

Montand werd een groot artiest. Daarnaast mengde hij zich dus met de jaren meer dan enthousiast in het politieke debat. Die extra aantekening op zijn cv werd natuurlijk mede veroorzaakt door zijn afkomst. Italiaanse immigrant, armlastig gezin, jeugd met weinig perspectief op 'beter'. De ongelijkheid van kansen in de maatschappij, het zat hem dwars. Het bleek een goede voedingsbodem voor de Livi's om geloof te hechten aan het communistisch ideaal. Maar er moet een doorslaggevender reden geweest zijn voor het feit dat hij mettertijd steeds socialer ging denken, en waarom hij zijn stem zelfs buiten Frankrijk liet horen. Want anders is het niet te verklaren dat hij de internationale pers haalde toen hij in Praag openlijk steun betuigde aan het protest tegen de Russische inval in het toenmalige Tsjechoslowakije. Hoe kan het dat die *gosse* uit de *crottes* van Marseille in Polen door duizenden studenten werd toegejuicht, omdat hij in een gloedvolle speech kenbaar had gemaakt dat hij (mét Lech Wałęsa) aan hun kant stond in hun strijd voor erkenning van hun vakbond? En er kwam dus zelfs dat moment in 1987 dat Ivo Livi zich op verzoek kandidaat stelde voor het presidentschap! Bernard Kouchner, arts van beroep (en niet de eerste de beste, want medeoprichter van Artsen Zonder Grenzen en later actief als minister van Buitenlandse Zaken), had Montand gezegd dat zijn kandidatuur zinvol en kansrijk zou zijn: 'We hebben gezien hoe een B-acteur als Ronald Reagan zich wist op te werken tot president van Amerika, dus moet een intelligent, geliefd icoon uit de Vijfde Republiek in staat geacht worden om moeiteloos het Élysée te halen.'

Heel Frankrijk zat vol spanning voor de televisie, die avond in december 1987. Er was door de zender TF1 een zestig minuten durende special aangekondigd waarin Montand zijn kandidatuur bekend zou maken. Na maandenlange speculaties was nu het ogenblik gekomen voor *le fin mot de l'affaire*. In de peilingen werd Montand inmiddels door ruim een derde van het Franse volk gezien als ideale opvolger van Mitterand – op zich al bijzonder voor een Italiaanse immigrant. Zou hij inderdaad aan hun roep gehoor geven door zich kandidaat te stellen voor de presidentsverkiezingen van 1988? Na een uur lang om hét onderwerp heen gedraaid te hebben, kwam nog geen minuut voor de aftiteling het verlossende antwoord. De interviewer: '*Monsieur Montand, voulez-vous être candidat pour la présidence?*'

Montand haalde diep adem, keek met overdreven gevoel voor theater recht in de camera, nam een korte pauze en zei: '*Non.*'

Recensenten spraken er schande van dat hij iedereen zo lang onnodig in spanning had gehouden. En de stemming werd er later niet beter op toen bleek dat hij zich fors voor de uitzending had laten betalen: zevenhonderdduizend *nouveaux francs*. Montand: 'Wat was het anders dan een optreden? Er was voor een miljoen of zo aan reclame verkocht. Mag ik dan ook misschien?'

De vraag blijft niettemin wat Montand tot die zeer vergaande politieke bemoeienis had gebracht. Het antwoord is niet een 'wat', maar een 'wie', een vrouw. Zij had hem met twee armen in zijn rug die richting op geduwd, en ze kreeg er de kans en genoeg tijd voor. Want tot haar overlijden was ze zevenendertig jaar lang aan zijn zijde: de uit een links milieu afkomstige Simone Signoret.

Haar ontmoeting met Montand is er een uit het boekje. Signoret werd geboren in het Duitse Wiesbaden als Simone Kaminker. Al jong verhuisde het gezin naar Neuilly-sur-Seine, aan de rand van Parijs. Vader André Kaminker kwam uit een Poolse familie en was Joods, haar moeder (Georgette Signoret, later nam Simone haar achternaam aan) kwam uit een katholiek milieu. Simone groeide op in een wat je noemt intellectuele omgeving, studeerde Duits, Engels en Latijn. Op een middag, drie jaar na de bevrijding van Frankrijk, lunchte ze –hoe kan het ook anders – in La Colombe d'Or. Tezelfdertijd zat Montand daar de tijd te doden tussen twee optredens aan de kust.

Volgens de overlevering viel Signoret als het bekende blok voor die prachtige, rijzige gestalte met die doordringende oogopslag. Eén blik op Montand was voor haar voldoende om haar eerste echtgenoot, de toch ook niet misselijke filmregisseur Yves Allégret, te laten weten dat ze bij hem wegging. Niet dat ze een slecht huwelijk hadden, integendeel. En ze waren in het gelukkige bezit van een talentvolle dochter, Cathérine. Vandaar dat Allégret verbijsterd was toen Simone hem nog geen vierentwintig uur na haar kennismaking met Montand het nieuws kwam vertellen. Het was een donderslag die hij op geen enkele manier had zien aankomen. Allégret begreep er niets van. Ze hadden het toch goed samen? Hij liep rood aan, kon zich niet beheersen en gaf haar een harde klap in het gezicht. Het bijzondere is dat Allégret in de dagen daarna al snel bijdraaide en zelfs begrip toonde.

In het begin ging het Simone met name om Montands fysiek. Ze vond haar nieuwe liefde woest aantrekkelijk. Later pas kwam daar de waardering bij voor hoe hij zich vanuit een kansarme jeugd had opgewerkt tot wie hij op dat moment al was. En hoe verschillend ook, Montand en Signoret leken voor elkaar gemaakt. Hoewel het maar een haar scheelde of hun relatie had na een paar jaar al een dramatisch einde gekend. Een scheiding hing in de lucht. Over dat bijna-drama is een speelfilm te maken. De vrouwelijke hoofdrol gaat daarbij niet naar Signoret, maar naar Marilyn Monroe... We ontkomen er ook hier niet aan om even een zijweg in te slaan, want Montands affaire met de blonde *bombshell* en hoe die opbloeide en uitdoofde, levert een te geweldig verhaal op om hier niet te vertellen.

Montand op Broadway en 'Let's Make Love'

Monroe was opgegroeid in diverse gastgezinnen. In alle biografieën staat beschreven hoe ze hunkerde naar genegenheid en hoe ze op zoek was naar een gevoel van geborgenheid. Beide dacht ze te vinden in een huwelijk met basketballer Joe DiMaggio. Nadat die eerste droom uiteengespat was, kwam er een nieuwe liefde op haar pad, de grote toneelschrijver Arthur Miller (*Van de brug af gezien*, *Dood van een handelsreiziger*). Om het zelfvertrouwen van de vrouw die in 1956 zijn echtgenote was geworden wat op te krikken, zou hij speciaal voor haar het scenario schrijven voor de – geflopte – speelfilm *The Misfits*. Want ondanks eerdere successen werd Monroe tot dan toe als actrice niet echt serieus genomen. Daardoor bleef ze onzeker, wispelturig, een lastpak en een beetje kinderachtig.

Monroe en echtgenoot Miller werden op Broadway gespot in het theater waar Montand veel succes had met zijn onemanshow. Marilyn was dermate onder de indruk dat ze de avond erna nog een keer ging, nu in haar eentje. Die twee bezoekjes waren voldoende om haar ervan te overtuigen dat ze die charmeur móést hebben voor haar volgende film.

Montand was totaal van de kaart toen hij door de mensen rond Monroe gevraagd werd. De hoofdrol in een film naast de vrouw van wie mannen over de hele wereld slapeloze nachten hadden! Wat voor film het zou worden maakte hem niet uit. Alleen de titel al was veelbelovend: *Let's Make Love*. En dat met Marilyn! Dit werd zijn doorbraak in Hollywood! Dat de gerenommeerde Billy Wilder de regie geweigerd had wegens een 'te mager script' en dat vier acteurs van niet geringe reputatie – Cary Grant, Rock Hudson, Charlton Heston en Gregory Peck – de rol geweigerd hadden, was voor Montand geen reden om niet toe te happen. En had Monroes echtgenoot Arthur Miller het verhaal niet zijn zegen gegeven? Nou dan! Dat hij wekenlang acht uur per dag op Engelse les zou moeten, had hij er graag voor over.

Maar er waren wel beren op de weg naar de grote gelukzaligheid. Er wachtte Montand namelijk een uitgebreide tournee door Japan. Zeventien avonden in de grootste zalen, alles uitverkocht. De Japanse organisator voelde zich gekleineerd toen hij geconfronteerd werd met de wens om de concerten uit te stellen. Na veel geschreeuwd heen en weer bellen kwam er een compromis: Montand moest 125.000 dollar schadevergoeding betalen en gratis twee extra optredens komen doen. Voor Montand allesbehalve een reden om de film af te zeggen. Voor *Let's Make Love* had zijn agent bij 20th Century Fox na harde onderhandelingen het tophonorarium van een ton geregeld. Conform de Japanse eis kon hij dat hele bedrag plus vijfentwintig mille direct naar een bankrekening in Tokio overmaken.

Aangezien de studio-opnames van de film in L.A. zouden plaatsvinden, kon het gebeuren dat de twee inmiddels beroemde echtparen Montand-Signoret en Miller-Monroe voor een aantal maanden hun intrek namen in een fameus hotel in Californië. En daar ging uiteindelijk van alles mis...

Het Beverly Hills, een gejatte camera en diner bij de Kennedy's

Het Beverly Hills Hotel in Los Angeles is het toonbeeld van decadentie. De grote filmmaatschappijen brengen er nog steeds hun sterren onder. Behalve de ruim tweehonderd kamers heeft het hotel ook een aantal genummerde bungalows. '20' en '21' waren qua inrichting niks bijzonders, maar hier zou zich een van de meest besproken verboden liefdes van de vorige eeuw afspelen. Een Franse ster en zijn beroemde echtgenote in de ene, hét Amerikaanse sekssymbool van die dagen en haar ook al zeer bekende man in de aangrenzende kamer.

Behalve uit verhalen ken ik het hotel ook door die ene overnachting tussen een aantal interviews door, waarbij we nog geen vijf minuten na binnenkomst onze camera van anderhalve ton kwijt waren. Gejat. Tijdens het inchecken had cameraman Henk de apparatuur op de grond gezet. Hoe kon hij anders zijn reservering en paspoort uit zijn achterzak halen? Onmiddellijk werd hij aangesproken door een van de in de lobby aanwezige gasten met de vraag of hij wist waar de receptie voor Mr. Smith was? Henk: '*No idea.*' De vragensteller drong nog even aan, wees naar een zaaltje achter in de grote hal of daar misschien...? Henk had zijn schouders nog niet opgehaald en zijn paspoort nog niet teruggekregen of hij maakte tevergeefs een beweging in de richting van zijn dure camera om die mee naar de kamer te nemen. Foetsie, net als de man die hem aangesproken had.

'*No problem,*' was de snelle reactie van de conciërge. 'Alles hier in de hal wordt met meerdere camera's opgenomen. Kom maar even mee.'

Behoorlijk opgelucht kwamen we in een soort *security room*, direct achter de balie. Ik kan gedetailleerd verslag doen van wat zich daar afspeelde, maar het kwam er simpelweg op neer dat er geen beelden waren, omdat er niets opgenomen was. De bewakingscamera's hadden niets geregistreerd, omdat er uitgerekend deze ochtend een nieuw systeem zou worden geïnstalleerd. Het kan dus niet anders of degene die ons in vertwijfeling had achtergelaten (want hoe nu verder met de geplande opnames?) was op de hoogte van wat in het hotel gaande was. Maar denk maar niet dat iemand van de leiding – of uit het tweede echelon hotelwerkers – van zins was om er werk van te maken. Aangifte doen bij een ongeïnteresseerde agent was de enige actie die we konden ondernemen, vanzelfsprekend zonder resultaat.

Miller, Monroe, Montand en zijn echtgenote Signoret zullen aan hun verblijf in het luxe paleis ongetwijfeld heel andere herinneringen hebben overgehouden, maar of die positiever zijn is de vraag.

Ik kan geen twee vrouwen bedenken die zó totaal van elkaar verschilden als Marilyn Monroe en Simone Signoret. Marilyn, die moeite had om ook maar een beetje waardering voor haar werk af te dwingen, maakte kennis met een Franse actrice die niet alleen alom geprezen werd, maar die daarnaast moeiteloos hoofdrollen speelde in de Duitse en Engelse taal. Tijdens hun verblijf in L.A. won ze ook nog een Oscar – de eerste Franse actrice die die eer te beurt viel. Tijdens die avond in Hollywoods Pantages Theatre was Montand, naast presentator Bob Hope, ook nog eens dé ster. Hij zong twee nummers en stond tijdens het door Rock Hudson uitgesproken '*And the winner is...*' in de coulissen. Hij had geweigerd de zaal in te gaan, overtuigd als hij was dat Simone de prijs zou krijgen. Trots sloot hij haar na het glorieuze moment in de armen, tranen met tuiten huilend van blijdschap.

Monroe was erdoor geraakt, ook al omdat het zo 'dichtbij' was. Ze besefte eens te meer dat een eerbetoon als dit haar nooit ten deel zou vallen. Dat haar 'buurvrouw' in het Beverly Hills de Oscar mee naar het hotel nam, maakte het extra pijnlijk. En ze had ook nog connecties die voor Monroe onbereikbaar waren. Zo was Signoret al eens uitgenodigd voor een chic diner in Washington met de Kennedy's. En ze was als invloedrijke westerse niet-politicus gevraagd voor een discussiesessie in Moskou met leden van Chroesjtsjovs Politburo.

En, voor Monroe het allerergste: waar Signoret na acht jaar huwelijk nog steeds gek was op Montand, naderde de relatie van de Millers na drie jaar als de Titanic een fatale ijsschots. Die twee kónden ook helemaal niet samen. Hij de Joodse intellectueel en gereputeerde toneelschrijver, zij het niet al te slimme volkse meisje uit een eenvoudig milieu. Alleen daardoor al denderde hun relatie af op een catastrofe. Wat ook niet hielp was dat Monroe net twee miskramen had gehad en de hoop om moeder te worden praktisch had opgegeven. Maar mensen uit haar omgeving die maar al te graag uit de school klapten, wezen vooral op de vernederingen die Marilyn moest ondergaan. Steeds meer begon Miller over haar gebrekkige intelligentie en culturele belangstelling. Wat had zij meer dan, volgens Miller, 'haar instinct en haar *sex appeal*', terwijl hij zich beriep op 'zijn cerebrale werkwijze en diepgang'. Dat had hij natuurlijk ook wel een fractie eerder kunnen bedenken, maar goed. Miller liet zijn eega regelmatig voor de deur van zijn werkkamer staan, zonder open te willen doen. 'Je hindert me in mijn werk en mijn ontwikkeling.' Er was volgens menig verhaal sprake van 'mentale verwurging'.

Ondanks dat alles konden de twee tot elkaar veroordeelde echtparen het goed met elkaar vinden. Monroe leerde Montand met veel geduld eenvoudige Engelse zinnetjes en corrigeerde zijn accent, Signoret en Miller hadden dezelfde politieke overtuiging en vonden elkaar in het 'intelligente debat'. Miller was trouwens voor het Franse koppel geen onbekende. Montand had al eens in een van zijn stukken gespeeld in Parijs en toen hadden ze al samen opgetrokken. En Yves kon zich ook een uiterst gezellig diner herinneren in Millers stijlvolle appartement in Manhattan. Het was dan ook zo dat Montand op elk gewenst moment bij Monroe kon binnenvallen om de tekst van zijn rol door te nemen. Geen overbodige luxe, want hij was behoorlijk onzeker over zijn Engels. Op het toneel kon je je nog wel een grammaticale blunder of een verkeerd accent permitteren, maar op het geluidsspoor van een grote film moest je taalbeheersing onberispelijk zijn.

Monroe genoot. Onderwijl maakte ze Montand deelgenoot van haar diepste zielenroerselen en analyseerde ze zonder schaamte haar eigen fysiek: 'Iedereen denkt dat ik van die mooie lange benen heb, maar het zijn maar hele korte pootjes. En mijn knieën staan heel raar naar binnen.'

Het mooiste meisje van de wereld, *twinkle, twinkle* en authentieke naïviteit

Toen we in St. Tropez waren, bij Dominique Lapierre, auteur van het boek *Is Paris Burning?*, dat later werd verfilmd met Montand in de hoofdrol, kregen we voor het eerst inside-information over hoe de relatie Montand-Monroe zich had ontwikkeld. Hij vertelde: 'Bij de debuutscène die ze samen moesten spelen, was het al meteen raak. Als eerste opdracht voor de camera een kleine vrijpartij annex filmkus moeten opvoeren: Montand moest ervan blozen tot aan zijn kruin. Daar lag hij dus in de armen van het sekssymbool van die dagen. En wat zag hij tot zijn niet geringe verbazing? Ook Monroe bloosde van oor tot oor.'

Op de set en in het hotel ging daarna alles gewoon zijn gangetje, tot de fatale dag waarop er een langdurige acteursstaking uitbrak. Opeens was het weken achtereen duimendraaien geblazen. De verveling sloeg toe, en die ledigheid maakte op den duur haar reputatie van 'des duivels oorkussen' waar. Voeg daarbij het gegeven dat zowel Miller als Signoret voor hun werk elders in Europa verwacht werden, en opeens was er alle kans dat veel poppen aan het dansen gingen. Monroes echtgenoot had verplichtingen in New York en Dublin, Signoret moest voor het voltooien van een film naar Italië. Wat er vervolgens gebeurde laat zich raden: Yves en Marilyn vertaalden de titel van hun film

Buckingham Palace: tot het hek mocht alles, binnen mocht niks

De prins van het gedroomde boottochtje

De prins, grote vriend van de neushoorns

Het magazine dat twintig jaar na publicatie een leven zou redden

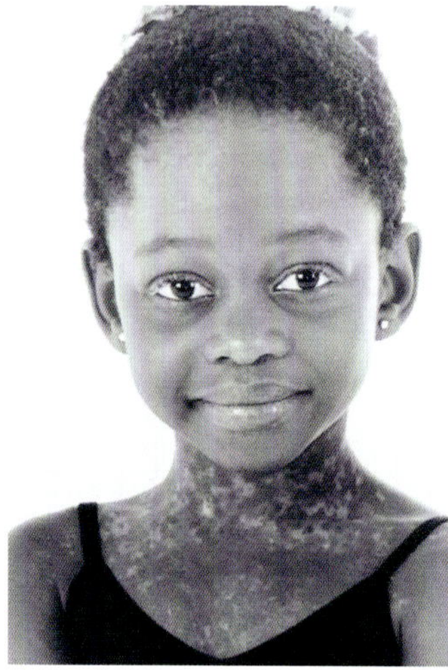

Michaela, toen al keek ze je verwachtingsvol aan

Jan ziet in schoolfuifjes de basis voor erotisch vakmanschap

Sir Peter, een wereldburger met verlopen creditcards

Volgens Hugo moest een vrouw (in dit geval ook zijn Martine) vooral mysterieus zijn

'I saw men being tegen de muur gezet *and shot'*

Die éne onthullende ontboezeming van Pim hebben we dus niet op camera...

Het wonder van een eenling die 'Neurenberg 2' organiseerde

Benjamin: 'zonder Gertrude had ik het nooit gered'

Den Haag eerde hem met een pad...

Ramses: 'Ivo,wat doe jij hier?'

'Weer mensen uit je leven die de dingen lelijk maken'

André en de waardevolle, nieuwe inzichten van wie de aarde vanuit de ruimte heeft gezien

Wubbo zag zijn Joos in het fietsenhok en het was eeuwige liefde

De meest ontroerende woorden in veertig jaar

De meest hartelijke prins en prinses uit de moderne geschiedenis...

...en de meest toegankelijke. Ooit, in coronatijd, nog 'Hallo Delphine' nu 'hoogheid'

Let's Make Love naar de werkelijkheid. Volgens de overlevering nam zij het initiatief door op een dag bij Montand binnen te lopen in een opmerkelijk ver opengeslagen badjas. Of moeten we alle geloof hechten aan het gerucht dat hij onaangekondigd bij de buurvrouw binnenkwam toen die zonder enige lingerie onder de lakens lag? De geleerden zijn het er niet over eens. Feit is dat Monroe verleidde en Montand zich zonder tegenzin liet inpakken. Want wat zei hij later tijdens ons gesprek over Signoret en Monroe? 'Voor mij was er natuurlijk maar één vrouw, Simone, voor alles. Zij is de vrouw die ik echt intens heb liefgehad. Marilyn was anders. Ze was een formidabele *shock*. Zij was uitzonderlijk om het licht dat zij verspreidde. Laat ik heel eerlijk zijn: natuurlijk waren het haar vormen, natuurlijk was ze seksueel uniek, maar het was meer die *twinkle, twinkle* die ze zelf niet kon controleren. Zoals Bardot toen ze jong was ook die mix had van seksualiteit en kinderlijkheid, die authentieke naïviteit.'

Dat Montand en Monroe elkaars gezelschap meer dan prettig vonden bleef niet lang onopgemerkt. De kranten kregen er lucht van. 'Amerikaanse seksbom verleidt kappersleerling uit Frankrijk.' In Rome kreeg Signoret een van de artikelen onder ogen. Het voelde voor haar als verraad van het gemeenste soort. In haar eigen woorden was ze op slag 'verdronken in een stroom van verdriet'. Ze raadpleegde een aantal van haar vrienden. Wat te doen? Kies de tegenaanval! Ze belde naar L.A.: 'Of je bent binnen vierentwintig uur op Orly, of ik hoef je nooit meer te zien.'

In de wetenschap dat er vanwege de staking nog steeds geen draaidagen gepland waren, gehoorzaamde Montand. Hij bereidde zich voor op een paar fikse, publiekelijk uitgedeelde knallen voor zijn kop, want zo was Signoret ook – ze kon er aardig op los meppen. Maar ze hield zich in. Tegenover de pers wilde ze niets ontkennen. 'Natuurlijk heeft hij mij bedrogen, maar wel met het mooiste meisje van de wereld.'

Vanaf dat moment hebben de echtelieden er vervolgens in het openbaar – en volgens wie zegt van de hoed en de rand te weten ook onderling – over gezwegen. Ze beleefden nog prachtige jaren samen.

Niet dat Signoret er geen verdriet van had, maar ze maakte nog maar heel zelden een toespeling op wat ze toch echt Montands lafste daad aller tijden vond.

Monroe was wanhopig. Sla er haar biografieën maar op na: deze abrupte afwijzing was voor haar de druppel in de toch al volle emmer van verdriet, gebrek aan liefde en zelfvertrouwen – en daardoor een niet te onderschatten factor bij haar besluit om een eind aan haar leven te maken.

De totale lichtheid van het bestaan, een hartstilstand en echt geluk

Simone Signoret overleed in 1985 aan kanker. Niet lang daarna ging een van Montands assistentes, Carole Amiel, een prominente rol in zijn leven spelen. Ze kenden elkaar al jaren, maar nu zorgde zij ervoor dat Yves het verdriet om de dood van zijn grote liefde af en toe van zich af kon zetten. Mettertijd kwam er mede dankzij de zevenentwintig jaar jongere Carole meer ruimte voor lichtere dagen. Bijzonder was het wel. Ze was jong en zoals voor talloze Franse meisjes was de inmiddels eenenzestigjarige Montand ook voor haar een idool. Dat kon ook, want hij werd tot op het laatst gezien als een jonge man, in elk geval een leeftijdsloos fenomeen. Carole raakte zwanger. Maar toen de bewust kinderloos gebleven Montand op zijn zevenenzestigste van haar te horen kreeg dat er een kleine op komst was, ontstak hij in blinde woede, want als er iets was waar hij niet op zat te wachten... 'Op deze leeftijd vader worden is een gotspe, totaal ongepast!'

Hoe radicaal anders was zijn reactie direct na de geboorte van zijn zoon. Valentin (inmiddels in de dertig) was nog niet geboren of de overal aanbeden wereldster maakte een draai van 180 graden: 'Het is het mooiste, liefste, meest emotionele dat me ooit is overkomen.' Niet dat alles wat hij had meegemaakt niets meer betekende, maar uitermate betrekkelijk was het opeens wel. Zijn hele dynamische bestaan, Monroe, Moskou, Japan, de films, de theatersuccessen, de Fransen die hem in het Élysée wilden hebben, het was achteraf gezien hooguit een illustratie van de totale lichtheid van het bestaan. Van de ene op de andere dag viel alles wat hij bereikt had in het niet bij de komst van Valentin. Montand ging totaal op in zijn vaderrol. Roem en succes waren opeens volstrekt onbelangrijk geworden en met die instelling beleefde hij in zijn eigen woorden 'de allermooiste jaren'.

Ook Carole had het interview met dat Nederlandse televisieprogramma gezien. Ze had een belangwekkende reactie bij het zien van de beelden: 'Het leek wel alsof hij voorvoelde dat dit misschien zijn laatste kans was om zich voor één keer over veel onderwerpen uit te spreken. Alsof hij wist dat het einde nabij was.'

Nog geen drie maanden na ons bezoek overleed Montand. Tijdens opnames van de film *IP5* kreeg hij een hartstilstand. Daardoor heeft hij maar drie jaar van Valentin kunnen genieten. Maar: 'Na alles wat ik heb mogen meemaken, weet ik dankzij Valentin pas echt wat geluk is.'

Prachtig. Niks meer over zeggen, strik eromheen en bewonderen. Maar dan...

Een DNA-test, *Monsieur 5 minutes* en boosaardige gossip

Montand, de held. Maar waar blijft het 'rode vinkje' ten teken dat de ridder alsnog van zijn sokkel kukelde? Het heeft alles te maken met wat ik op het moment van onze ontmoeting nog niet wist. Want jaren later pas beschuldigde stiefdochter Cathérine Allégret (uit de relatie van Signoret met haar eerste man) Montand van seksueel misbruik toen ze vijf jaar was. Overtuigend bewijs hiervan is nooit geleverd, maar het was wel een eerste donkere wolk aan de tot dan toe strakblauwe hemel van de grote Yves.

In ieder geval scoort Montand strafpunten omdat hij nooit heeft willen toegeven dat hij doorhad dat zijn relatie met Marilyn Monroe voor haar zoveel meer was dan een spannend avontuur. Als ernaar gevraagd werd, verwees hij alle geruchten naar het rijk der fabelen, als een door de boulevardpers opgepompt niemendalletje, deed alle verhalen af als een door elke man waarschijnlijk direct te begrijpen buiten-de-deurtje. Toch wist hij donders goed hoe Marilyn eraan toe was, maar hij heeft nooit willen erkennen dat zijn puur egoïstische motieven haar mede aan de rand van haar mentale afgrond hebben gebracht. Zij had in al haar naïviteit de indruk, en zelfs de overtuiging, dat ze in de weken zonder Signoret en Miller een serieuze relatie waren begonnen. Vandaar dat ze naderhand hemel en aarde bewoog om hem te pakken te krijgen. Brieven, bellen, via via contact zoeken, hem achtervolgen tot in Parijs. Ze kon niet geloven dat wat zij 'hadden' voor Montand niets betekende. Monroe was wanhopig. Zij kon Montand maar niet uit haar hoofd zetten, raakte totaal in de war. Tot het uitgerekend Signoret was die de telefoon pakte en haar op ondubbelzinnige wijze te verstaan gaf dat het gesodemieter uit moest zijn. Marilyn Monroe belandde in een zenuwcrisis, ging aan de drank, raakte in een zware depressie. Een paar weken na Signorets telefoontje werd ze opgenomen in de psychiatrische kliniek Payne Whitney. Op 5 augustus 1962 werd ze dood aangetroffen. Zelfmoord. Zesendertig jaar. Ze had nog net meegemaakt dat *Let's Make Love* een historische Hollywoodflop werd. Het was Montand niet keihard aan te rekenen, maar zijn nonchalante houding speelde in elk geval een niet te onderschatten rol.

En dan kwam nog tijdens zijn leven ene Anne Drossart naar buiten met het verhaal dat haar dochter Aurore het resultaat was van een relatie met Montand, die drie jaar geduurd zou hebben. Montand ontkende niet dat hij een verhouding had gehad met de vrouw die hij ontmoet had tijdens haar werk op de trein, maar wel dat daar een dochter uit voortgekomen zou zijn. En hij weigerde categorisch om een DNA-test te ondergaan. Maar madame Drossart liet het er niet bij zitten. Uiteindelijk bepaalde de rechter dat er definitief uitsluitsel moest komen. Die uitspraak kwam pas nadat Montand al was overleden en hield in dat daartoe zijn lichaam opgegraven diende te worden. Dat moest dan gebeuren op de beroemde begraafplaats Père-Lachaise, waar ook de stoffelijke resten liggen van een klein legioen beroemdheden, zoals zangers Charles Aznavour en Gilbert Bécaud, componist Frédéric Chopin, Tourwinnaar Laurent Fignon en Montands ex Edith Piaf en zijn vrouw Simone Signoret. Maar het is ook de laatste rustplaats van operazangeres Maria Callas, schrijver Oscar Wilde en schilder Karel Appel. Bij de opgraving werd er als altijd, en volgens de officiële lezing ook deze keer, 'uit piëteit' rondom het graf een grote witte tent opgezet. Uitkomst van de DNA-test: géén match. Toch verbazingwekkend, want als je naar Aurore keek, zág je Montand. De gelijkenis met haar vermeende vader kun je niet anders omschrijven dan als 'veel meer dan twee druppels water'. Zoals Boris Becker geen schijn van kans had toen hij zijn buitenechtelijk vaderschap wilde ontkennen, nadat hij het volgens de berichten in de bezemkast of op de trap van een Londens restaurant had aangelegd met een serveerster. De roodharige Emma die uit die snelle actie ter wereld kwam, wás Boris. In het geval van Montand beweren boze, maar ook minder boze tongen dat er met voorbedachten rade een ánder lichaam uit een belendend graf naar boven is gehaald. Argument? Fransen hebben de grootst mogelijke moeite om te accepteren dat er ook maar een klein smetje op het blazoen van een hunner heiligen zit. Want ondanks alles wordt Montand door de gemiddelde Fransman nog steeds geadoreerd.

De Fransen houden Montand dan ook in alle opzichten in ere. Dat hij voor vlijt een aanzienlijk beter rapportcijfer kan overleggen dan voor gedrag, ach... Niet vreemd in een land waar presidenten elkaar de loef proberen af te steken in het er vrolijk op na houden van maîtresses. Mitterrands buitenechtelijke dochter Mazarine stond bij zijn begrafenis gewoon naast diens echtgenote Danielle. Pas decennia later, in 2021, kwam aan het licht dat er in Zweden(!) nóg een kleine François rondloopt. Niet verwonderlijk voor iemand die op zijn bureau in het Élysée een aparte telefoon had voor privécontacten. Mitterrands opvolger Jacques Chirac maakte het zo mogelijk nog bonter. Volgens de overlevering had hij wegens zijn kordate aanpak van de liefdesdaad inderdaad recht op de eretitel '*monsieur 5 minutes*'. In een onbewaakt ogenblik heeft hij daar ooit nog aan toegevoegd: '*douche comprise*'... inclusief dus. En later leefde François Hollande in de veronderstelling dat hij niet herkend zou worden als hij na middernacht op zijn scooter, en met een dikke helm op, koers zette naar zijn liefje, de jonge, talentvolle actrice Julie Gayet. Maar op de eerste de beste avond was hij al de klos. *Monsieur le président de la République* was nog niet afgestapt of hij hoorde uit de verte iemand roepen: 'Het kan toch niet waar zijn! De president!' Die bewoog zich voort met een opvallend soort eendenpas. Daardoor zal hij ook wel beseft hebben dat anoniem door het leven gaan zelfs in het nachtelijk duister hem niet gegeven was. Intussen hebben Gayet en Hollande elkaar wel het jawoord gegeven.

Zoals Fransen het stelselmatig vreemdgaan van hun presidenten met de mantel der liefde bedekken, zo worden ook Montand alle boosaardige *gossip* en waargebeurde wandaden niet echt aangerekend. Tja, tegen zo'n presidentiële achtergrond is de vergevingsgezindheid ten opzichte van Montand wel weer begrijpelijk. 's Lands wijs, 's lands eer.

SHIRLEY MACLAINE

Het vergeefse streven naar perfectie

Shirley MacLaine behoort zonder twijfel tot de categorie 'supervedetten'. Ze had hoofdrollen in bejubelde producties zoals *The Apartment, Irma la Douce* en *Terms of Endearment* (de laatste leverde haar een Oscar op). Ook buiten de studio's was MacLaine opvallend actief. Op latere leeftijd maakte ze een reeks zelfhulpvideo's voor mensen in psychische nood en schreef ze een groot aantal bestsellers met als onderwerp haar persoonlijke ervaringen met spiritualiteit.

Wie veel presteert mag lastig zijn. De vraag is alleen waar de grens ligt. Was die niet al bereikt tijdens mijn eerste ontmoeting met de Grote Shirley in Londen? Daar was, om de optimale wallen-camouflerende belichting te bereiken, zó lang met een van de twee belichtingsparaplu's geschoven dat ik met mijn kalende kruin recht onder – wat zeg ik – midden in de betreffende paraplu zat. Heethoofdig moest ik vervolgens nog een minuut of twintig aankijken tegen een steeds opnieuw in de spiegel kijkende, meewarig het hoofd schuddende filmster, terwijl haar assistente eigenhandig de camerapositie bleef corrigeren.

We waren dus wel op iets voorbereid toen er een paar jaar later een verzoek kwam om La MacLaine voor gesprek en liedje (want zingen kon ze) in de studio te ontvangen. De reden voor haar komst was dat voor haar aanstaande optreden in Carré – voorzichtig uitgedrukt – nog een paar kaarten beschikbaar waren.

Haar komst leidde ditmaal tot een heisa die we nooit eerder hadden meegemaakt. De eerste teleurstelling was dat er niet echt, dus niet live, gezongen zou worden. Om het visueel nog een beetje aantrekkelijk te maken hadden we te elfder ure een paar zogenaamd met de geluidsband meespelende muzikanten weten op te trommelen. Die mochten we direct afbellen, want de wereldster alleen in beeld moest meer dan voldoende zijn. De rest leidde de aandacht alleen maar af. Het blijft buitengewoon onbevredigend, een eenzame zangeres in een volgspot, terwijl een groot, onzichtbaar orkest op tape de sterren van de hemel speelt.

En er was nog een klein vuiltje. Haar producer had een stukje muziek meegenomen met een lengte van 13 minuten en 20 seconden. Wellicht een ietsepietsie aan de lange kant voor een beetje mee-mimen. Na enig heen-en-weergepraat met Shirleys strenge secondant mochten we een 'knip' maken, zodat de medley van musicalnummers tot hanteerbare proporties kon worden teruggebracht. Die secondant was trouwens het enige aanspreekpunt. Met de vedette zelf mocht niet worden gesproken. Zelfs als je zo dicht bij haar stond dat je de Opium (of was het Chanel No. 5?) kon opsnuiven, moest je je via hem tot haar richten. Alsof je neus aan neus met de buurvrouw staat maar je naar de overkant van de straat moet schreeuwen, omdat daar haar man staat en je alleen met hem mag communiceren. 'Wilt u uw vrouw vragen of ze vanavond op de kinderen wil passen?' Zo ongeveer verliep onze 'conversatie'.

Maar het echte gedonder moest nog beginnen. Het was hetzelfde euvel als destijds in Londen: de belichting deugde niet. De hieronder in het kort beschreven scène duurde in werkelijkheid vijfendertig minuten. Ik kan de hoogtepunten van het duel tussen de zangeres aan de ene kant en onze regisseur en belichter aan de andere zijde – door de ster uiteraard op punten gewonnen – letterlijk weergeven. De hele situatie werd al snel dermate bizar dat we besloten een opnameband mee te starten om deze legendarische repetitie voor het nageslacht te kunnen bewaren.

'Die linkerspot iets omhoog graag. *Open it up! That will help!* En nu meer op mij richten. Die lamp daar, daarvoor geldt hetzelfde. *Now open it up. That's it. Can you lower the whole thing?*' (Of het hele lichtplafond naar beneden kon.)

Al sinds jaar en dag wordt er voor een beetje televisie-uitzending een heel programma in de computer geladen, dat het licht aanstuurt en dat ervoor zorgt dat zowel de gast aan tafel als het publiek op de tribune en de optredende artiest – die zich allemaal op verschillende plekken bevinden – mooi worden belicht. De consequentie van MacLaines verzoek om alle belichting een stuk naar beneden te halen, zou zijn dat alle geïnterviewden van die avond én het publiek in het half donker zouden zitten. De kans was groot dat familieleden thuis zouden constateren dat 'Henk en Ingrid er echt eens een paar daagjes tussenuit moeten'. Alleen de zingende MacLaine zou in een sfeervol licht gevangen zijn. We waren zo gek nog niet of het hele zaakje, met zo'n vijftien lampen, werd een halve meter naar beneden gehaald – overigens zonder het gewenste positieve effect. MacLaine nu blazend, zuchtend en opnieuw haar wangen bollend. '*Oh, this is not working, this is not working at all.* Jullie moeten andere lenzen gebruiken! *You need a star filter on all of this.*' (We moesten een andere lens regelen voor elk van de zes camera's, met daarop een filter dat aan elk plaatje een twinkelend ster-effect zou meegeven.)

Dan maar geen liedje, opperde ik uiteindelijk tegen de norse assistent. Die opmerking had effect en leidde in elk geval tot een wapenstilstand. Na nog een paar minuten gehannes kon de zus van Warren Beatty (want dat is ze) uiteindelijk leven met het eindresultaat. De stemming was intussen behoorlijk bedorven, zeg maar gerust grimmig. En dat hebben we geweten ook. Want MacLaine heeft dus behalve als filmster en zangeres vooral ook die reputatie als schrijfster van veelgelezen werk als *Op glad ijs*, *Dansen in het licht* en *In-zien*. Stuk voor stuk even fascinerende als bekritiseerde boeken over haar spirituele ervaringen. Toen ik het tijdens de opname over die belangwekkende uitgaven wilde hebben, reageerde ze onverbiddelijk. 'Daarvoor ben ik hier niet. We praten over muziek.'

Ze kwam louter en alleen om het optreden in Carré aan te prijzen. We hadden ons er maar bij neer te leggen. Aan het slot maakte ze zelf een toespeling op de wanhopige repetitie van die middag. Mijn redelijk cynisch bedoelde 'Komt u in een volgend leven terug naar Nederland, en dan weer naar dit programma?' beantwoordde ze met:

'*Actually, yes.* Omdat ik dan één ding zeker weet: *It will be beautiful lighting.*'

Daarna was het *singing time.* Wij konden de mix van liedjes inmiddels dromen ('On a Clear Day', 'Something's Coming'). Maar of ze het er nu om deed of niet, de superster presteerde het om in het mooie licht een werkelijk ridicule playbackperformance af te leveren. Met de regelmaat van de metronoom zat ze er één, soms twee seconden naast. Het geluid van de stem gaat nog door, terwijl de actrice in beeld haar kaken al lang weer stijf op elkaar heeft – dat werk. Ook tijdens de montage, de dag erna, was er geen redden aan. Dus kozen we zo veel mogelijk wijde totaalshots, waarin het asynchroon bewegen van de mond zo min mogelijk opviel. Maar dan nog: je hebt één van de allergrootsten uit de showbizz op bezoek, dan wil je haar toch ook een heel enkel keertje in close-up in beeld hebben! Het was geen avond om met grote vreugde aan terug te denken. Dat deed de directie van Carré ook niet. De telefoon van de kassa hoefde de dag na de uitzending maar een hoogst enkel keertje van de haak. MacLaines iets te overdreven streven naar perfectie had niet het gewenste resultaat opgeleverd. Jezelf opleggen te leven in een wereld waarin alles perfect moet zijn blijft trouwens behoorlijk gecompliceerd. Zeker als je er niet om gevraagd hebt, zoals het geval is bij Kees Momma.

KEES MOMMA

Van achter de onzichtbare muur

Sinds onze eerste ontmoeting hoort ook Kees Momma tot mijn grote favorieten. De redactie 'ontdekte' hem al in 1995 doordat hij een boek had geschreven over zijn autisme – als eerste in de geschiedenis, volgens de flaptekst. Nu weet je nooit helemaal zeker of zo'n bewering klopt. Misschien dat de zoon van een schoenlapper in Mumbai of de dochter van een banketbakker in Sint-Petersburg al een vergelijkbare prestatie heeft geleverd, maar toch. Ook de eerste in Nederland zijn was belangwekkend genoeg. Want iemand als Kees leeft in een heel eigen wereld. Communicatie met de buitenwereld verloopt vaak uitermate moeizaam. Zijn boek was dus een unieke uitgave, even bijzonder als de schrijver zelf.

Zo'n zelfgeschreven verslag krijgt alleen nog maar meer waarde door de uitspraak van de beroemde Engels-Amerikaanse neuroloog Oliver Sacks. Na decennia van intensieve studie omschreef hij zijn onderzoek naar wat zich in de hersenen van 'de gemiddelde mens' afspeelt bijna wanhopig als '*entering the brain is like entering another planet*'. En bij autistische kinderen weet je doorgaans helemaal niet wat er in hun hoofd omgaat. Toen ik de documentaireserie over Overkempe maakte, de woon-, werk- en leefgemeenschap waar honderdtwintig jongeren en volwassenen met een beperking alles uit het leven halen wat er voor hen in zit, overrompelde 'Coby' mij met de volgende uitleg: 'Dat ik autisme heb, daar word ik ongelukkig van. Maar ik heb training gehad, dus ik weet wat het is. Autisten denken in blokjes en als de blokjes niet goed zitten, kunnen ze heel boos worden. Maar als de blokjes goed zitten, zit je lekker in je vel.'

Zo is het blijkbaar. Heel waardevol dus dat iemand als Kees inzicht kan geven in zijn bijzondere wereld. Nu is hij niet wat je noemt een doorsnee voorbeeld van iemand met een verstandelijke beperking. Reken hem gerust tot de categorie die binnen het autistisch spectrum het *savantsyndroom* genoemd wordt. In de film *Rain Man* speelt Dustin Hoffman als Raymond Babbit het prototype van zo iemand met op één bepaald terrein onbegrijpelijke, onbegrensde kwaliteiten. Zijn broer Charlie is verbijsterd door alles wat Raymond doet en weet. Neem die beroemde scène waarin zo op het oog de complete inhoud van een doosje tandenstokers op de grond valt. Ongevraagd zegt Raymond: '246.' Dat was volgens hem het aantal *toothpicks* dat nu op de grond lag. Charlie vraagt bardame Sally: 'Hoeveel zitten er in zo'n doosje?'

'250.'

'Raymond, bijna goed, je zat er dichtbij. Kom, ga mee.'

'Maar er zitten er nog vier in het doosje.'

Dit lijkt een voor de film verzonnen dialoog, maar de werkelijkheid is hier niet ver weg. Vraag de Raymond uit de film 312 te vermenigvuldigen met 123 en hij komt zonder aarzelen met het juiste antwoord: '38.376.'

Ook dat is geen overdreven voorbeeld van de rekenkundige kwaliteiten van een savant.

In de loop der jaren hebben we meer savanten in ons programma te gast gehad, zoals de Engelse jongen Stephen Wiltshire. We vroegen hem om naar Nederland te komen om het Paleis op de Dam na te tekenen. We wisten dat het gebouw een minuut of wat bekijken voor hem ruim voldoende zou zijn. Maar dat hij het zo snel kon... Zijn vorm van autisme stelt hem niet alleen in staat om razendsnel onwaarschijnlijk ingewikkelde berekeningen te maken, maar ook extreem complexe tekeningen. Stephen had inderdaad maar een minuutje nodig om het koninklijk paleis akelig precies te kunnen natekenen. Sterker nog, dankzij zijn extreem fotografische geheugen kan hij veel meer dan een gebouw reproduceren. Zo bleek een korte helikoptervlucht boven Londen voor hem voldoende om het hart van de *City* weer te geven in een tekening van enorme afmetingen. Wat hij op papier zette was exact, maar dan ook exact conform de werkelijkheid. Vanwege zijn gave werd hij door Queen Elizabeth onderscheiden en benoemd tot *Member of the British Empire*.

Alles in het teken van perfectie, stuuracrobatiek en een Duitse weggebruiker

'Geboren met een afwijking' is de officiële omschrijving als ter zake kundige artsen of wetenschappers ontdekken dat hun 'patiënt' duidelijke trekken heeft van een autist. Patiënt? Hoezo? Als je ziet waartoe iemand als de hyperintelligente Kees Momma in staat is... Kalligraferen als de beste. Het tot in de perfectie beheersen van de Japanse taal. Huizen en kastelen tot in het kleinste detail natekenen na niet meer dan een paar oogopslagen, waarmee hij het object in zich opneemt. Maquettes maken – tot op de millimeter nauwkeurig. Zijn elektrische trein tot op de seconde een traject laten afleggen met tussenstops bij de verschillende door hem geplaatste stations. 'Afwijking' betekent in feite niet meer dan 'afwijkend van de norm'. Maar welke norm dan wel precies? En hoe kun je ooit spreken van een beperking als degene die het betreft naar een televisiestudio komt met een kartonnen bouwwerk dat hij net heeft voltooid – een vroegchristelijk Byzantijns paleis, een heel complex van kartonnen gebouwen, exact gemaakt naar hoe het er in een ver verleden uitgezien zou hebben? Een bouwwerk met een koepeltje, waaronder een mozaïek zichtbaar wordt van Christus Pantocrator, de bekende schildering waarin de god van de christenen wordt weergegeven met in zijn linkerhand het evangelie, terwijl zijn rechter een zegenend gebaar maakt. En al dat moois 'in een achthoekige hofkapel met wanden beschilderd volgens de geldende cultuur uit de zevende eeuw'.

De laatste zin staat tussen aanhalingstekens, omdat het de letterlijke uitleg is waarmee Kees ons als een volleerd zaalwachter door zijn kunstwerk loodste: 'Ik heb hier geen mannetjes bij, maar ik weet wel wat voor soort mensen er hebben gewoond. Er heeft natuurlijk een koning geregeerd in dit paleis, maar er woonden ook hovelingen en lakeien. En ook nonnen zelfs en monniken.'

Wat een verschil met het videofragment van Kees dat viraal ging, waarin hij een Duitse weggebruiker uitscheldt. '*Schweinhund!* Rotmof.' Wie het nodig vond om die scène uit zijn verband te uploaden, had zich ten minste verplicht moeten voelen om uit te leggen wie Kees is, wat hem zo bijzonder maakt en dat hij door iets heel kleins totaal uit zijn evenwicht gebracht kan worden. Of hij had, minder spectaculair, kunnen volstaan met Kees' eigen tekst: 'Wat kunnen mensen toch soms je het leven zuur maken met agressief rijgedrag. Stuuracrobatiek, motorzagen, waaraan heb ik dit verdiend?'

Maar ja, de keuze om het fragment in zijn context te laten in plaats van het botweg via internet te willen delen met een maximaal aantal verlekkerde gebruikers, vereist blijkbaar de aanwezigheid van meer dan één hersencel. Kees' uitleg over zichzelf, bij zijn eerste bezoek aan de *TVshow*, over wat hij wel en niet kan, over waar hij zijn geluk vindt en waar zijn problemen liggen, had niet beter gekund: 'Nou zal ik mijn handicap zodanig uitleggen dat je alle vermogen om met andere mensen te kunnen communiceren, dat dat vermogen te allen tijde ontbreekt. Zelf leef je in een gesloten, eigen wereld, waardoor de communicatie met de buitenwereld wordt uitgesloten.'

'Maar je communiceert nu met mij fantastisch.'

'Ik communiceer met jou fantastisch, zeker, maar ik heb ook diverse ontwikkelingen in mijn leven moeten doormaken, diverse fases om een deel van het autisme te overwinnen.'

Een paar jaar later verscheen er een tweede boek met de titel *Achter de onzichtbare muur*, opnieuw geschreven in een buitengewoon heldere stijl. Daarin ging Kees' zelfanalyse nog een paar flinke stappen verder. Bij zijn tweede bezoek legde hij uit dat hij op de voorpagina een persoon had getekend 'in een idyllische tuin met een paar mensen, met wie hij probeert te praten. Maar hij wordt gehinderd door een muur die moeilijk zichtbaar is, maar wel aanwezig. En achter de muur staan mensen met wie hij contact wil zoeken, maar het contact verloopt stroef vanwege de afrastering'.

'Het zijn niet je ouders?'

'Het zijn niet mijn ouders, het is verschillend. Met mijn moeder is die muur er niet, maar met mijn vader is die muur er af en toe wel.'

'Wanneer?'

'O, dat zijn gezette tijden, waarop hij stenen erbij gekregen heeft en dat het dan moeite kost om die stenen weer los te trekken. Maar dat gaat niet altijd van harte. Soms is de muur er wel en soms is er helemaal geen muur tussen mij en mijn vader.'

'Zo zie jij dus jouw wereld?'

'Een niet al te dikke muur, maar toch wel een waarvan goed te merken is dat hij aanwezig is.'

'Maar je kijkt me nu aan, dat deed je vroeger ook niet, want je was bang dat mijn gezicht dan te lang in je geheugen te zien zou zijn?'

'Dat het gezicht dan te nadrukkelijk in mijn hoofd zou blijven, waardoor er gevoelens van verlegenheid en ook een beetje van verwarring zouden ontstaan. In de tussentijd heb ik al zo veel menselijke contacten gehad en mezelf ook aangeleerd dat als je met iemand praat, dat je dan af en toe ook mag aankijken.'

'En dat lukt je nu ook?'

'Ja, dat lukt me nu ook.'

'Maar alles staat blijvend in het teken van de perfectie?'

'Het blijft de perfectie. Dat is natuurlijk het probleem van mijn handicap en dat is ook mijn grootste kwetsbaarheid, het leven in mijn eigen geperfectioneerde wereld. Maar ons leven is natuurlijk helemaal niet perfect. Nee, het is niet perfect, want je aanvaardt en je moet alles aanvaarden wat ook minder is en wat ook soms niet zo goed in elkaar zit en wat niet wordt wat je eigenlijk graag wilt.'

Maar regelmatig kan hij ook intens blij worden van een perfecte prestatie. Zo kijkt Kees zelf zijn Japanse huiswerk na en geniet zichtbaar als hij zichzelf een tien kan geven, omdat hij geen foutje kan ontdekken.

Ironie en ijsberen als excuus voor een behoorlijke tik

Kees Momma werd geboren als de jongste van drie zoons. Al snel werd duidelijk dat hij anders was dan anderen en dat hij op een bepaalde manier in zichzelf opgesloten zat. Maar hij toonde ook meteen zijn gaven, want Kees kon tekenen als geen ander. Je zou kunnen zeggen dat mensen met het savantsyndroom in hun hersenen een eilandje hebben van superbegaafdheid. Alles wat hij – al is het maar even – in zich opneemt, kan hij minutieus natekenen. Geen streepje te veel, geen raampje te weinig. Aan zijn televisieoptredens hield hij menige opdracht over van mensen die hem vroegen hun huis te tekenen. Zo vroegen mijn vrouw en ik hem ook om ons huis in Bussum te vereeuwigen.

Wie een dergelijk verzoek bij Kees neerlegt, krijgt hem eerst op bezoek. Hij kijkt even rond, maakt een paar foto's en laat weten dat 'het wel een paar weken werk is'. Maar de dag kwam waarop hij telefonisch liet weten dat het werk gedaan was en dat hij het resultaat persoonlijk wilde komen aanbieden. Met een trotse gezichtsuitdrukking stond hij voor de deur – met één vinger in het verband. Ik vroeg Kees wat er gebeurd was. Hij bleek met die vinger tussen de deur gekomen te zijn. Mensen met autisme zijn meestal onbekend met zoiets als ironie en het is ze om die reden niet gegeven een opmerking met iets van een dubbele bodem te doorzien. Zo kan Kees bijvoorbeeld niet liegen. Ook humor is voor de meesten een moeilijk te betreden terrein, waardoor een grappige opmerking eenvoudigweg verkeerd begrepen kan worden. Mijn met een lachje uitgesproken reactie op zijn verwonding was dan ook een misser van de eerste orde: 'Niet echt handig, Kees!'

Ik had beter moeten weten. Maar ja, ik beschouwde Kees als iemand die mij inmiddels zeer vertrouwd was. We hadden elkaar tijdens onze eerdere ontmoetingen goed aangevoeld. Hoe Kees over onze samenwerking dacht, kunt u een aantal regels verder uitgebreid nalezen. Vandaar dat ik totaal verrast was toen hij op mijn grappig bedoelde opmerking reageerde als door de bekende adder gebeten. Met vlakke hand gaf hij mij een behoorlijke tik in mijn gezicht. Mijn kinderen, nog jong, renden van schrik en afgrijzen de trap op.

Niet echt handig. Ik had kunnen weten dat die paar woorden bij hem totaal verkeerd zouden overkomen. Binnen een paar tellen had Kees spijt, wist hij zich geen raad meer met zichzelf. Waarom had hij dat gedaan? Hij ging door de voordeur naar buiten, de straat op. Daar heeft hij zeker een half uur voor het huis lopen ijsberen, ontroostbaar, zich in wanhoop afvragend waarom hij de controle over zichzelf zo was kwijtgeraakt. En dat terwijl ík mijn excuses had moeten aanbieden vanwege mijn gebrek aan begrip.

Dat neemt niet weg dat de tekening ronduit meesterlijk was. Elk blaadje van de bomen in de voortuin stond erop. Ingelijst en wel staat die op een ereplek in de keuken als herinnering aan de mooie jaren die we daar gewoond hebben. Maar op het incident zijn we tijdens onze volgende ontmoetingen nooit meer teruggekomen. Dat was ook niet nodig, de oorzaak – mijn fout – was helder. Van zijn kant gold het ijsberen als het krachtigste excuus dat ik kon krijgen.

Een heel klein stukje voorhoofd en de heilige trein van 13.41 uur

Kees leeft noodgedwongen in een wereld van perfectie. Iedere imperfectie – een beetje te veel lawaai of het ratelen van een theekopje, het iets te hard dichtslaan van de deur – kan Kees totaal uit zijn evenwicht brengen. De dagen verlopen voor hem zelden zonder ergernis of tegenslag. Op zijn dagelijkse wandeling is hij nooit ontspannen. Iedere seconde is hij beducht voor onverwachte geluiden; je kunt je nauwelijks indenken wat bijvoorbeeld het geluid van een voorbijrijdende brommer met hem doet. Zelden was dat duidelijker dan toen hij op de film stond te genieten van een mooi gebouw en hij in één klap volkomen verstoord was door een langs scheurende jongen op een motor.

'Klootzak, klootzakken op die motorfiets, klootzakken, wat een teringherrie.'

Overal loert wel een plaaggeest. Een toeterende auto of schreeuwende kinderen. 'Dan raak ik buiten mezelf, ben ik door het dolle heen. Probeer me in te houden, maar dat is niet makkelijk. Ik wil het liefst naar huis. In mijn kamer roep ik er alles uit om het te verwerken, maar ik heb wel eens een dag nodig voordat ik er weer helemaal overheen ben.'

'Het is toch bijzonder dat je het zo allemaal kunt vertellen, maar het proces niet kan beheersen.'

'Ik ervaar het extra heftig, omdat ik *overruled* word door imperfectie en dan wordt mijn wereld van perfectie verstoord. Hier in huis is alles redelijk perfect. Niets op aan te merken.'

'Kan je nou aangeven wat je bijvoorbeeld tijdens dit gesprek nog zou kunnen irriteren? We hebben bewust geen kopjes neergezet, zodat dat in elk geval geen probleem kan opleveren. Maar wat zou je nog meer uit je evenwicht kunnen brengen?'

'Als iemand zijn neus ophaalt. Dat zou voor mij even een verstoring kunnen zijn.'

'Je kan het allemaal zo goed uitleggen. Eigenlijk praat je over jezelf als over iemand anders met een probleem.'

'Ja, maar dat heb ik zo langzamerhand ontwikkeld.'

'Je ouders hebben heel erg geholpen bij je ontwikkeling. Je zou zelf ook wel kunnen vaststellen dat wat je bereikt hebt eigenlijk fascinerend is. Hoe dankbaar ben je ze?'

'Ik ben ze ontzettend dankbaar, want ik heb wel eens gehoord en gelezen dat er autistische mensen zijn die het veel slechter getroffen hebben. Mijn vader heeft natuurlijk zo'n goede verbale kennis en zo'n goede manier van zich inzetten voor iemand anders. Mijn moeder geeft steun en warmte die zijn gelijke niet kent. Het is ongelofelijk. En natuurlijk mijn broers. Dankzij mijn broers heb ik de enige ervaring hoe het is om met andere kinderen om te gaan.'

Aan de hand van een tekening liet Kees zien dat hij geen vrienden had. Ik vroeg hem waarom niet.

'Uit verlegenheid.'

'Je zal dus ook zelf altijd een beetje achter die muur blijven.'

Naar zichzelf kijken maakt hem ook extreem verlegen. Hij keek nooit naar onze uitzendingen en ook niet naar de documentaires. En als hij zijn haar kamt staat hij zó voor de spiegel dat hij alleen het bovenste gedeelte van zijn hoofd kan zien.

'Ik zie alleen mijn haar. En voor de rest een heel klein stukje voorhoofd. Maar ik zie niet mijn ogen. En mijn wenkbrauwen ook niet.'

Toch kwam hij graag naar de *TVshow*. Veelzeggend is de tekst op zijn Facebookpagina van oktober 2014:

Graag zou ik de lezers van Facebook willen aankondigen dat er volgende week naar alle waarschijnlijkheid een interview met Ivo Niehe zal gaan plaatsvinden. Op welke dag precies, is nog niet bekend. Mijn ouders zijn in overleg. Indien de opname doorgaat, zal het het vierde interview worden dat Ivo mij zal afnemen. In november 1995, maart 1999, en september 2005 waren er al eerder televisie-uitzendingen, waarin ik in gesprek was met Ivo. Toen de opname in 2005 afgelopen was, herinner ik me dat Ivo tegen me zei: 'Tot over tien jaar, Kees!' Ik vind het een zeer bijzondere ervaring door Ivo Niehe geïnterviewd te worden. Hij is een buitengewoon aardige, hartelijke en meelevende man die weet hoe je een gast moet ontvangen en hoe je een behoorlijk vraaggesprek moet voeren. Tevens slaagt hij erin de sfeer ontspannen te houden met her en der een kwinkslag. Hoewel ik best moeite heb om grapjes te begrijpen, de humoristische opmerkingen van Ivo kunnen er nog wel mee door. Ivo is dankzij de uitzendingen een zeer vertrouwde persoonlijkheid geworden. Hij en ik hebben een goede band gevormd en hij begrijpt wat voor gevoelens er in mij omgaan. Kort na een van de uitzendingen, die bij mij thuis werd opgenomen, was hij mij zelfs zo dankbaar dat hij een grote wens had. Ivo wilde zijn woonhuis van mijn hand getekend hebben. Ik beloofde Ivo dat te doen en binnen een half jaar kon ik hem en zijn vrouw ermee verblijden.
Het werk was een groot succes geworden. Ikzelf beleefde veel plezier aan de totstandkoming van de tekening, want ik vond het ontzettend leuk dat type huis op papier te zetten.

Het verslag dat hij later mailde was al even bijzonder:

Zoals je weet, is gisteren Ivo Niehe met zijn filmploeg bij ons langsgekomen voor de opname van het interview. Ook mijn broer Jasper was er. Hoewel ik de dagen vóór gisteren erg tegen het interview op zag, viel een last van me af toen ik bijzonder hartelijk door Ivo in de huiskamer werd verwelkomd. Ik voelde me op slag ontspannen worden. Wat was het leuk om weer op deze wijze in contact te komen met de 'koning der televisiepresentatoren'. Al gauw kon het interview beginnen. De opname mag gerust zeer geslaagd worden genoemd. Ik heb met Ivo uiterst plezierig kunnen praten. Tijdens de opname stelde hij directe, inhoudelijke vragen waarop ik mijn beste antwoord heb gegeven. De sessie kende een blijde afloop. Intussen is er tussen Ivo en mij een soort vriendschapsband ontstaan. We kennen elkaar bijna twintig jaar. In al zijn tv-shows heb ik mijn beste beentje voorgezet om het voor de kijker zo interessant mogelijk te maken. Wat voor gevoelens gaan er in een autist om en wat voor impact hebben de veranderingen, die zich in de loop der jaren hebben voorgedaan. Ik herinner me dat mijn uitleg in de vorige uitzendingen veel interesse en waardering heeft opgeleverd. Daar is Ivo mij dan ook heel dankbaar voor. Toen de opnames voorbij waren, heb ik met Ivo en de mensen van de filmploeg gezellig kunnen napraten. Nog nooit was het contact met Ivo zo goed als gisteren.

Ik heb waarachtig wel geaarzeld of het zinvol was beide berichten zo letterlijk in dit boek op te nemen. Maar de inhoud is zo ontroerend. De in gesprekken bijna academisch formulerende Kees laat zich van zijn hartelijkste kant zien. Een fikse draai om mijn oren heeft onze vriendschap niet in de weg gestaan.

Een aardige vrouw, euthanasie en zonde om alles op te geven.
Kees Momma. Op zijn zeventiende haalde hij zijn mavodiploma, een hoogtepunt in zijn leven. Hij kreeg jarenlang privélessen Latijn, volgde cursussen kunstgeschiedenis, tekenen en kalligraferen, bekwaamde zich op eigen houtje in de Japanse taal en – heel belangrijk voor Kees – hij haalde zijn gouden zweefvliegbrevet. Hij vond het heerlijk om te vliegen, in z'n eentje in de stilte en in totale harmonie. Maar toen het te druk werd op het vliegveld, stopte hij van de ene op de andere dag met vliegen. Zijn interesse voor treinen is hij nooit verloren.

'Mijn trein is absoluut favoriet, heilig, heilig, heilig. Al vanaf dat ik kon lopen en met de trein mocht, heeft dat zeer grote indruk gemaakt.'

'En dat zijn ook de heerlijkste momenten?'

'Ja, dat zijn de heerlijkste momenten. Als-ie tenminste goed rijdt.'

En met 'goed rijden' bedoelde Kees dat alles zich exact conform de dienstregeling voltrekt. De trein naar Brussel staat 60 seconden stil, niet 55, maar 60, en rijdt om 13.41 uur door naar Luik. Ook van een échte treinreis kon hij genieten.

'Dat verbaast me dan weer. Tijdens een zweefvlucht genoot je van de stilte, maar een trein maakt een enorme herrie. Dat stoort je dan weer niet?'

'Nee, dat is een heel rustig, gelijkmatig geluid. Er zitten geen hoge, schelle geluiden in en er komen geen plotselinge geluiden in. Als geluiden gelijkmatig zijn dan zijn ze niet storend.'

Met de jaren wist hij steeds beter om te gaan met zijn autisme en zijn angsten te overwinnen. Met dank aan de niet-aflatende begeleiding van zijn ouders en zijn broers en door de grote inspanning van de kinderpsychiater.

Kees' leven staat in het teken van ups en downs. 'Er zijn natuurlijk dagen dat ik depressies voel en dat alles tegenzit'.

'Wat mis je het meest?'

'Samen zijn met een heel aardig iemand, een aardige vrouw, met wie ik samen heerlijk in harmonie kan leven en samen liefhebben, dat zou ik graag willen.'

'Misschien zelfs wel kinderen?'

'Nou, dat zou mij te druk zijn. Aangezien ik ook van mooie spullen houd, ben ik bang dat er toch wat dierbaars kapotgaat.'

En toen kwamen we toe aan het meest precaire onderwerp: de grote mate van afhankelijkheid van zijn ouders, die zijn leven lang alles voor Kees oplosten. Maar hoe moet dat straks? Ten tijde van onze laatste ontmoeting woonde hij nog thuis. 'Maar dat zal misschien niet eeuwig kunnen. Is dat iets waar je over nadenkt?'

'Dat is wel iets waar ik over nadenk en waar ik tegen opzie. Want ik zou graag van de ene kant alleen willen wonen, eigen huis, eigen omgeving en rust, maar anderzijds als ik echt alleen ben, bestaat ook het gevaar dat ik vereenzaam. Nu heb ik mijn ouders nog waar ik op kan terugvallen. En als er iets is wat ik niet verwerken kan, dan kan ik er met ze over praten. Maar als dat straks niet meer kan, dan zou ik hen missen en dan hoop ik dat er andere mensen zijn met wie ik contact kan zoeken.'

Het onderwerp euthanasie is in huize Momma geen taboe, al komt het in vader Momma's vocabulaire niet voor. Moeder Henriëtte heeft er een uitgesproken mening over: 'Als hij uit het leven stapt omdat dat de beste optie is, nadat hij zoveel moois heeft gehad, ja, dan zou ik daar ook wel vrede mee hebben. Mocht die situatie ooit echt ontstaan, dan hoop ik wel dat het op een goede manier kan gebeuren en dat hij hulp kan krijgen. Voor wie moet je dan nog in leven blijven, terwijl je grootste wens is: laat me maar lekker inslapen?'

Kees zelf houdt hoop: 'Als er genoeg mensen zijn in de buurt die me willen helpen, met wie ik goed contact kan hebben en die mij geruststelling kunnen geven, en als het proces van verdere zelfstandigheid nog verder verbetert, waardoor ik ook meer plezier in het leven krijg, ja, dan komt euthanasie niet aan bod. Het is natuurlijk een afschuwelijke gedachte als ik gedwongen word die stap te nemen. Modeltreinen, het dragen van mooie spijkerkleren, er zijn nog voldoende dingen die me troost bieden. Het zou zonde zijn om alles op te geven.'

PRINS PHILIP

Een televisie-interview is geen fotosessie

Zonder de bemiddeling van prins Bernhard was het onmogelijk geweest: een gesprek met prins Philip op Buckingham Palace. Natuurlijk, het moest gaan over het WNF en een enkele andere vraag was ook 'gepermitteerd', mits conform een vooraf ingediend lijstje. Maar alleen al langs de *guards* naar binnen mogen zou een onvergetelijke ervaring zijn, en dat was het ook. Vanaf onze binnenkomst werden zowel de twee man sterke cameraploeg als ikzelf permanent begeleid door een tweetal bewakers. Naderhand begreep ik dat dat was omdat er absoluut geen enkele opname gemaakt mocht worden buiten de kamer waar het interview zou plaatsvinden. Maar het betekende wel dat toen ik toestemming vroeg om even naar het toilet te gaan, een van de twee beveiligers plichtsgetrouw meeging en zelfs zo dichtbij bleef staan dat ik vroeg: '*Do you like what you see?*'

Er kwam geen reactie. Pijnlijker was de finale van ons paleisbezoek. Na afloop van het gesprek vroeg ik: '*Your Royal Highness*, mag ik een foto maken voor mijn privéalbum, want mijn kinderen geloven nooit dat ik hier geweest ben!'

De kids waren toen nog in de basisschoolleeftijd en vonden het maar wat spannend dat pa naar dat grote Londense paleis ging, en een foto in het familiealbum zou voor eeuwig het bewijs leveren dat het geen sprookje was. De echtgenoot van koningin Elizabeth kwam op mijn vraag met een totaal onverwacht antwoord: '*No.*'

Ik durfde nog wel te vragen: 'Waarom niet?'

'Ik dacht dat dit een televisie-interview was en geen fotosessie.'

En de prins verliet de kamer. 'Verbouwereerd' is het woord dat voor mijn gemoedstoestand was uitgevonden.

PRINS BERNHARD

Een gedroomde boottocht in Porto Ercole

Je kon je geweldig op je gemak voelen bij de prins wiens naam altijd verbonden zal blijven met Lockheed en buitenechtelijke activiteiten: prins Bernhard. Het meest poëtische beeld dat ik op een vroege ochtend heb mogen registreren op paleis Soestdijk was het gedekte ontbijt voor 'pappie en mammie': twee bordjes, mes en vork en naast het bestek aan beide kanten een zo te zien hardgekookt eitje, en bij de prins de zilveren mok voor zijn ochtendbiertje.

Wat televisieopnames betreft was de prins voor veel te porren. Een wandeling door een dierenpark met André van Duin? 'Doen we.' Een gesprek vanuit twee gele leren stoelen te midden van een aantal neushoorns? Hij kon niet wachten. Het Italiaanse buitenverblijf L'Elefante Felice in Porto Ercole als locatie voor een interview? 'Kom maar langs.' Dat we naar dat laatste hadden uitgezien zal geen verbazing wekken, en het werd helemaal feest toen de prins direct na onze aankomst zei: 'We moeten wel opschieten, want we gaan zo varen.' De tweemans cameraploeg en ik in opperste staat van verrukking. Ook tijdens het gesprek drukte hij ons op het hart haast te maken vanwege het aanstaande boottochtje. Nadat de vragen gesteld en de antwoorden gegeven waren, pakten we zo snel mogelijk onze spullen in. Toen pas werd duidelijk dat wij in het geheel geen deel uitmaakten van eerder genoemde 'we'-groep. We werden bedankt voor het tempo waarin de zaak was afgewerkt en konden nog net met de prins op de foto, voor hij met zijn gezelschap uit beeld verdween, op weg naar een heerlijke zeiltocht op de Tyrreense zee. Ons wachtte een retourtje vliegveld, per taxi.

Als groot balletliefhebber zal zijn oudste dochter Beatrix haar vader vaak genoeg hebben meegenomen naar een voorstelling van het Nationale Ballet. Wie weet beleefden ze ook een avond in volle bewondering voor die ene ballerina met haar onwaarschijnlijke levensverhaal.

MICHAELA DEPRINCE

Klaproos in een veld narcissen

Je ziet als peuter hoe je vader op straat wordt vermoord door rebellen die in jouw land, Sierra Leone, in oorlog zijn. Met je moeder trek je in bij je oom, een weerzinwekkende figuur met als voornaamste hobby jou vernederen. Een van zijn stellige overtuigingen is dat meisjes geen onderwijs horen te krijgen. Om van je af te zijn, wil hij je zo snel mogelijk uithuwelijken, maar je huidafwijking komt je voor één keer goed uit. Hoogstwaarschijnlijk zal er geen man te vinden zijn die wil leven met een echtgenote met vitiligo, een aandoening waarbij er door pigmentverlies witte vlekken op je huid ontstaan. Je wordt er eindeloos mee gepest, het wordt gezien als een straf van God of als een gevolg van crimineel gedrag in een vorig leven. Het is blijkbaar erfelijk, want een van de weinige herinneringen die je aan je vader hebt, is dat hij ook van die plekken in zijn gezicht had. Als je drie jaar bent verlies je ook je moeder. Zij was letterlijk doodziek van het intense verdriet en verzwakt door gebrek aan alles.

Je oom ziet voor jou nog maar één oplossing: een weeshuis. Hij vindt er een waar de weeskinderen nummers hebben. Nummers met een betekenis, want wie nummer 1 krijgt toebedeeld is de favoriet, de lieveling van de leiding. Nummer 27 is de laagste in de rangorde. En uitgerekend jij wordt nummer 27. Vanwege je vitiligo word je ook hier gezien als 'duivelskind'. Wat al deze gebeurtenissen met je doen, zou je later in één zin samenvatten: 'Ik heb niks om voor te leven.'

Goddank is er één iemand bij wie je je goed voelt: je lerares Engels, Sara, die erin slaagt om bij jou iets van hoop levend te houden op een enigszins menswaardig bestaan. Bovendien is ze in verwachting van haar eerste kind. Zij is voor jou het bewijs dat er ook zoiets kan bestaan als een gelukkig leven. Tot de dag waarop doorgesnoven rebellen voor jouw ogen Sara's buik opensnijden. Haar zwangerschap maakt de stoere mannen nieuwsgierig: wordt het een jongen of een meisje? Een groot mes is de snelste weg naar een antwoord. Ze snijden Sara's buik open. Merkbaar teleurgesteld dat het geen jongetje zou zijn geworden, hakken ze ook nog Sara's armen en benen eraf. Een jongen die alles heeft staan bekijken, steekt snel jou nog even een mes in je maag, duidelijk een actie om indruk te maken op de mannen en om te laten zien dat hij erbij hoort. Menigeen die dit zou hebben doorgemaakt, zou meer dan voldoende reden zien om uit het leven te willen stappen.

Twintig jaar later kopen Amerikanen de filmrechten van jouw levensverhaal. Niet alleen vanwege de gruwelijke gebeurtenissen in je jeugd, maar vooral om wat er in de jaren daarna gebeurd is. De naam van de vrouwelijke regisseur valt. Een wereldberoemdheid die met die film haar debuut achter de camera zal maken: Madonna. Als zangeres en zelfbenoemd fenomeen op haar retour, maar nog altijd een van de grootsten uit de popmuziek. Dankzij haar haalt de speelfilm de wereldpers, nog voor er één shot gedraaid is. En jij? Jij staat inmiddels van Amerika tot Europa op de podia van grote zalen en wordt in de meest prestigieuze theaters toegejuicht...

Dit zijn de uitersten uit het ongelofelijke levensverhaal van Mabinty Bangura. De moord op haar vader en op de baby van de lerares die haar steun en toeverlaat was, het dramatische verlies van haar moeder, de eindeloze pesterijen vanwege haar uiterlijk, het laagste nummer in het weeshuis. En dan Madonna die een speelfilm wil gaan maken over wat ze heeft meegemaakt. Een film met een totaal voor onmogelijk gehouden *happy end* over de vrouw die de wereld verovert als Michaela DePrince.

In het weeshuis, waar Mabinty dus nummer 27 kreeg toebedeeld, kon ze het in elk geval goed vinden met zo ongeveer de enige die haar niet vanwege haar uiterlijk discrimineerde: nummer 26. Toevalligerwijs – of is dat dan toch voorbeschikt? – ook een Mabinty. Zij doet er alles aan om '27' zo veel mogelijk op te beuren, maakt haar aan het lachen met troostrijke sprookjes. Ze fantaseert erover dat ze twee prinsessen zijn, die mooi zijn en gelukkig. Maar beiden weten wel beter: voor hen is het weeshuis in werkelijkheid de hel.

En dan gebeurt er iets waardoor '27' op een verwarrende manier alsnog gaat geloven in een andere toekomst. Tijdens een Saharastorm is er een of ander tijdschrift de poort van het weeshuis binnengewaaid. Ze raapt het op en ziet op de cover een foto van een vrouw in een roze pakje, die op de punten van haar schoenen staat. Haar adem stokt bij het zien van de uitstraling van de volwassen vrouw: ze is sterk en je voelt dat ze gelukkig is. Gebiologeerd blijft ze ernaar kijken. Alsof dit de vrouw is die ooit de poort van het weeshuis voor haar zal kunnen openzetten, zo koestert Mabinty de afbeelding. Zo wil zij ook zijn, zoals die vrouw! Ze scheurt de voorpagina los, verstopt die in haar onderbroek en is van plan 'm tot in eeuwigheid te bewaren. Als ze Sara in vertrouwen neemt, legt die uit wat er op de cover te zien is. Niet, zoals Mabinty denkt, een soort fee, maar een naar alle waarschijnlijkheid beroemde danseres. Een ballerina noemen ze zo iemand. Mabinty droomt ervan zelf ooit de kans te krijgen ballerina te worden, om zelf ook op de punten van haar tenen te mogen lopen. Het mag dan een onbestemde droom zijn, het is er wel een die haar tijdens de somberste periodes nog enig houvast biedt.

Intussen raast de bloedigste burgeroorlog die Sierra Leone ooit gekend heeft voort. Op een dag wordt ook het weeshuis gebombardeerd. Er blijft niets van over. De kinderen die het overleven worden naar een vluchtelingenkamp overgebracht. Het drama haalt het nieuws. Dat kamp lijkt voor Mabinty het eindstation van haar leven te worden, want zal iemand er ooit in slagen om hier weg te komen?

Op een dag komt er een verzoek binnen van een Amerikaans echtpaar, Elaine en Charles DePrince. Ze willen een meisje adopteren. Thuis, in Amerika, hebben ze al zo'n tien Afrikaanse jongeren, die ze uit andere weeshuizen hebben geadopteerd. Ze zien het als hun taak om hun rijkdom met hen te delen, en ook met hun drie kinderen die na een bloedtransfusie besmet zijn geraakt met het aidsvirus en niet lang meer te leven hebben. Maar ze willen nog een kind op weg helpen naar een betere toekomst. Na het bekijken van wat foto's geven ze de leiding door dat hun keuze valt op Mabinty. Het adoptiebureau reageert met: 'Welke Mabinty? We hebben er twee. Hoewel, die ene (nummer 27) wilt u waarschijnlijk niet, vanwege haar uiterlijk.'

'Twee Mabinty's?' is de verraste reactie van het echtpaar DePrince. 'Dat is dan waarschijnlijk van hogerhand beslist. We willen ze allebei.'

In 1999 gaan de DePrinces naar Sierra Leone om de meisjes op te halen. Michaela vertelde: 'Ik had nog nooit een blonde vrouw gezien... en ik moest zo lachen om haar vuurrode schoenen!'

En het eerste wat ze aan Elaine vraagt is: 'Wilt u misschien mijn vlechten losmaken?'

Die vlechten zaten zo strak dat ze haar pijn deden, maar de leiding had haar klachten daarover altijd genegeerd, vond het onzin om er wat aan te doen. Dat de vrouw met de rode schoenen wél in actie kwam, schiep meteen een band. En zo belanden de beide Mabinty's samen bij Elaine en Charles DePrince in New Jersey. Eenmaal in Amerika kiezen nummer 26 en 27 ervoor om samen een kamer te delen. Hun adoptieouders blijken geweldige mensen. Omdat twee Mabinty's in huis iets te veel van het goede is, geven ze hun dochters voor alle duidelijkheid nieuwe namen: '26' wordt Mia, '27' Michaela. Het duo maakt kennis met hun broers en zussen. Michaela neemt direct de achternaam aan van de man die ze vanaf dat moment als haar vader ziet: DePrince.

De eerste tijd is Michaela nog buitengewoon onrustig, het is ook allemaal zo onwerkelijk. En er is het schuldgevoel dat zij nog leeft en zoveel andere weeskinderen niet. Regelmatig vraagt ze zich af: zal ik hier de kans krijgen om zo te worden als de vrouw op de voorpagina? Dankzij Sara weet ze dus dat de vrouw op de foto danseres is. 'Maar als ze een tennisster was geweest, was dát misschien wel mijn passie geworden.'

In het begin gaat het ook fysiek niet goed met Michaela. Ze heeft de ziekte van Pfeiffer en moet voor langere tijd naar het ziekenhuis. Wel ontdekt Elaine al snel dat Michaela gek is op dansen. Zodra ze zich goed voelt, mag ze op balletles. Maar het wordt een bittere teleurstelling. Meer dan eens zal Michaela die eerste lessen beschrijven als 'een beetje huppelen'. Elaine heeft het in de gaten, beseft inmiddels dat ze een dochter heeft met een wel heel bijzonder talent en zorgt ervoor dat ze naar een betere school kan. Ze koopt voor Michaela de video van *De Notenkraker*. Die bekijkt ze wel honderdvijftig keer. Na verloop van tijd kent ze elk pasje, kan ze elke sprong precies nadoen. Als ze veel later voor het eerst naar een live-uitvoering van het beroemde ballet mag, leeft ze zo mee dat ze bij elk foutje, bij iedere minder gelukkige timing zegt: 'Niet goed!'

Haar nieuwe ouders beseffen dat hun één ding te doen staat: Michaela in alles helpen om te ontdekken of dit wellicht ook haar toekomst kan zijn. Het lijkt er wel op, vooral wanneer ze een beurs krijgt voor de Jacqueline Onassis School of Ballet. Daar verbaast Michaela iedereen door haar onstuitbare enthousiasme en door het tempo waarin ze vorderingen maakt. In 2012 studeert ze af en mag ze als jongste danser naar het Dance Theatre of Harlem. En dan, op haar zestiende, komt ze via een uitwisseling in Amsterdam terecht, maakt daar kennis met de mensen van het Nationale Ballet en weet intuïtief: hier moet ik zijn. Hier, in deze omgeving, heb ik de grootste kans om als zwarte danseres verder te komen. Ze mag blijven.

In Amerika heeft ze al diverse discriminerende ervaringen achter de rug. Een zwarte ballerina met zo'n huidafwijking, dat kon natuurlijk niks worden. Een van haar coaches had gezegd: 'Ik ga niet te veel tijd aan dat meisje besteden. Dit type krijgt uiteindelijk toch een te dikke kont en zware borsten.'

En toen haar droom in vervulling zou gaan, de hoofdrol spelen in *De Notenkraker*, werden de plannen op het laatst gewijzigd met het excuus: 'Amerika is nog niet klaar voor een zwarte Clara.'

Amsterdam bleek een goede keuze, al was ook hier niet iedereen even enthousiast over haar komst. Sommigen leken wel extra streng voor haar. Want ook hier dachten ze dat een zwart meisje in het *corps de ballet* te veel de aandacht zou afleiden van de rest van de groep. Voor Michaela was dat geen punt. Ze wilde toch meer dan figureren in 'de groep'. Soliste worden, daar was het haar om te doen.

In het begin werd ze gezien als een vreemde eend in de bijt, maar springen dat ze kon! Hoger dan haar mannelijke collega's. Ze zegt hierover: 'Het heeft te maken met hoe je loopt, hoe je afzet, maar ook hoe je tijdens de sprong ademt.'

Niet dat ze de eerste jaren meteen op haar gemak is. Aanvankelijk is ze erg moeilijk in de omgang. Ze sluit zich af, trekt om zich heen een muur op. Niet zo gek na alles wat ze heeft doorgemaakt. Maar naarmate er meer respect komt, verdwijnt haar terughoudendheid. Iedereen ziet dat ze steengoed is.

En zo kan het gebeuren dat ze tweede soliste wordt bij het internationaal hoog aangeschreven Nationale Ballet. Ze heeft moeten vechten, eerst om te overleven en toen om zich een plaats te veroveren in een meedogenloze wereld, die ze zelf 'verbazingwekkend wit' vond. Roze panty's op haar bruine benen, ze vindt het geen gezicht. Ze krijgt het voor elkaar dat ze bruine mag dragen.

Een magazine uit 1979, een intense omhelzing en een solo voor Beyoncé

Vanaf het moment dat ik haar verhaal las, wist ik meteen wat onze tv-ploeg te doen stond: die danseres van de foto op de voorkant van het tijdschrift opsporen en haar met Michaela samenbrengen. Het liefst op televisie, natuurlijk. Na een pittige zoektocht kwamen we erachter wie de ballerina was: een in Zuid-Frankrijk geboren danseres, Magali Messac, die in de jaren tachtig furore maakte in Amerika. Want ze was niet de eerste de beste: ze was door Michail Barysjnikov *himself* gevraagd om bij het American Ballet Theatre te komen. Daar werd ze een van de meest vooraanstaande ballerina's. Ze was in Amerika gebleven en woonde inmiddels al een aantal jaren in Seattle. Vanzelfsprekend had ze geen flauw idee van de invloed die ze had gehad op het leven van een meisje uit Sierra Leone. Toen we het haar vertelden, kon ze het nauwelijks geloven: 'Het is niet te bevatten!'

Van meet af aan stond één ding vast: als we een ontmoeting zouden kunnen regelen, dan moest dat wel tijdens een groots evenement. Een speciale *TVshow* voor UNICEF leek ons de geschikte gelegenheid. Het zou zeker in de sfeer van het programma passen, de opnames vonden plaats in het Utrechtse Beatrix Theater en daar zou zeker vijftienhonderd man publiek op afkomen vanwege de grote namen die er kwamen optreden.

Michaela wist niet beter of ze kwam voor een kort gesprek over haar leven en een pas-de-deux met de Nederlandse danser Nathan Brhane, anders dan zijn exotische naam doet vermoeden geboren in Meppel. Toen ik haar vroeg hoe ze ballerina was geworden, vertelde ze over het tijdschrift dat ze had gevonden: 'Zonder die foto, zonder het voorbeeld van die sterke, gelukkige vrouw, zonder dat ik geadopteerd was, had ik hier niet gezeten en zou ik dood geweest zijn. Maar wat zou ik die vrouw van dat blad graag eens ontmoeten. Er wordt geprobeerd om het voor elkaar te krijgen dat we elkaar wellicht van de zomer kunnen treffen.'

Een mooiere voorzet was niet denkbaar, want dit was hét moment: 'Ik ben bang dat het iets eerder gaat gebeuren.'

De verbijstering op Michaela's gezicht zal ik nooit meer vergeten, want daar kwam ze, uit de coulissen, de ballerina van de cover. Een prachtige, inmiddels grijze verschijning, meer dan twintig jaar ouder dan op de foto. De omhelzing was intens. Michaela was te verbouwereerd om echt emotioneel te reageren, kon alleen uitbrengen: 'Ik wist van niets, ik heb me hier al die jaren zó op verheugd! Ik zal dit moment nooit vergeten, het betekent zo veel voor me.'

Magali Messac was spraakzamer: 'Toen ik er voor het eerst achter kwam wat er allemaal gebeurd was, kon ik het gewoon niet geloven. Hoe was dit in hemelsnaam mogelijk? Maar toch, als er een god bestaat... want dit kon geen toeval zijn. Een Amerikaans blad belandt, gedragen door de wind, in nota bene Sierra Leone en komt in handen van iemand die door die ene foto ontdekt dat ze zo iemand wil worden

– en ze blijkt dan ook nog het talent te hebben om uit te groeien tot een topdanseres!'

'Ik droomde ervan om de vrouw van de foto te ontmoeten. Dit had ik totaal niet verwacht, ik ben zo dankbaar.' En terwijl Magali Messac over haar arm strijkt: 'Ze is nog mooier dan ik dacht.'

Sindsdien hebben ze regelmatig contact. Magali is komen kijken in New York, maar Michaela had toen hartgrondig de pest in want het was uitgerekend een van haar slechtste optredens ooit. De oorzaak? Ze kon haar zenuwen niet de baas, omdat ze juist op die avond extra wilde schitteren, indruk wilde maken op de vrouw in de zaal bij wie het allemaal begonnen was. Die zenuwen hadden haar wel vaker parten gespeeld. Op een dag werd ze gebeld: of ze wilde dansen in een clip van Beyoncé! Dat was op een maandag, de zaterdag daarna moest ze in New Orleans voor de camera staan. Zonder enige vorm van repetitie, zonder iets van choreografie. 'Doe maar wat je te binnen schiet!'

Het werd een puike solo in zwart-wit, 'die beter had gekund als ik ook hier niet nerveus was geweest'. Maar Beyoncé was in de zevende hemel.

En dan lijkt het geluk dat haar kant op is gekomen in één keer op. Niet omdat de opnames voor de speelfilm over haar leven nog steeds niet begonnen zijn. Er bestaat sinds de bekendmaking van de grootse plannen, lang geleden, zelfs twijfel of het er überhaupt nog van gaat komen. Nee, er blijft Michaela in andere, belangrijker opzichten opnieuw niets bespaard.

Net als ze de hoofdrol heeft gekregen in *Sleeping Beauty* scheurt ze de achillespees in haar rechtervoet en is ze lange tijd uitgeschakeld. Het herstel duurt twee jaar. Daarna verstuikt ze haar enkel. Niets onoverkomelijks zou je denken, maar de zwellingen blijft haar maandenlang parten spelen. Zo heeft het ongeluk haar bijna drie jaar lang weer stevig in zijn greep. En dat terwijl een balletcarrière doorgaans al zo kort is... Alsof het niet genoeg is komt er ook een eind aan de relatie met haar grote Duitse liefde.

Wanneer ze in 2019 de hoofdrol krijgt in een van de kostbaarste filmproducties die er in ons land ooit gemaakt is, komt er een einde aan die pijnlijke jaren. De verfilming van *Coppelia* in de vorm van een eigentijdse animatie-dansfilm is een megaproject met Michaela als Zwaan. Een enorm lichtpunt in een inktzwarte periode met slapeloze nachten, waarin ze voor zich zag hoe ze alsnog terug moest naar Sierra Leone. Hoe in plaats van Sara een van haar nieuwe ouders werd vermoord. Ze kon gillend wakker worden en nachtenlang stemmen horen. Doodsbang was ze als ze op straat iemand tegenkwam in een legeroutfit. Het leidde tot migraineaanvallen en periodes van zware depressie. Elaines echtgenoot Charles overleed. Corona maakte het onmogelijk om bij de begrafenis van haar vader te zijn. Maar ze krabbelt weer op en slaat een andere weg in. Op zoek naar een nieuwe stap en nieuwe inspiratie, besluit ze, met pijn in het hart, weg te gaan uit Amsterdam. Weg uit het appartement in De Pijp waar ze zo trots op was ('Nu ik dit heb ben ik een zelfstandige vrouw.') en waar ze elke dag haar pup Billy een paar keer van tweehoog naar beneden draagt om hem uit te laten. Ze wil terug naar de Verenigde Staten en verhuist naar Boston. Daar is ze inmiddels met open armen ontvangen door de mensen van The Boston Ballet.

Het onwaarschijnlijke leven van Mabinty, alias Michaela: allesbehalve een sprookje dus. Michaela zelf verzet zich ook altijd tegen die omschrijving. En toch, de manier waarop ze een tweede kans heeft gekregen is prachtig.

Bij alles is ze blijven vasthouden aan wie en wat ze wil zijn: een voorbeeld voor alle jongeren die zich kansloos voelen: 'Durf een buitenbeentje te zijn, durf op te vallen. Durf een klaproos te zijn in een veld narcissen. Dan kom je er.'

Ze is inmiddels ambassadeur van War Child en een rolmodel voor miljoenen meisjes over de hele wereld. Ze heeft het plan opgevat om in de toekomst een school voor podiumkunstenaars te stichten in haar geboorteland. Ze wil niet tot in de eeuwigheid herinnerd worden aan vroeger, ze wil alleen nog vooruitdenken. Maar er waren genoeg redenen om haar verhaal nog één keer op te schrijven, om te laten zien dat in feite niets onmogelijk is. Dat je na een uitzichtloze, liefdeloze en kansloze start in dit leven nog zó ver kunt komen. Hoe hoopgevend is dat?

Een talkshow produceren in Engeland of Amerika? Dat is minder een kunst dan bij ons. Want je hoeft je over één ding nauwelijks zorgen te maken: of de gasten – jong of oud – wel 'leveren'. (Dit verschrikkelijke werkwoord hebben we te danken aan Louis van Gaal, die ook op andere manieren onzalig met de taal is omgegaan. Zo bombardeerde hij 'de media' tot enkelvoud: 'de media heeft...' Is het dan ook 'de musea heeft' of moeten we 'agendum' dan wel weer zien als het enkelvoud van 'agenda'? Terug naar waar we het over hadden.) Kijk de praatprogramma's van de BBC, ITV of een willekeurige Amerikaanse zender er maar op na. Je constateert direct dat je in die landen vanaf de lagere school al leert om jezelf verbaal te verkopen.

Mijn allereerste buitenlandse opdracht bestond uit het bezoeken van Vietnam-veteranen in een van de *veterans hospitals,* kort nadat Amerika de strijd had gestaakt. Het hoeft geen betoog dat het even korte als dramatische gesprekken opleverde. 'Hoezo lig ik hier met twee afgeschoten benen, waarvoor is het allemaal goed geweest?' En: 'De rest van mijn leven verminkt voor een strijd die Washington gewoon opgegeven heeft.' Het was uiterst onzeker of we überhaupt met de camera zo'n militair hospitaal binnen mochten (het lukte via een riskante truc, ik moet u de details helaas besparen om niet alsnog in moeilijkheden te komen...). Vandaar dat we vooraf vast de mening peilden van *the man in the street.* Het straatinterview, de laatste, vaak armoedige reddingsboei van de programmamaker die niet weet welke kant hij op moet. Maar in dit geval was het bingo. Iedereen – de pizzabakker op de hoek, de hooguit tienjarige op zijn skateboard, oma met de boodschappentas – allemaal kwamen ze met een afgeronde mening, verpakt in een statement dat ongemonteerd uitgezonden kon worden. Voor dit avontuur in de straten van Manhattan hadden we een hele dag ingeruimd, maar binnen een uur waren we klaar. Kom daar in Nederland maar eens om. Dat is ook de reden dat de Amsterdamse Albert Cuyp-markt zo vaak het decor is van dit type 'onderzoek'. Daar heb je in elk geval nog een behoorlijke kans op alleen al qua tongval, maar meestal ook qua gedurfde visie, bruikbaar materiaal. Zeer kort door de bocht kun je zeggen dat onze nog altijd calvinistische inslag schuldig blijft aan onze 'doe maar gewoon'-houding.

Schrijvers zijn de grote uitzondering. Zij kennen de macht van het woord en stellen aan de talkshowtafel zelden teleur. Maar zoveel verbaal geweld als waarmee Gerard Reve kijkers en presentator verblijdde, met zoveel humor en nooit ingehouden sarcasme, dat was ongeevenaard.

GERARD REVE

Voor het soort dat ervan houdt

Ik had het grote geluk dat ik een aantal van onze belangrijkste auteurs heb mogen interviewen en portretteren: Annie M.G. Schmidt, Hella Haasse, Adriaan van Dis, Cees Nooteboom, Hugo Claus (hem rekenen we toch ook tot een van de 'onzen'), Remco Campert, Harry Mulisch en Gerard Reve. De laatste zal het me postuum niet in dank afnemen dat ik zijn hoofdstuk begin met een verhaal over Mulisch.

Mulisch maakte zijn opwachting in onze studio ter gelegenheid van zijn aanstaande zeventigste verjaardag. Om die mijlpaal publiekelijk luister bij te zetten, had hij zoiets als een exclusieve overeenkomst gesloten met een van de andere omroepen. Dat hield in dat hij zich verplicht had om zich qua televisieoptredens maximaal gedeisd te houden. Simpel gezegd: een actualiteitenrubriek, dat kon, maar Mulisch mocht niet in populaire programma's verschijnen. En toen kwamen wij aan de telefoon. Kansloos, dachten we, maar nee: als er een aangename vergoeding tegenover stond, wilde de grote Harry er 'best even over nadenken'. Nu betaalden wij gasten, op een heel kleine uitzondering na – twee vliegtickets voor Kraaijkamp – principieel als maximaal bedrag de hoogte van hun reiskosten. Maar Mulisch stelde ons voor een dilemma. Onze principes trouw blijven of het prettige gevoel hebben dat we een concurrerende omroep de loef hadden afgestoken? We kozen voor het laatste, op voorwaarde dat de gevraagde fee niet buitensporig zou zijn. De gevraagde som gelds viel mee, dus verheugden we ons op de komst van één van de Grote Drie (voor wie de namen kwijt is: naast Mulisch worden Gerard Reve en W.F. Hermans tot dit illustere trio gerekend). Maar hij stelde, om zijn belofte van exclusiviteit niet helemaal te negeren, wel een tijdslimiet: hooguit tien, twaalf minuten. Daar konden we mee leven.

Ter opluistering van ons gesprek en het jubileum van de schrijver hadden we een stokoud zwart-witfragment boven tafel weten te krijgen waarop moeder Alice haar zoon in Haarlem voortduwt in een kinderwagen. Een briljant privéfilmpje, dat Mulisch kennelijk nog nooit gezien had of waarvan het bestaan hem inmiddels was ontschoten. Hoe dan ook, het emotioneerde hem dermate dat hij nog mededeelzamer werd dan normaal gesproken al het geval was – waardoor we dwars over de limiet van de afgesproken tijd heen gingen.

De volgende ochtend vroeg was de schrijver al aan de lijn. Ja, hij was tevreden, ja, hij had goede reacties gekregen. Maar het was toch wel zo dat al die extra minuten ook nog in klinkende munt omgezet zouden worden? Dat leek hem alleszins redelijk. Ik herinner me niet precies hoe dit afliep, maar ga er maar van uit dat we op zijn verzoek zijn ingegaan. Al was het maar ter compensatie van dat waarmee hij direct na het eind van het programma te maken kreeg: bittere, boze reacties van – ik meen – de VARA.

Geld speelde ook altijd een rol als onze volksschrijver nummer één zich meldde voor een televisieoptreden. Dat liet hij niet over aan zijn uitgever, nee, Gerard Reve – anno 2022 weer in het nieuws doordat er een brievenboek is opgedoken – pakte zélf de telefoon om een mooi bedragje af te spreken. Want net als Harry Mulisch zag hij het verschijnen in een praatprogramma als een 'optreden', een 'act' van het kostbare soort. Hoe ongebruikelijk ook, we streken weer met de hand over ons hart.

In de jaren tachtig werd het nog gezien als de actie van een 'overloper' als een auteur van naam en faam in een TROS-programma verscheen. Ischa Meijer was er in een aflevering van *Zomergasten* duidelijk genoeg over geweest. Hij wees op de scheiding der geesten in televisieland tussen een kleine minderheid, een kring van mensen die duidelijk meer dan één boek gelezen hadden, en de overgrote meerderheid, die op zijn gunstigst als half analfabeet omschreven mocht worden. Grensoverschrijdend 'verkeer' tussen beide groepen, zo werd door Meijer c.s. algemeen beleden, was in feite niet gewenst en moest hoe dan ook tot een minimum beperkt worden. Reve was zich vast en zeker bewust van deze stelling, maar hij was niet iemand die zich daar iets van aantrok. En er was die financiële tegemoetkoming. Bovendien: hij had er elke keer weer zin in!

Iedere interviewer zal een gesprek met Nederlandse schrijvers van naam als een cadeautje ervaren. Immers, zij onttrekken zich doorgaans aan het adagium 'vooral niet te koop lopen met jezelf, je gevoel of je mening'. Bij ervaren auteurs heb je zelden het risico dat ze hun woorden omzichtig kiezen. Ze kennen het klappen van de zweep en willen bovendien een puike indruk maken. Want hoe sterk de kijkcijfers in de loop der jaren ook zijn teruggelopen, een goed optreden op televisie betekent kassa. In de jaren waarin het programma van Sonja Barend nog zo'n drie à vier miljoen kijkers trok, was ik zelf ooit uitgenodigd vanwege mijn eerste boek *Vips*. Nadat ik minutenlang door Sonja was opgehemeld ('Hoe in hemelsnaam kom je bij al die groten der aarde binnen?'), kwam als een boemerang de kritiek op me af. Hoe ik het in mijn hoofd haalde om op schrift leven en werk van een aantal van de hoofdpersonen uit de *TVshow* opeens van een cynisch commentaar te voorzien. En Sonja had het goed gezien: die kritische mening was in de uitzending nergens terug te vinden geweest. Voor de kijker voelde het als een spannende confrontatie. Wat was het gevolg? De uitgever moest de volgende dag het halve land door om overal de voorraad beschikbare boeken aan te vullen.

Voor wie op zoek was naar heel speciaal verbaal geweld met humor en nooit ingehouden sarcasme, was schrijver Gerard Reve een cadeautje. Hij kwam in 1984 voor het eerst bij ons in de uitzending en was vanaf de eerste zin in topvorm: 'Ik geloof niet dat het in Rome bevestigd wordt, maar zeker is dat de papegaai en de raaf officieel katholieke vogels zijn. Het bewijs is dat de papegaai "Ave" kan zeggen.'

Het publiek in de studio schoot in de lach.

'Maar hoe zit het dan met vogels die zich niet in woorden kunnen uitdrukken? Als het waar is wat u zegt, worden die uitgesloten van de Kerk van Rome.'

'Inderdaad. Een gewoon musje heeft eigenlijk nauwelijks kans.'

'Maar meneer Reve, we mogen niet discrimineren. Dus ik hoop dat de niet-praters toch tenminste de kans hebben om in de hemel te komen?'

'Ik denk het wel, waarom niet? De hemel is een hele loze ruimte, dus je kunt er ook vogels hebben. De katholieke kerk zegent toch ook dieren, fietsen, automobielen, bromfietsen en huisdieren, dus ook vogels. Alleen, ze moeten wel in een kooi worden aangeboden. Anders wordt die kerk een volière en dan vliegen die vogels rond en die laten wat vallen op het hoofd van een heilige of misschien een heel goddelijk persoon, maar die vogel doet dat te goeder trouw. Hij zal zeggen: "Geld heb ik niet, maar ik geef wat ik missen kan."'

De studio lag plat en ik neem aan dat het in de huiskamer niet anders was.

Een televisieaap, een wanhopig scheldstuk en een jonge lakei

Reve was dus een van die bevoorrechten die van 'de pen kunnen leven' en die ook in staat waren hun verbale kwaliteiten in gesprekken te demonstreren.

'Meneer Reve, in Nederland zijn er tegenwoordig zoveel programma's dat een schrijver kan kiezen. U zei: "Ik ga naar dit programma, want die jongen is tenminste niet zo'n televisieaap." Wat bedoelde u daarmee?'

'Nou kijk, er is een sterke neiging in de publiciteitsmedia om iemand op een goedkope manier schaakmat te zetten, om hem uit te dagen, enzovoorts. Ik vind dat je iemand in je programma moet halen als je hem de moeite waard vindt. Maar er is ook een rare, oneerlijke manier van aanpak, door iemand in de val te laten lopen en op een goedkope manier iemand niet aan het woord te laten komen.'

'Hoe zou een doorsnee Nederlandse interviewer, die toch lang niet altijd van het formaat van uw intelligentie is, u ooit schaakmat kunnen zetten? Daar bent u toch veel te slim voor?'

'Nee, dat lukt niet, maar het is toch wel irritant. En je moet de hele avond vechten om aan het woord te komen en daar hou ik niet van!'

'Nu zijn de critici de laatste tijd niet zo gek ingenomen met uw werk. Het is een soort tendens aan het worden. Ik zal er twee citeren. *De Telegraaf*: "Het is treurig om een nog altijd veelgeprezen schrijver zo te zien afgaan." *De Volkskrant* was iets gematigder, maar daar kon je lezen: "Op het eind ontspoort het bedroevend." Wordt u daar lekker wakker mee, met dat soort teksten?'

'Nou, ik ben nooit in mijn leven afgegaan op de kritieken. Als de kritiek juicht en danst, dan dacht ik altijd: ik moet zelf oordelen. Is het wel een goed boek? Er was een tijd dat de kritiek invloed had, maar dat is niet meer zo. Het bizarre is dat, sinds de laatste vijf jaar, hoe slechter de kritieken zijn, hoe guller en enthousiaster de ontvangst bij het publiek is.'

'Dus u bent er eigenlijk blij mee?'

'Ik was erg ongerust over wat *De Telegraaf* zou schrijven en toen zag ik dat het een volslagen warhoofdig scheldstuk was, wat eigenlijk een soort psychopathisch eindstadium is, wat echt geen kritiek is. Toen dacht ik, nou, we zitten goed.'

'Hoe heet die betreffende journalist?'

'Nee nee, we noemen geen namen. We zullen voor hem bidden.'

Over Nederlanders in het algemeen had Reve een duidelijke mening.

'Intussen zegt u: "Ik heb niet gek veel op met de Nederlander." De Nederlander is – het zijn uw eigen woorden – "cultuurloos en dom, hij is een slavenziel en denkt dat hij geen Duitser is, omdat hij geen bier drinkt, maar de Nederlander is een mof die melk drinkt."'

'Daar zit wat in. De Nederlander wil graag vernederd worden. De Nederlander wil graag ambtenarij aan de loketten hebben en de Nederlander vindt het heel gewoon als hij plannen heeft om te trouwen om zeven tot acht jaar op een woning te wachten. Maar de Nederlander is niet beter of slechter dan de rest, er zijn andere volken die nog erger zijn.'

En over de vroegere koningin van het Nederlandse volk:

'Prinses Juliana heeft heel veel in uw boeken herkend. En als het waar is, heeft u haar zelfs wel eens voorgelezen.'

'Ik ben een paar keer op Paleis Soestdijk geweest, toen had ik nog die vrachtauto uit *De circusjongen* waar ik in woonde. Ik kom aan de poort van Soestdijk en de marechaussee kijkt naar die auto en zegt: "U moet aan de achterkant zijn, bij de dienstingang bij de keuken." Ik zei: "Nee, ik ben gevraagd." Dus liet ik het papier zien, mocht doorrijden en toen stond ik op de binnenplaats tussen al die auto's van 130, 150, 160.000 gulden met die groene ramen, weet je wel, met die eigenaardige nummers en dan gaat zo'n gordijntje open en zo'n bleke lakei kijkt en zegt: "Wat is hier aan de hand?"'

'Een jonge lakei?'

Reve lachte. 'Nee, nee, nee. Maar toen heb ik inderdaad een paar hoofdstukken voorgelezen.'

'En hoe vond de prinses het?'

'Ze zei: "Wat moet ik nu zeggen eigenlijk, meneer Reve?" "Nou mevrouw, u hoeft eigenlijk niets te zeggen, ik heb bij het voorlezen de tranen in de ogen van Uwe Majesteit gezien en dat is voldoende."'

Voorwaar een fijn gesprek. Toch circuleerden naderhand allerlei verhalen als zou Reve gezegd hebben ook dit keer weer in de val gelopen te zijn van 'een televisieaap'. Dus was ik lichtelijk verbaasd dat hij twaalf jaar later zelf weer naar ons kantoor belde om te vragen of hij zijn nieuwste werk bij ons in de uitzending onder de aandacht mocht komen brengen. Ik zei: 'Dan moeten we denk ik eerst iets uitgesproken hebben. Als "televisieaap" weggezet te worden, daar valt mee te leven, maar het was volgens mij niet de minst vleiende kwalificatie.'

Reve leek geschokt, beweerde met luide stem dat hij geen idee had waar ik het over had. Hij zag in dat hij een risico had genomen. Vandaar dat hij een troefkaart uitspeelde, waardoor ik me volledig liet inpakken. Eén zinnetje, waarmee hij het telefoongesprek beëindigde en dat ik eigenlijk boven mijn bed had moeten hangen: 'Ik vind u voor het soort dat ervan houdt een buitenkansje!'

Een broer die onaangenaam ruikt, Maartje van Weegen en Hanneke Groenteman

En zo kon het gebeuren dat we opnieuw een bijzondere conversatie hadden.

'In *Het Boek van Violet en Dood* jaagt u ook weer een paar beroemde Nederlanders over de kling, hè? Over Mulisch zegt u: "Er zijn nu eenmaal mensen die niets mede te delen hebben."'

'Is hard hè!'

We hadden het ook over zijn periode in een ontwenningskliniek, waar een neuroloog tegen hem had gezegd dat hij eigenlijk een vrouw naast zich zou moeten hebben. Reves reactie daarop was: 'Dat getuigt wel van erg weinig respect voor de vrouw, wat u nu zegt. Dat kan je iemand niet aandoen.' Waarop de arts zei: 'U moet niet denken dat u een soort Van Gogh bent.' 'Dat denk ik helemaal niet. Van Gogh was ernstig gestoord, maar ik ben gewoon krankzinnig.'

Hij lachte zijn door het vele roken zwaar aangetaste tanden bloot. Grap geslaagd, missie volbracht. Vergiste ik me of las ik iets in zijn ogen van 'zo doe je dat, een boek onder de aandacht brengen'? De televisiekijker nieuwsgierig maken naar wat voor waanzinnigs de schrijver nog meer te melden heeft. En als de kijker het boek eenmaal aangeschaft heeft, blijkt het een literair meesterwerk te zijn.

Reve had als altijd zijn punt gemaakt. Wat hij van dit laatste gesprek vond, kwamen we nooit te weten. Geruststellend was een zin uit een later interview in de *VARAgids*, waarin Gerard en vriend Joop (Schafthuizen, zijn geliefde) hun licht lieten schijnen over wat ze vonden van wie er op televisie te zien waren. Niet iedereen kwam er goed vanaf. Een van mijn collega's noemde hij 'een hypocriete, emotieloze etter. En nog kaal ook.' Over Maartje van Weegen zei hij: 'Sinds ze bij Nova weg is, is ze aan lagerwal geraakt. Toen ze nog bij Nova zat ging het ook veel beter met de euro en was er ook veel minder oorlog in de wereld.' Verslaggever Gerri Eickhof was 'een schurk'. Alleen voor weerman Gerrit Hiemstra 'gingen ze op de knieën' en Hanneke Groenteman werd beoordeeld als 'oprecht en hartelijk'.

Ook over mij had Reve wat te zeggen: 'Hij verstaat de kunst om van een dorre persoon nog iets te maken.'

We telden onze zegeningen.

HUGO CAMPS EN JAN MULDER

Padvinders van het fijne woord

Weinigen kunnen tippen aan de opvattingen en het woordgebruik van de volgende gast: sir Peter Ustinov. Jan Mulder en zijn grote vriend, de Vlaamse schrijver-journalist Hugo Camps, komen nog het meest in de buurt.

Mulder: 'Schoolfuifjes zijn de perfecte opleiding voor erotisch vakmanschap. Het gaat toch om de liefde en de erotiek, dat je je daarin een beetje kunt ontwikkelen. Dat kan zelfs jij nog op jouw leeftijd, Ivo.'

Camps: 'Kiezen voor schoonheid is een daad van verzet. En schoonheid kun je overal vinden. Maar een eclatante gelukservaring heeft altijd te maken met de liefde. Je kan op een terras in Torino een vrouw zien zitten waar je verder niets van weet, waar je niet aankomt, maar die toch in je hoofd blijft hangen, op zijn minst voor de rest van de maand. Dat is geluk. En een vrouw moet mysterieus zijn. Je mag haar nooit helemaal achterhalen. Ze moet ondoorgrondelijk zijn, dan kun je dromen.'

Zelfs in de Nederlandse politiek was schoonheid te vinden, maar ook het tegenovergestelde: 'Het zelfbeeld van Nederland is de natte dweil. De enige die een medicijn was tegen de natte dweil was Hans van Mierlo. Die erotische stem, die meer kon dan formuleren, ook een beetje berookt. Die een gezag had dat niet stoelde op politieke afspraken, maar op zijn verontwaardiging. God, wat mis ik die man. Het zelfbeeld van Nederland is volgens mij het zelfbeeld van Rutte. Hij is eigenlijk degene die zich afsplitst van de werkelijkheid en er dan met een parachute boven gaat hangen. En dan grote uitspraken doet met dat geheimzinnige gezicht. *Untouchable.* Rutte regeert met één vinger.'

Over zijn overweging om in het vroegere huis van zijn schoonouders te gaan wonen op een afgelegen plek in Noordoost-Groningen, zei Mulder dat het was omdat hij erop rekende dat daar de tijd langzamer gaat. Want: 'Ik heb er niet om gevraagd om geboren te worden, maar al helemaal niet om te moeten sterven.'

Ook Camps keek de dood liever nog niet in de ogen. Bijna werd hij het slachtoffer van een fatale medische fout: 'Je accepteert de dood niet van een klungelaar. Ik vond de prijs iets te hoog om een arrogante nonchalance over mijn leven te laten beslissen.'

Mulder en Camps, ze zitten in het verbale kamp van Ustinov.

Weltbürger *met verlopen creditcards*

Sir Peter Ustinov was een van de boeiendste figuren die ik in al die jaren heb mogen ontmoeten. Een alleskunner: schrijver, acteur, film-, theater- en operaregisseur, radiomaker, diplomaat, documentairemaker, ambassadeur, humorist, intellectueel, rector van de universiteit van Dundee, reizend ambassadeur voor UNICEF, activist, talenwonder, wereldburger. Toch valt mij op hoe weinig mensen hem nog kennen. Ja, als je begint over de verfilming van de boeken van thrillerschrijfster Agatha Christie, waarin hij – te beginnen met *Death on the Nile* – zes keer een briljante rol had als meesterdetective Hercule Poirot, dan is er soms een teken van herkenning. Maar het is onbestaanbaar dat zo'n imposante persoonlijkheid in de vergetelheid kan raken.

Het had een haartje gescheeld of Ustinov was in Nederland geboren. De liefdesdaad-met-grote-gevolgen tussen vader Jona en moeder Nadia had zich in Leningrad voltrokken. Die Nadia kwam uit een Duits-Frans-Russisch geslacht en haar echtgenoot Jona Freiherr von Ustinov was van Russisch-Pools-Duits-Ethiopische adel. Hoe internationaal wil je het hebben? Maar op het moment dat Peter zich als levenslustige baby dreigde aan te dienen, werkte de oude Ustinov als persattaché bij de Duitse ambassade in Den Haag. En het was dat hij met zijn echtgenote de dag vóór de geboorte van zijn enige nakomeling naar Londen vertrok om daar in dienst te treden van een Duits persbureau, anders had zoon Peter ergens aan het Lange Voorhout het levenslicht gezien.

Tijdens de oorlog werkte Jona voor de Britse inlichtingendienst MI5 en nam hij de Engelse nationaliteit aan. Daardoor had zijn zoon

‘Alleen handbagage of ook iets om in te checken?’

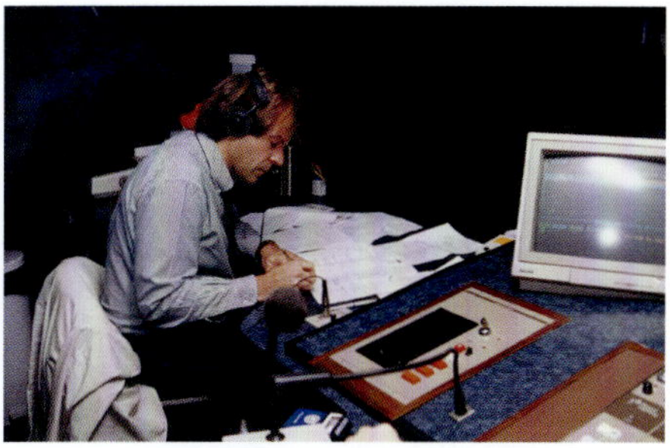

Op sommige dagen leek het net werk...

Henk en Eli, twintig jaar lang in de overlevingsmodus

Elk studioprogramma was een mega-werkgelegenheidsproject. *Op reis* en *Op zondag* maken we nu met vier en een halve man…

Het supertrio: Dewi, Daniëlle en Inge

The King of Directors Egbert in een dolle bui met *Editorial Queen* Cita

Nienke, Coby en Audrey

Mary en Coby van het programma zonder glazen plafond

Een Emmy Award samen met Hans, leuker kun je het niet maken…

… en dan ook nog een Oeuvre-ring uit de handen van Paul...

Wie kwam er op het idee van dit cadeautje voor de Dalai?

Voor even Whitneys bodyguard

Assistent van Nixon en Nobelprijs voor de Vrede winnaar: Henry Kissinger

Waarom vallen grote mannen als Antonio toch zo vaak voor Nederlandse klasse, zoals die van de Nederlandse Nicole?

The male Mother of Invention: Frank Zappa

Voor altijd mijn grote favoriet (en vriend!)

Kim Phuc, een wonder van vergevingsgezindheid

De afterparty loopt op zijn ein

t wat?

Mijn nieuwe leven op de zondagochtend

gewoon een Engels paspoort, hoewel voor Ustinov junior eigenlijk een nieuwe nationaliteit gecreëerd had moeten worden, die van kosmopoliet, want de latere sir Peter was inderdaad de *Weltbürger* ten top. Hij woonde in Zwitserland, maar leefde in feite uit de koffer. Hij voelde zich overal thuis, van Tokio tot New York, van Parijs tot Moskou, en hij wist zich in alle mogelijke talen uit te drukken. Behalve Engels sprak hij vloeiend Russisch, Frans, Duits en Spaans. Hij kon zich goed verstaanbaar maken in het Grieks en Turks en sprak een paar woorden Nederlands. Zo kon het gebeuren dat hij in het theater zijn onemanshow de ene avond in vloeiend Engels in Dublin deed en de volgende dag in Wenen in perfect Duits, om de week daarna af te reizen naar Los Angeles, want hij had een rol in twee films en dat vereiste enige perspromotie. We begrepen nu ook waarom de koffers bij de Ustinovs altijd gepakt en wel in de zitkamer klaarstonden. Deze prototypische homo universalis zag de hele wereld als zijn werkterrein en bleef dat tot op zeer hoge leeftijd volhouden.

Maar bovenal voelde hij zich onderdaan van wat hij de wereldgemeenschap noemde. Hij had over iedere internationale affaire een gefundeerde, goed geformuleerde mening klaar. Hij kon vast en zeker ook haarfijn uitleggen waarom er geen snars deugde van de binnenlandse politiek van, om maar een land te noemen, Madagascar, en waarom de wereld ten onder zou gaan aan te snelle, niet getoetste informatie. We zagen sir Peter dan ook als 'professor Zonnebloem in het rijk der Cosmo's'. Zijn leven leest als een stripverhaal.

Het begint met grootvader Ustinov. Hij werd voor veertig jaar verbannen naar Siberië, om enige tijd later alsnog zonder pardon Rusland uitgezet te worden. Via Duitsland belandde hij in Jerusalem en werd er consul-generaal van... Rusland! Daar, in Israël, werd Peters vader Jona Ustinov geboren. Die trouwde met voornoemde Nadia Benois. Ze ontmoetten elkaar in Sint-Petersburg, waar Nadia toen woonde. Haar grootvader had daar als kok gewerkt aan het hof van tsaar Peter en er drieëntwintig kinderen gekregen! Zonder alle verdere details op te rakelen, lijkt dit me al ruim voldoende om aan te geven hoeveel zeer verschillend bloed er bij Peter Ustinov door de aderen stroomde.

Vader Ustinov had een grote invloed op zijn zoon. Hij zag Peter liever als *lawyer* dan als *actor*. Maar uiteindelijk had hij vrede met diens verweer: 'Advocaat of toneelspeler? Het is eigenlijk hetzelfde beroep. Alleen is acteren wat minder gevaarlijk!'

Peter Ustinov kreeg in Engeland, naast de taal van het land, ook het Duits met de paplepel ingegoten. Vader zat namelijk regelmatig berichten door te bellen naar Duitsland en vanwege de gebrekkige verbindingen geschiedde dat doorgaans op luide toon. Dus waren dit voor de kleine Peter al snel vertrouwde geluiden: '*Lord George hat heute im Unterhaus gesagt – Anführungsstriche*' (aanhalingsteken). Het was de beste cursus Duits die je je voor kunt stellen, met dien verstande dat de leergierige, toen ook al iets te corpulente Peter niet eerst vertrouwd raakte met *ja, nein, eins-zwei-drei, Haus* en *Hund*, maar meteen begon met voor zijn leeftijd onmogelijk moeilijke woorden als *Ungeduld, Flugführerschein, Tapetenwechsel* (ongeduld, vliegbrevet en verandering van werk of omgeving). Vader Ustinov was zijn zoons grote voorbeeld. Zo schreef hij in zijn vrije tijd novellen, dat wil zeggen: steeds opnieuw een eerste pagina. Dat vergde doorgaans al dagen ingespannen arbeid. Steevast kwam dan het ogenblik waarop die ene openingsbladzijde werd voorgelezen aan moeder en zoon. Steevast deed hun reactie hem besluiten dit verhaal te laten voor wat het was en aan een nieuw boek te beginnen, en daarmee begon de hele ceremonie van voren af aan. Peter vertelde mij: 'Jona Ustinov is in het bezit van de grootste collectie korte novellen ter wereld: allemaal één hele pagina!'

Het zal geen verbazing wekken dat toen de jonge Peter zelf nog vóór zijn twintigste zijn eerste toneelstuk had voltooid, zijn vader na lezing slechts één opmerking had: '*How did you finish it?*'

De witte Olga die dienst weigert, vijftig jaar BBC en de koning van Noorwegen in paniek

De wereld was Ustinovs werkterrein. Maar het allerliefst hield hij zich op in het Zwitserse gehucht Bursins, in zijn qua afmetingen niet eens zo indrukwekkende, maar wat sfeer en ligging betreft onovertroffen villa aan het Meer van Genève. Tegen de hellingen lag zijn privéwijngaard, waar de druiven groeiden die hem in staat stelden om zijn gasten met nauwelijks ingehouden trots zijn eigen *rouge, rosé* en *blanc* voor te zetten, *mis au château.*

Door de jaren heen waren we een aantal keren bij hem te gast. Hoe ons eerste bezoek verliep was meteen veelzeggend. Wie zich bij huize Ustinov mocht melden, kwam aan op een piepkleine parkeerplaats, die geheel in beslag genomen werd door het laatste type auto dat je bij zo'n intellectueel zou verwachten: een blinkende Ferrari Testa Rossa. Vandaar leidde een stenen trappetje via een krakend hekje zonder naambord naar een binnenplaatsje, waar je werd begroet met een dreigend ATTENTION AUX CHIENS! We waren nog niet eens in de buurt van de bel of de deur zwaaide al open en een blaffende Ustinov trad ons tegemoet, voorlopig iedere opmerking onzerzijds afwimpelend met een luid 'Waf!' Het leek wel alsof hij onze gedachten kon lezen en onze directe associatie begreep met Kuifje. Vandaar wellicht dat hij ons direct onthaalde op een vrij agressieve versie van diens trouwe metgezel Bobbie.

Pas na enig aandringen kwam het tot de eerste in begrijpelijke mensentaal uitgebrachte klanken, waardoor de verwarring alleen nog maar toenam: 'Wat komen jullie doen? *I expected you tomorrow!*'

Al bijna bereid om onze spullen weer te pakken, een hotelletje te zoeken en vierentwintig uur later op dezelfde plek terug te keren, volgde een met grote lach uitgesproken: 'Nu jullie hier toch zijn, kom binnen!'

Als betrof het hier een vooraf ingestudeerde rol, zo consequent zou Ustinov zich die hele zondagmiddag aan die door hem gekozen lijn vasthouden, of het nu ging over zijn eigen wijn, waarvoor hij 'verdorie nu nog eigenhandig de druiven moest plukken, omdat hij het bottelen niet eerder dan voor morgenochtend op het programma had staan'. Of de met nauwverholen trots aangekondigde act van zijn schitterende witte dog Olga, merk Samojeed, een Russische poolhond van het type 'meteen mee naar huis nemen'. Voor het interview mocht beginnen, werden we nog voor een optreden naar het achtertuintje gedirigeerd, want we moesten en zouden Olga's *dirty circus tricks* filmen voor er überhaupt sprake zou kunnen zijn van een gesprek. Zelf gezeten op de drie na onderste trede van een stenen trappetje, kreeg Ustinov nog iets van de spreekstalmeester die een wereldnummer mag aankondigen: '*Well, here it comes. Give her a big hand.*'

Maar alle aansporing van haar baasje ten spijt, de witte Olga vertikte het om ook maar één van de verwachte kunstjes te laten zien. Er gebeurde niets. Tot ontsteltenis van haar baas? Welnee, die had het grootste plezier in de mislukking van de voorstelling, want nu kon hij opnieuw doorkomen met '*Had you come tomorrow, as was foreseen...*' Waren jullie morgen gekomen, zoals afgesproken, dan was de Samojeed vast en zeker bereid geweest voor de Nederlandse camera te laten zien waar zij toe in staat was. De viervoeter keek ons aan met een luie, niet onsympathieke blik, die overduidelijk aangaf dat er, althans op deze dag, niets van de waakhond des huizes te verwachten viel.

Eenmaal binnen in de grote zitkamer, die werd gedomineerd door een zwarte vleugel, een half versleten bruinleren bank en honderden boeken, wachtte ons een nieuwe verrassing. Waar moesten wij onze camera, het statief en de koffer met licht en geluid neerzetten? Van hal tot tuindeur lag de hele vloer bezaaid met stapels kranten, weekbladen, paperassen en ongeopende enveloppen. We keken naar Peter.

'Ik bewaar alles. Léés tenslotte ook alles. Zelfs de brieven, maar ik geef nooit antwoord. Wie mij schrijft heeft één zekerheid: hij zal niets terug ontvangen!'

We hadden geen keus en moesten een aantal zware stapels verplaatsen naar de aangrenzende slaapkamer. Daartoe duwden we de schuifdeur opzij om vast te stellen dat zich daar het beeld van de salon voortzette: tot aan de rand van het bed een zee van magazines, papiertjes, brieven en notitieblokjes. Het merkwaardige was dat je toch niet het gevoel had in de ultieme chaos beland te zijn. De overal voelbare aanwezigheid van de Grote Persoonlijkheid schiep blijkbaar toch een soort van orde, geheel volgens Shakespeares '*Though this be madness, yet there is method in it*' – er zit toch wel iets van lijn in alle waanzin.

Het interview nam vanaf de eerste minuut de vorm aan van een monoloog die een dik uur zou duren. Een niet te stuiten aaneenschakeling van *bons mots*, ontboezemingen en anekdotes. Moeiteloos switchte de meesterverteller van komische herinneringen aan het vijftigjarig bestaan van de BBC naar de moord op Indira Ghandi. Midden in een onorthodoxe visie op de actuele situatie in Rusland zat je ineens in een emotioneel verhaal over het overlijden van zijn vader. Die stuk voor stuk intelligente, in verrukkelijke taal gevatte verhalen hadden één duidelijke overeenkomst: iedere keer opnieuw wist Ustinov in zijn verhaal zijn gedachten en belevenissen zo meesterlijk onder woorden te brengen dat er niet alleen spanning opgebouwd werd, maar dat het telkens leidde tot (hoogste moeilijkheidsgraad) een echte *pointe*.

Toen de BBC vijftig jaar bestond, werd Ustinov uitgenodigd om ter gelegenheid van die halve eeuw Engelse omroep een groot, internationaal tv-programma te presenteren. Als een volleerd anchorman speelde hij zijn rol van *trait-d'union* tussen de verschillende hoofdsteden, waar vorsten, prinsen en regeringsleiders zonder uitzondering waarderende woorden uitspraken.

'Voorafgaand aan elk statement werden er enkele plaatjes vertoond om aan te geven in welke stad wij ons bevonden. Toen ik de Eiffeltoren zag, begreep ik dat we in Parijs waren en kondigde de Franse minister van Buitenlandse Zaken Schumann aan: "*Monsieur le ministre...*" Probleem is alleen dat ik behoorlijk kippig ben en op een bepaald moment zag ik bij alweer een Europese hoofdstad een gebouw, dat ik van een afstand in het geheel niet thuis kon brengen. Er volgden wat beelden van het interieur, maar ik tastte volkomen in het duister. Tot ik een kuchje hoorde en in het midden van een grote kamer een kleine handeling waarnam. Er zat dus wel degelijk iemand, maar wie? In de studio begon de floormanager wanhopige gebaren te maken, omdat de stilte nu toch echt wel lang genoeg geduurd had. Toen ik mijn armen ten hemel hief, begreep hij direct dat een lichte paniek mij in zijn greep had. Daarop maakte hij als een volleerd mime-acteur met wonderbaarlijke mondbewegingen duidelijk waar de beelden vandaan kwamen. "*Norway*!" kraaide ik opgelucht. Wij waren derhalve in Oslo. De nog steeds onbeweeglijke, opnieuw zachtjes kuchende figuur was koning Olav V in hoogsteigen persoon. "U heeft in uw functie veel te maken met de BBC?" vroeg ik. "Inderdaad," klonk het wat benepen. "Wanneer ik aan de BBC denk, komt één anekdote mij eigenlijk altijd heel helder voor de geest." Het item leek gered. Eindelijk iemand die precies de bedoeling begrepen had: haal een voor de gemiddelde kijker interessante, liefst smeuïge herinnering op aan wat u met de Engelse televisie hebt meegemaakt. Wij gingen er even goed voor zitten. Wat volgde was opnieuw een korte stilte, als wilde de koning de tijd hebben om diep adem te halen, om daarmee de eerste zin van het verhaal zo veel mogelijk aplomb mee te geven. Maar voorlopig kwam er niet meer dan een angstaanjagend niets. Het eerstvolgende geluid kwam van gerommel in een stapel papieren. De koning van Noorwegen was op zoek naar die ene legendarische anekdote, die zó uniek moet zijn geweest dat die hem op dit moment suprême geheel ontschoten was. Onderdrukt gekreun van plezier bij Ustinov in de studio, maar overduidelijk grote onrust in Oslo, waar het luide souffleren hoorbaar werd. Ooit druppeltjes gezien op het voorhoofd van een gerespecteerd staatshoofd? Ooit een personage van koninklijke huize in een mum van tijd zien veranderen in een schooljochie dat op zijn kop krijgt, omdat hij zijn huiswerk niet gedaan heeft? Het duurde de televisieregisseur in Londen allemaal veel te lang. Hij besloot door te schakelen naar een volgend land: België. Van de beroemde anekdote is derhalve toen, en ook later, nimmer meer iets vernomen.'

Ook nu nog verkneukelde Ustinov zich, alsof hij het hele voorval jaren later opnieuw beleefde.

Een Engelse wereldkampioen Formule 1 en intelligente nederigheid in het Kremlin

Ustinov mocht dan geboren zijn in Londen, door zijn afkomst voelde hij zich wel degelijk sterk verbonden met de Russen. Zoals hij overal graag zijn mening ventileerde, wilde hij ook Moskou graag laten weten wat hij van de gang van zaken in de wereld vond. Daartoe was hij lid van een internationaal clubje dat met enige regelmaat bij elkaar kwam. Het was een eminent gezelschap met onder andere schrijver

James Baldwin, die vooral het racisme in de VS regelmatig als onderwerp koos, de Amerikaanse trendwatcher en futuroloog Alvin Toffler, toneelschrijver Arthur Miller (ah, daar is-ie weer) en wonderlijk genoeg ook iemand als de Engelse wereldkampioen Formule 1 Jackie Stewart. Ze kwamen bij voorkeur bijeen op exotische locaties en bespraken daar hoe het nu verder moest met de internationale politiek. Na elke meeting stuurden ze hun standpunten dan per telegram naar in elk geval het Witte Huis en het Kremlin. Precies één keer kwam er een telex uit Washington, afkomstig van de mensen van Ronald Reagan, waarin de goede ontvangst werd bevestigd. Verder niks. Tot Gorbatsjov aantrad. Ustinov vertelde: 'Tot onze verbazing reageerde hij binnen twee dagen en nodigde ons "met spoed" uit in Moskou. Verheugd als we waren dat we in elk geval door één van de grote machthebbers serieus genomen werden, ging een afvaardiging van ons belangwekkende gezelschap naar de Russische hoofdstad. Ik behoorde tot de uitverkorenen.'

Daar volgde een uiteindelijk ruim drie uur durend onderhoud met de Russische leider. Hij richtte zich tot zijn gasten: 'Ik ben zeer geïnteresseerd in uw visie. Wilt u die mij nu nader verklaren. Wanneer ik vragen heb of een kritische opmerking wil plaatsen, wilt u mij dan het recht geven op die mogelijkheid? Van mijn kant, wanneer ik iets zeg waarop u wilt reageren, aarzel niet mij te onderbreken.' Toen richtte hij zich tot de aanwezige tolken: 'Als ik iets te snel ga, waarschuw me, dan kan ik mijn tempo aanpassen.'

Ustinov en de zijnen waren met stomheid geslagen. Een Russische president die zich bij herhaling tot de vertalers richtte met de vraag of het toch niet allemaal iets te snel ging. Verder verwijderd van het machogedrag van Vladimir Poetin kun je niet zijn. Het verklaart Ustinovs woorden voor zijn vertrek: 'Mister Gorbatsjov, ik ben u zeer erkentelijk. Niet alleen vanwege uw uitnodiging, maar vooral omdat ik niet gedacht had lang genoeg te zullen leven om hier zoveel intelligentie en nederigheid te mogen meemaken *at the pinnacle of Soviet power. At the pinnacle of any power!*'

De kwaliteit van ijslolly's, een moord in New Delhi en 'Mozart' als *famous last words*

Ustinov was een vat vol boeiende anekdotes: 'Het was 31 oktober 1984. Wij waren bezig om voor de Ierse televisie een groot programma te maken over de Indiase premier Indira Ghandi. Daartoe hadden we de zesenzestigjarige al een aantal malen voor de camera gehad. Tijdens die interviews was er merkbaar iets van een band tussen ons ontstaan. Niet in de laatste plaats omdat wij beiden enig kind waren en onze gedachten daarover gedeeld hadden. Zo bespraken wij hoe sterk het je als kind beïnvloedt, wanneer je tijdens het eten altijd naar volwassen, *sophisticated* gesprekken luistert. Als enig kind kun je het nooit eens met je broer of zus hebben over de kwaliteit van de ijslolly's of de nieuwe bril van het schoolhoofd. Gevolg is dat je daardoor al jong ouwelijk en wijsneuzig wordt.'

Opeens begreep ik hem ook een stuk beter, de Oudere Jongere sir Peter die tegenover ons zat.

'Die ochtend waren we toe aan het laatste van onze reeks interviews. Wij wachtten – als altijd – in de tuin van het paleis. Gandhi was deze keer niet op tijd, wat erg tegen haar principes inging. Dus zaten we daar. Om ons heen de stilte. En toen plotseling... het geluid van schoten. Drie, kort achter elkaar. Voor ons gevoel nog geen dertig meter bij ons vandaan. Hoe het komt dat we meteen de overtuiging hadden dat het om een aanslag op Ghandi ging, is niet echt te verklaren. Maar we wisten het zeker. Een paar seconden later: stenguns die zo te horen een heel magazijn leegschoten. Daarna weer die stilte, een onheilspellende stilte. Het sinistere was dat wij geen stemmen hadden gehoord, geen enkele schreeuw, alleen het geluid van het geweer en die mitrailleurs. Bizar was ook dat je zag dat de dieren om ons heen – de eekhoorns, de gieren – niet onrustig werden. Begrepen zij instinctief dat de schutters het niet op hen voorzien hadden, hoe dichtbij het geluid ook was? Wonderlijk ook dat dit soort dingen in India zelden of nooit in een slaapkamer of kelder gebeuren, maar in alle openheid. Ook die andere wereldberoemde Gandhi, Mahatma, vredelievend voorvechter van de Indiase onafhankelijkheid, is op straat om het leven gebracht, tijdens een massale gebedsbijeenkomst. Dat gebeurde ook in de hoofdstad New Delhi, toen, in 1948, door een extremistische hindoe. In het huidige geval wist iedereen die het geweervuur gehoord had meteen: Indira Gandhi is vermoord. De daders bleken twee van haar eigen lijfwachten te zijn.

Voor ons westerlingen niet invoelbaar is ook de manier waarop de Indiër dan blijkbaar reageert: als een olifant die door een wesp gestoken wordt. Geen spoor van paniek, geen wegrennende bedienden, geen krijsende kinderen. Na de ijzige stilte kwam het eerste geluid van hard dichtgeslagen portieren en wegrijdende wagens, naar later bleek op basis van een rustig bevel: er moest ruimte gemaakt worden. Dus moesten er auto's worden verplaatst. Ook dat geschiedde weer zeer ordelijk. Een kapitein kwam naar ons toe: "Heeft u iets gezien?" En, ongevraagd: "Wij zijn niet boos op de moordenaars. Wij moeten alleen zien hoe wij de zaak goed regelen..." De reactie van een door een insect geprikte olifant? Veeleer die van een zeer ontwikkeld volk. Enige tijd later: weer schoten. Nu een machinegeweer, dat duidelijk niets te maken had met de eerdere schietpartij. Soldaten begonnen elkaar onder vuur te nemen. Dat was de eerste spontane reactie op wat er was gebeurd.'

De manier waarop Ustinov al deze verhalen vertelde, maakte eens te meer duidelijk waarom Engelands talkshowkoning uit die dagen, Terry Wogan (destijds driemaal per week om zeven uur op de BBC), elke met een proefprogramma worstelende jonge programmamaker als raad meegaf: 'Strik Ustinov. Hij is de enige bij wie je de absolute zekerheid hebt van een goede pilot.'

Ook wij waren zeer onder de indruk van de overweldigende persoonlijkheid van de grote denker, levensgenieter en gebrekkig brievenbeantwoorder met dat onuitputtelijk reservoir aan prachtige verhalen: 'Mijn vader wilde niet ouder worden dan zeventig. "Als je aftakelt is het leven niet leuk meer," zei hij altijd. Hij was dan ook niet van plan ouder te worden dan zeventig.'

Zelden zal iemand zich zo aan zijn woord gehouden hebben.

'Het was de avond voor zijn verjaardag. Over een paar uur zou Jona die zeventig volmaken. Reden genoeg voor een groot feest. Tijdens de voorbereidingen daarvan liet hij ons onze gang gaan, zelf ging hij naar boven: "Even rusten." Wie denkt er op zo'n moment aan die, op het eerste gezicht, loze uitspraak over niet ouder willen worden? Maar niet meer dan een paar uur voor we het "Happy Birthday" hadden kunnen inzetten, was hij blijkbaar klaar met zijn leven. Hij had zich niet zomaar teruggetrokken op zijn slaapkamer. Toen hij iets te lang wegbleef, bleek dat hij al in een soort comateuze toestand was. Hij sprak nog wel, maar alleen Frans. Dat op zich was al heel vreemd. Want hij had nog nooit Frans gesproken, maar altijd Engels of Duits. Heel even kwam hij bij, keek mij aan en zei: "*Tiens, je te reconnais de mes rêves.*" Hé, ik ken je uit mijn dromen. Het waren zijn laatste woorden. Noem het paradoxaal genoeg een schitterende dood, ons verdriet was er niet minder om. Het hielp in elk geval iets dat we ons realiseerden dat mijn vader zich – zoals bijna altijd – gehouden had aan een overtuigend gedane belofte.

Ook het moment van overlijden van mijn moeder was heel apart. Nadia Ustinov was uitgesproken prowesters en werd niet graag herinnerd aan haar jeugd in Rusland. En toch brabbelde ze op haar sterfbed opeens iets onverstaanbaars, waarvan we alleen meekregen dat het Russisch was. Hoogst verbazingwekkend. En de hele situatie kreeg nog iets extra onwerkelijks vanwege het radiootje dat ik vlak naast haar bed had gezet. Daar waren op het moment van haar overlijden stukken te horen uit de opera *Don Giovanni*. Samen luisterden we daarnaar. Nadia lachte en zei: "Mozart."

Dat was meteen haar laatste woord. Een *famous last word* dat ik iedereen zou toewensen: Mozart.'

Vanaf het moment dat zijn vader overleed, had Peter wel de angst dat hij ook niet langer zou mogen leven dan zeventig jaar. Het bereiken van die leeftijd voelde voor hem dan ook als een wedergeboorte, al besefte hij wel dat het 'tijd werd dat ik eindelijk eens zou besluiten wat ik met mijn leven wilde gaan doen'. Zijn zoon had daarop een fabelachtige reactie: '*Don't hurry.*' Haast je niet.

Ustinov deed geweldige uitspraken over het ouder worden. Hij omschreef ons lichaam als een Hertz Rent-A-Body: 'Als je geboren wordt, ga je naar de balie en vraagt: "Heeft u geen model met een sterkere motor en kan ik er misschien een krijgen met een schuifdak?" Als dan het antwoord is: "Dit is het enige dat we hebben, *take it or leave it*", dan zeg je onmiddellijk: "*Okay, okay! I'll take it*" en dan zit je er voor je hele verdere leven aan vast. Als je ouder wordt en je ziet dat je minder snel optrekt en dat een van de deuren niet langer goed sluit, kun je niet terug naar de balie. Dus eindig je ergens op de wereld met een rode driehoek.'

Bij het slot van onze opnames hield Ustinov de zaak geheel in eigen hand. Want waar bij elk normaal interview het 'dank u wel' van de interviewer het einde betekent, wilde ook hier Ustinov zelf het laatste woord. '*Dank oe wel mieneer, tot oew dienst.* En vergeet niet: informatie gaat snel. Maar misinformatie gaat met dezelfde snelheid. Tot ziens.'

Een dominee in oorlogstijd en een wereldkampioen Formule 1 met panne

We waren dus al eerder in Bursins langs geweest, waardoor we elkaar bij ons tweede bezoek als oude bekenden troffen. Wel deelde hij ons mede dat we haast moesten maken met het interview omdat hij een lunch had geregeld in een van zijn favoriete restaurants aan het meer. Dit keer was de zitkamer redelijk opgeruimd, dus we konden vrijwel meteen aan de slag. Wel viel het ons op dat er hier en daar Nederlandse bankbiljetten lagen, van 10 en 25 gulden. 'Zodat jullie je een beetje op je gemak voelen,' zei Ustinov.

Je moet het maar bedenken. Hij wees ook nog op het schilderij boven de haard dat ons de vorige keer al was opgevallen. Een man te paard tegen de achtergrond van een dreigende lucht van de hand van de zeventiende-eeuwse meester Albert Cuyp, een van zijn favoriete schilders uit de Gouden Eeuw.

Ustinov heeft voor ons land altijd een apart plekje in zijn hart gehouden. Hij was een van de eerste bezitters van een DAF Variomatic, dat Nederlandse wonder op wielen met de revolutionaire schakelbak. Razend enthousiast was hij over die eerste echte automaat in een autootje dat nu eens niets had van een protserige Amerikaan: 'Ik ben ermee van Genève naar Parijs gereden. In anderhalf jaar!'

Met dat Dafje begaf hij zich ook naar een van de vergaderingen van de mannen die Moskou en Washington wilden laten weten hoe het verder moest met de wereld. Dit keer zouden ze bij elkaar komen in een schitterend hotel, boven op een van de bergen bij Genève. En dus hoefde Ustinov dit keer niet naar de luchthaven voor een trip naar een ver, zonnig oord, maar kon hij gewoon op weg met zijn revolutionaire Nederlandse karretje. De dagen voor de betreffende meeting had het onophoudelijk gesneeuwd en dus leek de trip omhoog geen eenvoudige zaak. Zo niet voor de DAF. Die nam hellingen en haarspeldbochten zonder de minste moeite. Niet alle leden van de groep hadden het zo getroffen. Halverwege de berg zag Ustinov een van de andere gasten langs de weg staan, gestrand in een enorme berg stuifsneeuw. Het was een peperdure super-de-luxe Ford die het begeven had. De eigenaar ervan was gewend dat in zulke gevallen een legertje mecaniciens het probleem voor hem in no-time zou oplossen. Maar op hen kon Jackie Stewart (hij was het die met panne stond!) hier, op deze afgelegen berghelling, geen beroep doen. Ustinov zag hoe de voormalig wereldkampioen wanhopig probeerde het gevaarte uit te graven, maar vooralsnog zonder resultaat. Sir Peter stopte even, zag het met een nauwverholen glimlach aan, draaide zijn raampje open en terwijl Stewart rekende op een helpende hand, hoorde hij alleen: *'I'll tell them you're on your way!'*

Waarop Ustinov het gaspedaal van de DAF nog eens extra intrapte en, in zijn eigen woorden, met een vaartje van één kilometer per uur verder reed.

Ustinov was onder de indruk van wat er uit ons land aan vernieuwende vindingen afkomstig was, maar ook van wat er aan puur ambachtelijke kwaliteit geleverd werd. Zo liet hij zijn zeiljacht in Amsterdam bouwen bij De Vries Lentsch Amsterdamse Scheepswerf (je hoort het Ustinov zeggen). Die – met gepaste overdrijving – *Dutch connection* was al in de oorlog begonnen, toen hij in 1941(!) een nauwelijks noemenswaardig rolletje had gekregen in de Britse speelfilm

One of Our Aircraft Is Missing. Daarin had hij als dominee een paar regels Nederlandse tekst: 'De twaalfde zondag na Pinksteren. Kerkdiensten als op zondag. Laat ons bidden...'

Meer niet, want op dat moment vielen de Duitsers de kerk binnen, waarop de organist eerst zachtjes, later op vol volume, het Wilhelmus begon te spelen. Sindsdien had Ustinov dus iets met ons land, onze taal en cultuur. Ook was hij door filmer Bert Haanstra gevraagd de Engelse voice-over te doen bij diens Oscar-winnende documentaire *Alleman*. Later zou hij ook de stem doen van dr. Snuggles, hoofdrolspeler in die verrukkelijke Engelse tekenfilmserie over een altijd opgewekte heer die leeft in een wereld waar dieren en voorwerpen kunnen praten en die steeds weer op de proppen komt met krankzinnige uitvindingen. De Nederlandse producent Joop Visch, de grote man achter het project, heeft altijd volgehouden dat het puur aan sir Peters stemgeluid te danken was dat die serie een wereldwijd succes is geworden.

Toen het tijd was om naar het restaurant te gaan, moest zijn Franse echtgenote Hélène (zijn derde eega) gewaarschuwd worden, want zij zou meegaan. Bij binnenkomst hadden we gezien dat zij beneden in het buitenzwembad haar baantjes aan het trekken was. Hij vertelde dat hij een geheel eigen methode had om aan te geven wanneer het vertrek, in dit geval naar de lunch, aanstaande was. In plaats van een 'We gaan! Kom je?', drukte hij dan op een knop: 'Kijk maar even naar beneden!'

Daar zagen we hoe door zijn actie de betonnen overkapping van de *piscine* in beweging werd gezet. Piepend zakte die langs vier metalen kettingen naar beneden. En ook nog eens niet heel langzaam, waardoor zijn Hélène zich ook nog aardig snel uit de voeten moest maken om te voorkomen dat ze geplet zou worden. Tja...

In de tussenliggende jaren had Ustinov aan zijn toch al niet geringe hoeveelheid practical jokes duidelijk wat nieuw repertoire toegevoegd. Hoe juist die constatering was, bleek in het restaurant: 'Waren jullie, zoals afgesproken, morgen gekomen' behoorde tot de inmiddels afgedankte grappen. Dit was andere koek. Na de copieuze lunch vroeg hij om de rekening en tikte tegen mijn elleboog: 'Let op.'

Ik had geen idee wat mijn extra aandacht verdiende, maar dat werd al snel duidelijk. Ustinov, inmiddels al geruime tijd geleden door de Engelse koningin geridderd en inmiddels dus *sir* Peter, had bewust afgerekend met een creditcard waarvan de geldigheidsdatum al een poos verstreken was. Hélène zuchtte hoorbaar, ten teken dat zij deze voor ons nieuwe grap voor de zoveelste keer in haar leven moest meemaken. Maar Ustinov zelf genoot zichtbaar van de lichte paniek waaraan in de hoek van het etablissement de gerant, de sommelier en de beide obers ten prooi vielen. '*Excusez-nous, monsieur Ustinov, mais...*'

Het gezicht van madame Ustinov stond inmiddels op onweer toen haar echtgenoot, na een kort '*excusez-moi*', opnieuw met een verlopen betaalkaart op de proppen kwam. De paniek in het sterrenrestaurant laat zich raden. Zelf kon hij zijn lachen niet inhouden.

Na een uitbundig 'dank u wel voor de lunch' stapten we in onze huurauto en reden weg. We waren nog geen honderd meter verder of de chauffeur stopte. In zijn spiegel had hij een op ons afstormende Ustinov waargenomen. We keken om en zagen de dikke zestiger, die gezien zijn hijgen en puffen niet dagelijks meer aan zo'n sprintje toekwam. Waren we iets vergeten, was er apparatuur blijven liggen? Ik draaide het raampje open. Ustinov stak zijn rood aangelopen hoofd naar binnen en zei: '*Iek ga nu mij frau verkoop op Albert Cuyp.*'

Wij waren zo met stomheid geslagen dat we geen enkele reactie in huis hadden. Ustinov wel. Hij keek uiterst tevreden, zwaaide en sjokte terug naar het restaurant.

De laatste keer dat we elkaar ontmoetten was toen ik in Den Haag als producent verantwoordelijk was voor de International Danny Kaye Award, waarvan Ustinov de presentator was. Toen zagen we dat hij niet elke dag met hetzelfde vrolijke, humoristische been uit bed stapte. Tijdens de eerste repetities was hij in een geweldige bui, maakte zoals verwacht de ene grap na de andere. Dat leek de opnameleider van dienst een vrijbrief om heel vriendschappelijk met hem om te gaan. Met enige regelmaat legde die een arm om sir Peter heen. En toen bleek dat er één ding was waaraan hij een hartgrondige hekel had: dat mensen hem ongevraagd te amicaal behandelden. Je zag de afschuw op zijn gezicht, maar de stagemanager zelf had niets in de gaten. Helaas, het kwam niet meer goed. De stemming van de beroemde presentator werd met de minuut minder en toen de opnames begonnen en ik buiten beeld van achter de coulissen mocht roepen: '*Ladies and Gentlemen, sir Peter Ustinov!*', slofte hij met merkbare tegenzin het toneel op. Live uitgezonden in twaalf landen draaide hij zich vlak voor zijn eerste tekst op de bühne naar mij om en zei: '*I hate galas!*'

Sir Peter Ustinov overleed in 2004. Hij werd tweeëntachtig, twaalf jaar ouder dan zijn vader. Zíjn laatste woorden zijn bij mijn weten nergens opgetekend.

Een einde als Kennedy

Het was geen kunst om met Fortuyn een boom op te zetten. Alleen al over de kinderfantasie: priester willen worden, koningin(!) of paus. Dat laatste was niet zo gek, want Fortuyn kwam uit een Noord-Hollands gezin van zes waar het katholicisme een belangrijke rol speelde. Maar dat hij ooit in het Vaticaan zou kunnen belanden, werd alleen al onwaarschijnlijk door zijn uitgesproken opvattingen: 'Religieuzen zijn seksueel gefrustreerde mensen.' En: 'Ik leerde die nacht dat sperma de smaak aanneemt van de drank die je bedgenoot drinkt, in dit geval Groninger Berenburg.'

Toen dat tijdens ons eerste studiogesprek ter sprake kwam, kon ik het niet laten: 'Dit lijkt me wel de kortste weg naar het pausdom.'

Als je hem met deze contradictie confronteerde, kwam Fortuyn met het van hem bekende: 'Waar staat geschreven dat de mens consequent moet zijn?'

Tijdens een latere ontmoeting, thuis in Rotterdam, hadden we afgesproken om ooit een keer mee te gaan naar zijn Italiaanse lievelingsoord Provesano. Op 26 april 2002 was het zover. Omdat een Rotterdamse raadsvergadering eindeloos was uitgelopen en hij daardoor zijn vlucht had gemist, had Fortuyn laat op de avond op – volgens hemzelf – miraculeuze wijze een oude tweepropellerkist geregeld. Hij moest en zou (letterlijk koste wat kost) op het onzalig late uur nog naar Italië. (Pim: 'Geen idee wie dit gaat betalen, maar dat zien we later wel.') Want voor Fortuyn gold te allen tijde 'afspraak is afspraak'. Dus daar kwam hij, midden in de nacht, vergezeld van zijn twee Cavalier King Charles Spaniëls Carla en Kenneth.

De volgende ochtend was dit de draad van ons gesprek: 'Is dit niet hét moment om ermee op te houden? U heeft alles bereikt wat u wilde, politiek Den Haag is klaarwakker en u kunt toch uw harde standpunten nooit voor honderd procent omgezet krijgen in nieuwe regelgeving.'

Sterker nog, Fortuyn was al zo verstrikt geraakt in de mores van de Haagse politiek dat hij bereid was tot allerlei compromissen. Er leek weinig over van zijn 'ik zeg wat ik vind en ik doe wat ik zeg'.

Er waren zoveel redenen om de politiek vaarwel te zeggen. De constante bedreigingen, de taart die voor de camera met geweld in zijn gezicht werd geduwd.

'Als je het op televisie ziet, moet je er eigenlijk wel om lachen. Maar als het je overkomt is het zó'n daad van agressie. Ik zie nog dat van haat vertrokken gezicht voor me. Ik had er dagen last van, had nooit gedacht dat het zoveel met je zou doen.'

En er was de manier waarop hij meer dan eens in de pers bejegend werd: 'Hoe is het met uw seksleven?'

'Matig.'

'Ja, want ik zie eelt op uw handen.'

Je gelooft het gewoon niet. Klinisch psychologen die met grote artikelen kwamen over zijn geestesgesteldheid: hij was een narcist, een gestoorde persoonlijkheid. Je zou het maar over jezelf lezen.

Fortuyn had nog een probleem: om na de verkiezingen de politieke strijd aan te kunnen gaan, had hij veel meer bondgenoten van hetzelfde niveau nodig. Maar die had hij niet. In het informele circuit klaagde hij er regelmatig over. Ik gaf als voorbeeld: 'Janssen van Raaij en Ferry Hoogendijk. Ik zie grote glazen bourgogne en laaghangende sigarenrook, maar geen frisse wind vanuit Den Haag.'

Fortuyn besefte wel dat je een beetje gek moest zijn om dit te willen. En toch – ongelofelijk, maar waar – hij liet zich door niets uit het veld slaan, wilde hoe dan ook zijn doel bereiken. En hij had nog genoeg plezier over: 'Ik geniet van het leven. Wat mij betreft mag het nog wel even duren. Maar daar gaan we niet over...'

En: 'Ik heb zoveel in mijn leven gekregen aan liefde en aandacht, dat het een schande zou zijn als ik niet zou zeggen dat ik toch een mooi leven heb gehad.'

Uitspraken met een profetische lading. Het was zijn laatste, grote televisie-interview. Want, als gezegd, het was 26 april 2002. Negen dagen voor hij op het Mediapark op brute wijze werd vermoord.

Pim Fortuyn. Je kan hem hooguit verwijten dat zijn moeder Jacoba hem meerdere malen gesmeekt had om uit de politiek te stappen. 'Op haar sterfbed had ze me nog gevraagd om van mijn politieke ambities af te zien.'

Ze had hem nog zo gewaarschuwd: 'Als je zo doorgaat, overkomt je hetzelfde als Kennedy.'

Een van de redenen waarom ik op onze Italiaanse ontmoeting terugkom is deze. Na afloop zaten we even bij te komen op het terrasje van zijn – inmiddels ter ziele gegane – favoriete café aan de overkant, bar *da Eddy*. De cameraman was al bezig alles weer in te laden. En toen gebeurde het: 'Ik zal je eerlijk zeggen: Ik wilde de zaak een beetje opschudden, maar het is totaal uit de hand gelopen. Dit was nooit mijn bedoeling.'

Hadden we die twee zinnen nog maar kunnen opnemen.

AUDREY HEPBURN

Kind van de oorlog

Audrey Hepburn heb ik voor altijd in mijn hart gesloten. We leerden elkaar kennen dankzij haar werk voor UNICEF en de programma's die ik voor het kinderfonds heb mogen maken. Ik durf gerust te zeggen dat we een bijzondere band kregen. Als enigen gaf ze ons toestemming om opnames te maken in het huis waar ze het grootste deel van haar leven heeft doorgebracht, het verrukkelijke La Paisible ('Het vredige') in het Zwitserse Tolochenaz. Meer dan dertig jaar was dat huize Hepburn. Veelzeggend was dat niets daar herinnerde aan haar grootse filmcarrière. Geen poster, geen Oscar, alleen foto's van de familie en de kinderen. Ze heeft er gewoond met acteur Mel Ferrer, haar eerste echtgenoot, en hun zoon Sean. Na de pijnlijke scheiding kwam haar tweede man naar het Zwitserse dorp, de Italiaanse arts Andrea Dotti. Met hem kreeg ze een tweede zoon, Luca. Maar ook aan die relatie kwam voortijdig een einde. De scheidingen beschouwde zij – naast de vijf miskramen – als het grootste drama in haar leven. De enige man die haar echt langdurig gelukkig maakte, was geliefde nummer drie, de Nederlandse acteur Robert Wolders.

Twee anekdotes zijn voldoende om aan te geven hoe Audrey juist altijd bezig was met het geluk van anderen. Als er bij ons gezinsuitbreiding was (en dat gebeurde drie keer), kwam het echt niet in ons hoofd op om een geboortekaartje naar Zwitserland te sturen. Toch werd er (toen nog) in Bussum een cadeau afgeleverd met felicitaties. Hoe ze erachter gekomen was dat er weer een kleine Niehe deze wereld onveilig kwam maken, heb ik nooit kunnen achterhalen. Een andere keer werd er op een zondagochtend rond een uur of tien aangebeld. Gekleed in onderbroek deed ik open, want wie anders dan een vriend zou op dit vroege weekenduur de rust komen verstoren? Ik moet rood aangelopen zijn toen Robert voor de deur stond. 'We zitten om de hoek in Jan Tabak (een befaamd Bussums hotel) en Audrey zei: "Vraag Ivo en zijn vrouw of ze zin hebben om even koffie te komen drinken."' Zo was ons behoorlijk intensieve interview in La Paisible ook geëindigd – met de simpelste *famous last words* die je kunt bedenken: 'Voor je weggaat, heb je zin in iets lekkers? Ik heb een paar hapjes gemaakt. Staan in de keuken.' Ik snap precies waarom Steven Spielberg haar voor haar laatste film de rol van engel heeft gegeven.

Audrey zei altijd: 'De oorlog heeft me mede gemaakt tot wie ik geworden ben.'

Gek genoeg is er juist veel te doen geweest over haar rol tijdens de bezetting. Veel negatieve berichten vooral, om te ontkrachten dat ze behoorlijk actief was geweest in het verzet. Alsof ze dat zelf ooit beweerd zou hebben. Jaren vóór die negatieve publicaties zei ze er bij ons het volgende over: 'Toen de oorlog uitbrak was ik in Nederland. Mijn moeder dacht dat dat het veiligst was omdat Holland tot dan toe altijd neutraal was geweest. Er is veel geschreven over wat ik in het verzet gedaan heb: heel weinig. Wat kon je als veertienjarige? Ik heb een paar dansvoorstellingen kunnen doen voor het verzet in door mijn moeder van oude gordijnen gemaakte kostuums. En ik heb een keertje *Het Parool* rondgebracht, een krantje van de ondergrondse. *That's it.*'

Dat ze de oorlog overleefde mag een wonder heten – en dat is dan weer onderbelicht gebleven. Tijdens artillerievuur vanuit vliegtuigen van de geallieerden kon ze net op tijd dekking zoeken onder een tank. Verder heeft Audrey meer dan eens verteld hoe ze de bezetting door de Duitsers in Arnhem, Velp en Amsterdam heeft beleefd. 'In menig opzicht was het een mooie tijd. Mensen hadden elkaar meer dan ooit nodig. Je zat rond de tafel aan de hutspot, gemaakt van aardappelen. Het is een enorme invloed op de rest van je leven. Zo'n ervaring blijft een deel van je. Voor altijd waardeer je vrede en vrijheid. Je zag zoveel lijden. Mijn broer, student nog, werd afgevoerd naar Duitsland om daar bij de *Arbeitseinsatz* te gaan werken. Veel vrienden zijn vermoord of kwamen in de kampen.'

Opeens ging ze deels over op het Engels: '*I once witnessed* hoe sommige mannen tegen de muur werden gezet *and shot* als vergelding voor wat dan ook. Dat blijft altijd bij je.'

Het ergste vond ze de rol van haar vader, die het gezin toen Audrey nog een kleuter was al had verlaten. Het is bekend hoezeer hij met Hitlers ideeën sympathiseerde. Ik weet niet of ze op de hoogte was van het werk van Benjamin Ferencz, maar ze zou voor diens ongelofelijke actie ongetwijfeld het grootst mogelijke respect hebben opgebracht. En terecht.

BENJAMIN FERENCZ

Een held van honderdtwee jaar jong

Het was meesterlijk nieuws toen de destijds honderd-, inmiddels honderdtweejarige, in de Roemeense regio Transsylvanië geboren Amerikaanse jurist Benjamin Ferencz bereid bleek ons te woord te staan. Dat deed hij niet zo gek vaak meer, want hij had zijn verhaal al zo vaak verteld, maar om eerlijk te zijn had ik niet meer dan een vaag beeld van wat hij in zijn leven gepresteerd heeft. Onbegrijpelijk, want Ferencz organiseerde na de Tweede Wereldoorlog zo ongeveer in zijn eentje een vervolg op het grote Proces van Neurenberg, waar vierentwintig nazikopstukken berecht werden en waar mannen als Herman Göring, Arthur Seyss-Inquart en Joachim von Ribbentrop ter dood werden veroordeeld. Van de vierentwintig kregen er in totaal twaalf de doodstraf. De anderen kregen levenslang of celstraffen variërend van tien tot twintig jaar.

Ferencz vond dat ook de nazi's die verantwoordelijk waren voor de gruwelijkst denkbare massamoorden in Oost-Europa voor de rechter verschijnen. Het probleem was dat de organisatoren van het grote tribunaal na de uitputtingsslag van de rechtszaak tegen de 'top-24' geen zin meer hadden in nóg zo'n slopende periode. Maar Ferencz was naar een aantal concentratiekampen geweest, had zich toegang verschaft tot geheime Berlijnse archieven en daarbij zoveel dramatisch belastend bewijsmateriaal verzameld dat hij doorzette. Hij werd hoofdaanklager van het zogenaamde *Einsatzgruppen*-proces. Historisch is de opname waarbij de 1 meter 49 lange Ferencz tijdens zijn requisitoir, het openingspleidooi dus, achter de katheder op een stapel boeken stond om bij de microfoon te kunnen. Ook

'Neurenberg 2' werd een legendarisch proces met voor de daders zware straffen. Een uniek stuk geschiedenis, waarvan het de moeite loont er alles over uit te zoeken.

Het gesprek met Ferencz was met de grootst mogelijke moeite tot stand gekomen. We spraken elkaar via een beeldverbinding. Ferencz in zijn woonplaats Delray in Florida, ik in Amsterdam. Vooraf hadden we geen contact gehad. Alles was geregeld via zijn zoon Donald. En omdat we niet wisten of zijn vader voor het interview in voldoende goede conditie was, hadden we voor alle zekerheid ook hem gevraagd om voor de camera te verschijnen. Dat bleek achteraf totaal niet nodig, want Ferencz, die zich bij voorkeur in korte broek liet fotograferen, deed nog dagelijks zijn push-ups en was meerdere keren per week te vinden in Delrays openbare zwembad.

Het werd een topgesprek. Hij vertelde over hoe hij als afgestudeerd jurist tegen het einde van de oorlog van het Pentagon de opdracht kreeg om Duitse misdaden tegen Amerikaanse soldaten te onderzoeken en in kaart te brengen. 'Ik heb soms zelfs moeite om het te beschrijven. Dan komen de tranen. Ik had destijds niet de luxe om emotioneel te worden. Ik wist wat me te doen stond: naar binnen, het bewijsmateriaal verzamelen en wegwezen. Ik deed alsof het een Hollywoodset was, alsof het niet echt was. Dat deed ik zodat ik kon doorgaan onder deze afschuwelijke omstandigheden. De dingen die ik gezien heb, waren zo ongelooflijk dat elk weldenkend mens zich genoodzaakt zal voelen om te zorgen dat het nooit opnieuw gebeurt.'

Over hoe hij zich voelde toen hij op zijn zevenentwintigste voor het eerst een rechtszaal binnenkwam om het grootste moordproces uit de geschiedenis te leiden: 'Een kwestie van vertrouwen. Als ik geïnteresseerd ben in het probleem, probeer ik het op te lossen.'

En over zijn besluit om van dit onderzoek zijn levenswerk te maken: 'Dat was een vastberadenheid uit wanhoop. Ik weet dat ik niet volledig kan slagen, maar ik put moed uit de vooruitgang die wordt geboekt in de richting van een humanere wereld.'

Omdat het nu eenmaal zo afgesproken was, zeiden we na afloop van het interview: 'Wilt u zo goed zijn uw zoon te vragen ons ook even te woord te staan?'

De scène die toen volgde hebben we nog op tape staan. Ferencz riep zijn zoon. Geen reactie. Hij riep hem nog twee keer. Opnieuw zonder succes. We hoorden een stem van achter de deur: 'Hij staat onder de douche!' In het besef dat het dus nog wel even kon duren, zei Ferencz: 'Zal ik intussen wat foto's laten zien?' Hij trok een la open en gaf foto na foto een gedetailleerde uitleg over wat we daarop zagen. 'Hier, met vrouw en kinderen in Neurenberg. Daar hebben we voor het proces een aantal jaren gewoond. Kijk, dit ben ik met mijn vrouw Gertrude. Hier een leuke foto met het hele gezin.' Zo hield hij ons een minuut of tien aangenaam bezig. Hij deed nog één poging: 'Donald!' Aangezien we enthousiast waren over het gesprek met de oude jurist hadden we de 'noodoplossing Donald' niet nodig. 'Laat u maar. We hebben genoeg steengoed materiaal. Heel veel dank.' We verbraken de telefoonverbinding.

Nog geen drie minuten later ging thuis bij redacteur Inge Teeuwen de telefoon. Zij had alles geregeld, vandaar dat het niet verrassend was dat Donald haar nummer had. Hoorbaar geïrriteerd zei hij: 'Wat heb ik nu? Kom ik binnen, is de camera al uit en zie ik iedereen bezig met inpakken. Dit was niet wat we afgesproken hadden.' Inge verontschuldigde zich, alarmeerde de cameraploeg en zo kon Benjamins zoon alsnog zijn zegje doen. Zegje? Het was een monoloog, een hoogwaardig college van bijna een kwartier. Tussendoor een vraag stellen was niet nodig en niet mogelijk. Bloedinteressant, meer dan de moeite waard, maar zó vol informatie dat je om zijn referaat te kunnen volgen heel wat voorkennis nodig had. Het was meer iets voor een artikel in een krant of weekblad, en in deze vorm voor televisie minder geschikt. Dat drong pas tot ons door toen Donald alweer uit beeld was. Terwijl de camera nog aan stond kwam vader nog even om de hoek kijken voor zijn slottekst: 'Mister Niehe, dit was goed. Maar echt de allerlaatste keer!'

RAMSES SHAFFY VERSUS ANDRÉ KUIPERS

De mooiste uitspraken

Soms zeggen bekende mensen op televisie iets zó mooïs tegen elkaar dat je denkt: er is nog hoop, het is allemaal nog niet verloren. Voor het – naar later bleek – laatste portret dat we maakten met Liesbeth List, hadden we Ramses Shaffy benaderd om iets persoonlijks tegen haar te zeggen. Nou, dat deed hij met liefde.

'Dat je maar weet, ik houd van je. Vooral van je moed, je kracht en je positieve instelling in dit leven. Je geeft heel veel mensen in je omgeving steun, ook mij. Je was er vanzelfsprekend. We hebben één ding gemeen: we zijn allebei geadopteerd. En je hield net zoveel van jouw adoptieouders als ik van de mijne, en daaruit konden we ook onze eenzaamheid verklaren die we in elkaar herkenden. Ik ben God heel erg dankbaar dat we elkaar ontmoet hebben. Dag Liesbeth.'

En dan astronaut André Kuipers. 'Wij groeien elke dag met meer dan tweehonderdduizend mensen en die willen allemaal zo kunnen leven als wij. Dat gaat natuurlijk niet. Ik vloog over India en ik dacht: Wauw, daar wonen een miljard mensen. Die denken allemaal dat de aarde oneindig is. Maar over anderhalf uur zie ik India alweer. Toen kreeg ik een claustrofobisch gevoel, niet voor mezelf, maar voor onze planeet. Dat hele heelal is leeg, koud, er is straling. De aarde zit gewoon vast in een hele nare omgeving waar we niet uit kunnen. Als we het verknallen daar beneden, kunnen we nergens anders naartoe. Dat is een raar gevoel.

Ten minste één vakbroeder had het precies zo kunnen formuleren.

Astronaut met een missie

Het is een geliefd gespreksonderwerp op verjaardagen en tijdens de nazit van een begrafenis: 'Nou, jij was er ook bijna geweest, hè?'

'Het had inderdaad maar een haartje gescheeld of we hadden elkaar hier vandaag niet meer gezien.'

In de meeste gevallen gaat het om een licht geromantiseerde ontsnapping aan een vroegtijdig levenseinde, maar er zijn mensen die de kunst van het overleven vanaf de geboorte hebben meegekregen. Veel spectaculairder dan het geval van Wubbo Ockels kan het niet worden. Hoe hij keer op keer Magere Hein wist te foppen, is nauwelijks voorstelbaar. Tot hij, na een ware reeks van zes ontsnappingen aan de dood, in Hem alsnog zijn meerdere moest erkennen. Ockels: astronaut, professor doctor, hoogleraar in de duurzame technologie, gepromoveerd in de kernfysica, natuurkundige met revolutionaire ideeën en met een op alle fronten vooruitziende blik. Neem alleen al de manier waarop hij Joos ontmoette, de liefde van zijn leven. Hij kende haar niet, sterker nog, hij kwam van een andere school en zag Joos op zijn dertiende voor het eerst in het fietsenhok van de Rijks-HBS in Groningen. Hij keek haar aan, en die ene steelse blik was genoeg voor het besef: met jou ga ik later trouwen. Romantischer kan niet. Het kan niet anders of tiener Joos zal gedacht hebben: Ja ja. Maar tien jaar later was het zover!

Als kind was Ockels wat je noemt een einzelgänger, met een ongewoon levendige fantasie die hem tot op het laatst niet in de steek zou laten. Zo was hij het brein achter de *Superbus*. Die moest in zijn beleving in een nabije toekomst met 250 kilometer per uur over speciaal aangelegde snelwegen razen. Hij was de geestelijk vader van de *Ecolu-*

tion, een zeilschip dat volledig in zijn eigen energie kon voorzien en waarop Ockels samen met zijn vrouw Joos de wereld over wilde. In aanloop naar hun geplande zeereis hadden Wubbo en Joos hun maxivilla in Aerdenhout al verruild voor een statig, maar aanzienlijk kleiner grachtenpand in Amsterdam. Het was niet de bedoeling dat dit onderkomen hun eindstation zou worden. Het plan was dat zodra Ockels' 'pronkstuk' afgebouwd was, zijn honderd procent ecologisch verantwoorde zeilschip voor de rest van hun leven hun nieuwe huis zou worden. In totale duurzaamheid over de wereld zeilen, dat was hun ultieme wens. Dat zou wéér afscheid nemen betekenen, nu van de rest van de spullen en van de meeste van hun kunstwerken. Hoewel, zoveel was er niet overgebleven na de Aerdenhoutse sale-met-gesloten-beurzen, waarvoor ze met vrienden en bekenden het motto gedeeld hadden: 'Kom maar halen wat je wilt hebben.'

Mochten Wubbo en Joos gedacht hebben dat de geïnteresseerden zonder al te opvallende gretigheid te werk zouden gaan, dan bleek dat al snel een pittig misverstand. Het kan niet anders of ze hebben met opgetrokken wenkbrauwen gekeken naar hoe letterlijk hun oproep geïnterpreteerd werd: 'Pak wat van je gading is, in het nieuwe huis hebben we toch geen plaats voor het meeste van wat je hier tegenkomt. En straks op de boot al helemaal niet!'

Toen Wubbo een paar maanden later uitkeek op een bevroren Keizersgracht, ging hij direct op zoek naar zijn schaatsen. Een vergeefse zoektocht, want ook die waren meegenomen...

Over spectaculaire ideeën gesproken: Ockels speelde ook een belangrijke rol in de tweejaarlijkse internationale wedstrijd voor auto's die rijden op zonne-energie. Al zes keer werd die prestigieuze race gewonnen door zijn studenten aan de TU Delft. En hij had nog zo veel meer plannen die hij verwezenlijkt wilde zien, juist ook op het gebied van duurzaamheid. Windenergie optimaal benutten met behulp van vliegers die veel hoger moesten reiken dan de doorsnee windmolen. Op grotere hoogte waait het immers harder en zijn de luchtstromen gelijkmatiger. Het was ook zijn initiatief waardoor in de Amsterdamse binnenstad een aantal oude grachtenpanden verduurzaamd werden, als voorbeeld van hoe je met de vaak uit de zeventiende eeuw stammende huizen moet omgaan om ze voor de toekomst te behouden. Ockels' project heet 'De Groene Grachten'. Wat had het hem trots gemaakt dat dit project inmiddels uitgegroeid is tot een jong, succesvol bedrijf dat veel monumentaal vastgoed onder handen heeft genomen, van Paleis Soestdijk tot de Zaanse Schans.

De term 'out of the box denken' was nog niet zo ingevoerd (en misbruikt) als tegenwoordig, maar voor alle innovatieve, originele, niet eerder door iemand bedachte oplossingen voor een betere wereld had die kwalificatie hoe dan ook voor Wubbo uitgevonden moeten worden. Hij was een bewonderd wetenschapper. Des te opmerkelijker was de deels alternatieve route die hij later zou kiezen om van een levensbedreigende ziekte af te komen.

Zeven dagen en vierenveertig minuten levensgeluk en een fatale constructiefout

30 oktober 1985. De wereld houdt de adem in als de spaceshuttle *Challenger* klaar is voor de grote ruimtereis. De bemanning heeft zich gemeld. Onder hen een op dat moment negenendertigjarige natuurkundige uit Almelo die de geschiedenis in zal gaan als de eerste Nederlandse astronaut. Per touringcar gaan de mannen op weg naar wat het avontuur van hun leven wordt: zeven dagen in de ruimte. Ze zijn niet verrast dat juist in deze laatste fase toch steeds weer de gedachte door hun hoofd speelt: zullen we hier aan het eind van deze week wel veilig terugkeren, zullen we familie en vrienden ooit weer in de armen kunnen sluiten? Maar er is geen weg terug – niet meer. De start verloopt vlekkeloos. Almeloër Wubbo en de rest van de crew kunnen gewichtloos aan het werk, intussen genietend van het beeld waarover ze gedroomd hebben en waarbij nu hun adem stokt: de aarde vanuit het heelal. Ockels' grootste wens was werkelijkheid geworden: dat hij het loodzware, twee jaar durende, door hemzelf als 'intensief' ervaren opleidingsprogramma had doorstaan betaalde zich nu uit. Op alle mogelijke manieren was onderzocht of de Nederlandse natuurkundige fysiek en psychisch wel opgewassen zou zijn tegen de taak die hem te wachten stond, maar zelfs de

meest belastende testen had hij met goed gevolg afgelegd. Hij stond toen al bekend als een extreme doorzetter: als hij iets in zijn hoofd had, moest daarvoor alles – maar dan ook alles – wijken.

Het vertrek was op die 30 oktober, de succesvolle terugkeer op aarde zeven dagen en vierenveertig minuten later. Dat de astronauten de ruimtereis zouden overleven, bleek achteraf een klein wonder te zijn. Toen tweeënhalve maand later, in januari 1986, de spaceshuttle *Challenger* opnieuw de ruimte in geschoten werd, nu met vijf mannen en twee vrouwen aan boord, eindigde hun ruimteavontuur dankzij een constructiefout in een gigantisch drama: drieënzeventig seconden na de lancering viel het hele gevaarte uit elkaar. Wubbo kende de omgekomen astronauten bijna allemaal persoonlijk. Met een aantal van hen had hij grote delen van zijn opleiding samen beleefd. Nog jaren later kon hij zijn emoties niet de baas als hij dacht aan het lot dat zijn collega's had getroffen. En wat hem nooit losliet was de ongekende mazzel die hij achteraf bleek te hebben gehad, want diezelfde dodelijke fout had zich ook bij de lancering van zijn *Challenger* kunnen voordoen.

Mazzel. Als er één woord op Wubbo Ockels' leven van toepassing is, dan is dat het wel. Zijn dochter Gean heeft een mooi boek over haar vader geschreven met de alleszeggende titel *De zeven levens van Wubbo Ockels*. Als de spreekwoordelijke kat die onder een gelukkig gesternte geboren is, had hij de dood zó vaak recht in de ogen gekeken, maar nooit betekende het een vroegtijdig einde aan zijn intensieve leven.

Een crash, uitzaaiingen en een bovenmenselijke inspanning

Zijn ruimtereis had dus zomaar dramatisch kunnen aflopen, maar twee jaar daarvoor al overleefde hij in Huntsville, Alabama wonder boven wonder een levensbedreigende bacteriële infectie die volgens doktoren praktisch niet te genezen was. Miraculeus was ook de manier waarop piloot Ockels bij een uitzonderlijke crash ongedeerd bleef. Vanwege dikke mist en een aantal communicatiefouten van de verkeerstoren kwam hij op het vliegveld van het Franse Lille met zijn vliegtuigje op een baan terecht, waar net op dat moment een Airbus

A320 aan zijn landing bezig was. Het enorme passagierstoestel klapte boven op Ockels' eenpersoonskistje. Na de infectie en zijn ruimtereis had hij voor de zoveelste keer assistentie gekregen van een reddende engel op zijn schouder.

In augustus 2005 kreeg Wubbo tijdens de lunch op de TU in Delft een hartstilstand, het gevolg van een bloedprop in een van zijn hartslagaders. Opnieuw een mirakel, want normaal had professor Ockels de gewoonte om zijn lunchbroodje in zijn eentje op zijn kamer te nuttigen. Bij hoge uitzondering zat hij nu in de kantine, samen met zijn studenten. Daardoor kon hij razendsnel gereanimeerd worden. In zijn eentje op zijn kamer had hij nooit op tijd hulp gekregen.

En toen was het 2008. Wubbo bleek een ernstige vorm van nierkanker te hebben, maar de tumor bleek ingekapseld en er was geen sprake van uitzaaiingen. Wubbo telde opnieuw zijn zegeningen. Officiële diagnose: genezen. Hoewel later maar weer eens bleek dat je dat in feite nooit met honderd procent zekerheid kunt zeggen.

Een fantastisch leven en de uitvinder van de kankergeneeskunde

Toen jaren later in 2013 de nierkanker in een andere vorm alsnog terugkwam, deed hij twee dingen: aanvankelijk hield hij het slechte nieuws voor zich, deelde het alleen met zijn gezin. Verder wilde hij het aan niemand vertellen. De einzelgänger was terug, tot hij het uiteindelijk niet langer verborgen kon houden: 'Ik had een hele slechte prognose, omdat het een vervelend soort kanker is. In eerste instantie, gek hoor, viel alles van me af. Een soort tevredenheid van "ik mag niet klagen, ik heb een fantastisch leven gehad". Alle verantwoordelijkheden, alle verplichtingen, alles viel van me af. Een soort rust in vrede, maar dan letterlijk. Pas toen ik thuiskwam ontstond er verdriet, drama. Je kinderen rouwen, je vrienden, en dan rouw je mee. Maar ik wil gewoon nog twintig jaar. Klaar.'

En toen deed Wubbo het laatste wat je van een pure wetenschapsman zou verwachten. Naast de reguliere behandeling begon hij aan een alternatieve, persoonlijke zoektocht naar genezing. Maar was dat wel zo verrassend? Tijdens zijn opleiding als astronaut was Wubbo steeds geconfronteerd met totaal andere wetenschappen dan natuurkunde. Biologie kwam aan bod, een medicijnenopleiding, chemie en technologie. Hij raakte onder de indruk van wat de kruisbestuiving van verschillende kennisgebieden kon opleveren. Daardoor raakte hij ervan overtuigd dat je te allen tijde alles wat op je pad komt moet proberen en uittesten.

Aangezien Wubbo in de loop der jaren meerdere malen in ons programma te gast geweest was en we goed met elkaar konden opschieten, was het geen al te brutale vraag of we hem waar mogelijk mochten volgen. Natuurlijk vertrouwde hij op alle kennis die aanwezig is in het AVL, het Amsterdamse Antoni van Leeuwenhoek. Niet voor niets vind je daar dé specialisten op dit terrein. En het wekte geen verbazing dat hij, om het zekere voor het onzekere te nemen, ook een beroep deed op toponcologen van een van de grootste kankercentra ter wereld in het Amerikaanse Houston, de stad waar hij als astronaut een tijdlang gewoond had.

Maar daarnaast stond Ockels dus ook open voor experimenten, waarbij artsen zo hun bedenkingen hadden. Maar niemand kon of wilde hem het recht ontzeggen om alles te onderzoeken wat hij in boeken, tijdschriften en op internet aan mogelijk verweer tegen zijn ziekte kon vinden en beoordelen. Dat hij elke snipper beschikbare informatie tot zich wilde nemen, kwam mede door het feit dat hij een zeer zeldzame vorm van kanker had die in Nederland heel weinig voorkomt.

'Als je zo ongeneeslijk ziek bent, pak je alles aan,' zei ook zijn oncoloog van het AVL. Die begreep heel goed dat Ockels ook de specialisten in Houston inschakelde, eenvoudig omdat die meer patiënten en dus meer ervaring hadden met dit bijzondere type kanker. Wubbo had ook goed contact met de professor die we in het hoofdstuk over Mies Bouwman al omschreven als de 'peetvader' van de kankergeneeskunde, Bob Pinedo. Het mooie was dat de oncologen bereid waren naar elkaar te luisteren en dat Wubbo zelf door dit alles een expert werd op het gebied van deze ene soort kanker.

De artsen hadden begrip voor Ockels' alternatieve zoektocht naar genezing. Daarin speelde aanvankelijk de Franse arts en psychiater professor David Servan-Schreiber een grote rol. Nadat die getroffen was door een kwaadaardige hersentumor met uitzaaiingen, zou hij hooguit nog een paar jaar te leven hebben. Maar in zijn beroemde boeken *Anti-Kanker* en *Uw brein als medicijn* beschreef Servan-Schreiber de diepgaande onderzoeken die hij deed en welke stress-uitbannende maatregelen hij daarna nam, waardoor hij uiteindelijk nog twintig jaar leefde. Hij ontdekte dat borst-, darm- en prostaatkanker in Azië veel minder voorkomen dan bij bijvoorbeeld Japanners die in Europa wonen. Alles draaide bij hem inderdaad om het bestrijden van stress, depressies en angsten. Medicijnen had hij afgezworen. Servan-Schreibers ideeën vonden veel weerklank. Ockels was een enthousiast volger van zijn theorie, gebruikte de ideeën die hem erin aanspraken, maar de twijfel groeide toen de bedenker zelf – ondanks die twintig extra jaren – op zijn vijftigste alsnog overleed aan de kwaal waarmee hij op originele manier de strijd had aangebonden. Servan-Schreiber was zelf de grootste tegenstander geworden van zijn theorieën. Hij had zichzelf volkomen uitgeput door tot op het laatst de hele wereld af te reizen om zoveel mogelijk mensen van zijn zienswijze te overtuigen. Wie weet hoelang hij het zonder die bovenmenselijke inspanning nog had volgehouden.

Een persoonlijke zoektocht, een rituele dans en met een laddertje de gracht in

Tijdens Ockels' intensieve research ontdekte hij nog meer alternatiefs, zoals een andere route om beter te leren omgaan met stress, met meer aandacht voor zelfdiscipline: *Falun Dafa*. De methode met die naam pretendeerde de mens de kans te bieden om tot een uitzonderlijk niveau van wijsheid en harmonie te komen. Op Aruba kwamen Joos en Wubbo in contact met een van de enthousiaste Falun Dafa-volgers. Elke morgen deed hij met een klein groepje de voorgeschreven oefeningen en een soort rituele dans. Welke gedachte je er ook bij hebt, het is natuurlijk wel iets als je om zes uur 's ochtends op het strand bij zonsopgang heel serieus een yoga-achtige dans doet, volgens een strak gestructureerde, voorgeschreven choreografie. In feite is het niets anders dan een bijzondere vorm van mediteren, waardoor je aan het begin van de dag even volledig loskomt van alle gedachten en zorgen in je hoofd.

Wubbo en Joos deden die dans samen ook in Houston, in alle vroegte, in een park dicht bij het ziekenhuis en later achter hun huis op de Keizersgracht, eenvoudig omdat het voor hen het mooiste begin van de dag was. Uiteindelijk creëerde Wubbo zijn eigen, persoonlijke variant op het nummer 'You and Your Friend' van de Dire Straits. De rituele bewegingen kwamen er als vanzelf bij. Dat hij die dans ook voor een camera deed, vonden zijn oosterse leermeesters niet in de haak. Ze kwamen erachter toen de beelden op internet terechtkwamen. Zijn Falun-leraar was woest om dit 'misbruik', deze 'ontheiliging' van de oefeningen. Jammer genoeg heeft Wubbo niet meer de kans gekregen om zijn excuses aan te bieden.

Je kunt er iedere vorm van cynisme op loslaten en het klinkt natuurlijk ook allemaal redelijk vaag, maar die dans van vloeiende bewegingen schijnt ervoor te zorgen dat je geest en je wil baas worden over je lichaam. Wat Wubbo met name het vertrouwen gaf dat hij hier op iets mogelijk waardevols stuitte, was dat het hele ritueel in China verboden was, omdat het zó populair geworden was dat de regering het als een bedreiging zag. Het moest dus wel iets zijn. Ook hier vraag je je af: heeft het het beoogde effect gehad? Niets is bewezen, maar Ockels voelde zich er goed bij. En wat doe je in een fase waarin wanhoop en kracht elkaar afwisselen en je de dag doorkomt met het gevoel dat er een doodvonnis boven je hoofd hangt, terwijl je jezelf altijd oplegt dat optimisme een verantwoordelijkheid is?

Hij zocht contact met de Radboud Universiteit in Nijmegen. Daar liet Wim Hof, bijgenaamd The Iceman, onderzoek doen naar het effect van kou op ons immuunsysteem. Hof meent een manier ontwikkeld te hebben om de meest extreme kou te kunnen weerstaan. Zet hem tot zijn nek toe in een bak met zevenhonderd kilo ijsblokjes en zijn lichaamstemperatuur blijft rond de 37 graden: 'Door een combinatie van concentratie, meditatie en ademhalingstechnieken kan ik het autonome zenuwstelsel en het afweermechanisme beïnvloeden.'

Opnieuw draaide het dus om controle krijgen, in dit geval over je fysieke gesteldheid. Hofs theorie is omstreden, maar Ockels raakte geïnteresseerd. Zelf heb ik Hof, tijdens een Nacht van de Wetenschap in Koninklijk Theater Carré ten overstaan van een uitverkochte zaal, inderdaad in een levensgrote bak met ijs zien stappen, met aan weerszijden een arts (om alle twijfel weg te nemen in witte doktersjas) en naast hem een levensgrote thermometer. Hoelang Hof erin gezeten heeft, weet ik niet precies, maar dat zijn lichaamstemperatuur onveranderd bleef was verbazingwekkend genoeg.

Ockels besloot dat juist dit een van de alternatieve acties was die hij wilde ondernemen. Niet dat hij voor honderd procent overtuigd was van het heilzame effect, maar de basisgedachte sprak hem aan. Ademhalingsoefeningen doen die de energiestromen in zijn lichaam zouden bevorderen, wie weet wat het opleverde. Hij besloot om samen met zijn dochter Gean een week bij The Iceman in de leer te gaan. Daarvoor moest hij wel naar het zuiden van Polen, want daar gaf Hof zijn workshops. Toen Ockels daar arriveerde, constateerde hij al snel dat dit een ideale plek was voor het aanpakken van zijn kanker door lange wandelingen te maken en ijsbaden te nemen. Maar hij stelde ook vast dat de groep rondom Hof onmiskenbaar iets had van een sekte met Wim als goeroe, die zijn discipelen de weg wees naar een gezonder leven. Toch ging hij erin mee, onderwierp zich aan een cursus 'winteryoga' en was ook van de partij bij het gezamenlijke ijskoude bad in de Podgórnawaterval. Hij besefte dat hij dit eerder, ondanks alle trainingen, nooit had kunnen volhouden: de hem hier in Polen aangeleerde juiste ademhaling was een essentiële voorwaarde om de Siberische koude in en buiten het water te overleven. De week in Polen werd afgesloten met een klim naar een 1600 meter hoge berg die moest worden afgelegd in een hoogzomerse outfit. Hij moest toch ten minste het begin van een soort heilig geloof hebben gehad in het effect van Hofs methode, wilde hij bereid zijn om dit allemaal te ondernemen.

Maar astronaut Ockels was wel wat gewend. Zijn opleiding tot ruimtevaarder was ook van tijd tot tijd een keiharde aanslag op zijn doorzettingsvermogen geweest. Dat hij dat sterk ontwikkeld had, kwam hem nu duidelijk van pas. Hij hoopte dat door dit alles zijn immuunsysteem een boost zou krijgen. Eenmaal terug in Amsterdam zette hij Hofs therapie in zijn eentje voort. Hij wilde niet het risico lopen dat een mogelijk positief resultaat tenietgedaan zou worden door er onmiddellijk mee te stoppen. En dus moesten voorbijgangers niet verbaasd opkijken als ze Ockels af en toe vlak bij zijn huis via een laddertje de koude Keizersgracht in zagen gaan. Dat bleef hij doen tot een nieuwe scan in het AVL aantoonde dat de tumoren in die afgelopen heftige periode alleen maar gegroeid waren.

Had Houston dan niks opgeleverd? In het begin wel degelijk. Een CT-scan wees uit dat de daar voorgeschreven medicijnen aansloegen. Het was het beste nieuws sinds lange tijd, maar de positieve stemming was van korte duur. Omdat Wubbo's lever de dosis uiteindelijk niet kon verwerken, moest hij noodgedwongen twee weken stoppen met de medicatie en in die korte tijd waren de tumoren weer met zo'n dertig procent gegroeid. Daarna kreeg hij een lagere dosering met minder resultaat. Toen we Wubbo vroegen naar alle fases waar hij doorheen moest, wist hij zich alles tot in het kleinste detail te herinneren. Om geen woord van alle cruciale informatie te missen, had hij elk consult, ieder gesprek, op zijn mobieltje opgenomen.

Bofkanker, een zware reis naar Curaçao en een nooit verwacht slotakkoord

Voor echtgenote Joos waren dit even slopende gebeurtenissen als voor de patiënt zelf. Het is een bekend gezegde: kanker heb je niet alleen. Maar er gebeurde ook iets bijzonders. Toen we, vijf maanden na ons vorige gesprek, weer op de Keizersgracht waren, was Wubbo er fysiek duidelijk slechter aan toe en flink afgevallen. Toch was het opvallend hoe anders hij nu in het leven stond. Na jaren van werken, werken, werken aan steeds weer nieuwe uitdagingen, was nu alles nog slechts gericht op één project: de zieke, hijzelf. 'Het is voor mij eigenlijk een baan en een megaproject. Maar wel het grootste en lastigste.'

Voor het eerst liet hij daardoor een heel andere, onverwachte kant van zichzelf zien: hij communiceerde werkelijk met zijn omgeving, met Joos en de beide kinderen. Dat was tot dan toe, zacht uitgedrukt, niet zijn sterkste kant geweest. Natuurlijk, hij had geen keuze, maar hij was er blij mee. In elk gesprek kwam dat steeds naar voren, dat hij alles wat hem overkwam niet alleen accepteerde, maar in zekere zin zelfs koesterde. Dat hij niet langer als solist opereerde beschouwde hij, in zijn eigen woorden, als iets geweldigs. Hij genoot van alle aandacht en de reacties van de mensen om hem heen. Niet voor niets beschreef hij zijn toestand meer dan eens als 'bofkanker': 'Als ik nu nog een jaar leef in rouw, is dat pure ellende. Ik zie optimisme als een taak, want het is de enige manier om verder te komen, al het andere is verlammend. Ik leef nu in zo'n dynamiek en diepgang, ik heb het leven nog nooit zo rijk ervaren als nu en ben zo levendig dat ik zeg: ik heb bofkanker.'

Terwijl ik dit opschrijf, moet ik terugdenken aan Weert-Jan, de man van mijn nichtje. Hij was de eerste die groot in de publiciteit kwam met zijn ziekte ALS. Dat kwam met name omdat zijn vrienden van alles en nog wat bedachten om Weert-Jans leven zo draaglijk mogelijk te maken. Natuurlijk, Xandra en hun geweldige zoontje Beau waren een permanente bron van troost en plezier, maar wat hem veel kracht gaf was dat die vrienden de Amsterdam City Swim organiseerden, een zwemtocht door de Amsterdamse grachten die zou uitgroeien tot een jaarlijks evenement dat aandacht voor ALS en heel veel geld voor onderzoek opleverde en waarvan Weert-Jan jaar na jaar het boegbeeld was. Hij was zeer gemotiveerd om de Stichting ALS op de kaart te zetten en tot een succes te maken. Mede daardoor, maar vooral ook omdat hij zich realiseerde dat Beau een blijvende herinnering aan hem zou hebben, heeft hij het zeven jaar volgehouden. Niet lang na de zevende verjaardag van zijn zoontje besloot hij dat het genoeg was en kwam hij tot de uitspraak: 'Ik geef de eerste vijfendertig jaar van mijn leven zonder ALS een 7,5, gewoon een ruime voldoende, maar de jaren met ALS een 10-min.' De 'min' omdat hij Beau niet zou zien opgroeien, maar zijn houding is verrassend en vergelijkbaar met Wubbo Ockels en diens 'bofkanker'.

Die term kwam ook een aantal keren terug tijdens onze laatste gefilmde ontmoeting, naar later bleek twee maanden voor zijn overlijden. Plannen waren er genoeg. We zouden meegaan naar Curaçao. Daar lag de *Ecolution* op hem te wachten, echtgenote Joos was al vooruit gereisd. Maar de trip werd een meedogenloze confrontatie met hoe hij ervoor stond. Zijn longen waren ernstig verzwakt en alleen daardoor al vergde de lange vlucht te veel van zijn gezondheid. Aangekomen op Curaçao moest hij direct het ziekenhuis in. De vooruitzichten waren niet goed, het was beter als hij zo snel mogelijk onder begeleiding van een meereizend arts naar Nederland terug zou keren. Zelfs dat bleek al een hele klus.

Je kan boeken schrijven over zijn ervaringen als astronaut, over wat hij voor de wetenschap betekend heeft, over de haalbaarheid van zijn vaak vergaande idealen, over zijn kracht als overtuigd natuurbeschermer, over Ockels als vader en als echtgenoot. Wat dat laatste betreft is het nauwelijks voor te stellen wat leven met Wubbo voor Joos betekend moet hebben. *Never a dull moment*, natuurlijk. Eerst bezeten van zijn vaak wilde plannen, met weinig ruimte in zijn hoofd voor iets anders, en daaropvolgend zo'n langdurige, heftige strijd tegen een sluipmoordende ziekte, de zoveelste reis naar Houstons MD Anderson Cancer Center en weer moeten reageren op een onorthodoxe methode om beter te worden. Maar wat is de reden dat ik juist zijn ziektegeschiedenis nog één keer zo uitvoerig heb willen beschrijven? Het heeft alles te maken met het slotakkoord dat Ockels zelf aan zijn leven heeft willen geven en waarin het woord 'kanker' een veel bredere betekenis kreeg dan alleen de ziekte die hem op zijn achtenzestigste zijn leven kostte.

Het laatste college van de astronaut van het ruimteschip Aarde

Het is zaterdagochtend 17 mei 2014, kwart over tien 's ochtends. De telefoon gaat bij Inge Teeuwen, programmamaker en redacteur van ons programma. Zij was het die met Wubbo was meegegaan naar de verschillende locaties. Tussen hen was duidelijk een vertrouwensband gegroeid. Verbaasd was ze daarom niet dat in haar display 'Ockels' stond. Het bleek zijn zoon Martin te zijn met een boodschap van zijn vader vanuit het AVL: 'Wubbo wil je nog iets vertellen.'

Inge wist meteen dat het mis was.

Wubbo kwam aan de lijn en sprak langzaam en met zwakke stem: 'Ik was afgelopen nacht zo benauwd, het gevoel alsof ik stikte. Dat wil ik niet meer meemaken. Vandaag is daarom mijn laatste dag. Om twee uur komt de dokter en dan is het over. Ik wil dat je langskomt, want ik wil nog wat zeggen.'

Wubbo wilde nog één verhaal kwijt, op camera, en dat in zo ongeveer het laatste uur van zijn leven.

Zelf was ik in Bussum. Ik begreep dat het een kwestie van minuten was, ik zou zeker niet snel genoeg in Amsterdam zijn en kon niet meer doen dan François de Kok, in die tijd een van onze vaste cameramensen, met de grootst mogelijke spoed op pad sturen. Direct daarop werd Inge in de auto gebeld door Joos, die in de familiekamer in het AVL zat. Ze gaf aan dat ze zich zorgen maakte dat Wubbo in dit stadium nog in beeld zou komen, maar ze begreep ook Wubbo's laatste wens. Haar twijfel was begrijpelijk, gegeven hoe Wubbo eraan toe was. Ik suggereerde de cameraman telefonisch om desnoods alleen het geluid op te nemen. Dat zou Joos in ieder geval ten dele gerust kunnen stellen. Ten slotte werd met haar afgesproken om Wubbo toch ter wille te zijn, de opnames te maken en later te bepalen of en hoe deze beelden naar buiten gebracht zouden worden.

Inge ging als eerste bij Wubbo naar binnen, verwachtte dokters en familie aan zijn bed te zien, maar tot haar verbazing was er niemand. Alleen Wubbo zelf. Hij lag te slapen, zag er grauw uit, leek niet bij bewustzijn, het was alsof hij al overleden was. Hoe moest Inge hem laten weten dat zij en de cameraman er waren? Ze draaide zich nog niet om of Wubbo ging opeens rechtop zitten. Het duurde even voor hij volledig bij zijn positieven was. Hij lag met ontbloot bovenlijf in bed, met op zijn borst plakkertjes voor allerlei monitoren. Voor de camera wilde hij per se zijn zwarte T-shirt aan met de opdruk I'M AN ASTRONAUT OF SPACESHIP EARTH. Hij vroeg Inge of ze hem het shirt wilde aantrekken dat keurig opgevouwen op de hoek van het bed lag. Ze wist niet hoe ze dit moest doen. Niet alleen vanwege de plakkertjes, maar ook omdat Wubbo regelmatig moest inhaleren via een beademingsmasker. Wubbo zei tegen haar: 'Ruk ze er maar gewoon van af. Ik zal toch niet doodgaan aan infecties.'

Inge besloot Joos erbij te halen. Zij heeft hem uiteindelijk zijn T-shirt aangetrokken. François mocht naar binnen en toen gebeurde het. In zijn perfecte Engels begon Wubbo, met alle energie die hij nog had, aan een monoloog die ruim vijftien minuten zou duren. Daarbij keek hij zonder onderbreking recht in de camera, richtte zich tot 'de mensheid' met één lange noodkreet over wat wij mensen aan het doen zijn met onze planeet, afkomstig van een man die de aarde vanuit een ander perspectief had gezien dan wij allen. Op een ongelofelijke manier nam hij zo ook de regie van zijn laatste optreden in handen. Sterker nog, waar hij tot op dat moment niet zonder extra zuurstof kon, had hij opeens nauwelijks een pauze nodig om zijn betoog te voltooien. Als op iemand ooit het gezegde '*he rose to the occasion*' van toepassing is geweest, dan wel op deze als een kamikaze-act beleefde, indrukwekkende manier waarop Wubbo Ockels vlak voor de eindstreep nog van zich liet horen. Met wat letterlijk zijn laatste adem was:

'Ik heb kanker, maar ik ben niet de enige. Ook de aarde heeft kanker. We hebben een ander ruimteschip nodig, want dit loopt op zijn einde. Maar de meesten van u zijn zich niet bewust van het gevaar waarin we verzeild zijn geraakt. Ik zou willen dat u de aarde zou kunnen zien, zoals ik hem gezien heb. Onze planeet, de enige, we hebben er niet nog een in reserve. De meeste mensen met kanker sterven, maar er blijven genoeg mensen over om de mensheid eeuwig te laten overleven. Als u het gevoel en het inzicht zou hebben en de houding van een astronaut, zou u de aarde op een andere manier liefhebben dan de gemiddelde mens. En als je echt ergens van houdt, wil je het niet verliezen. Mijn vrouw wil me niet verliezen, ze wil alles doen om me in leven te houden. Dat is de liefde en de houding die de mensheid moet hebben ten opzichte van de aarde.

Ik hoorde dat ik een zeer ernstige vorm van kanker had: nierkanker. Het veranderde in een zeer zeldzame, agressieve vorm, waardoor die overal uitzaaide. De geweldige dokter zei: "U heeft nog *a fair amount of time*", redelijk wat tijd. Maar ik vroeg hem: "Wat is fair?" Ik kreeg meer dan een jaar en het was een goed jaar. Want ik geloofde in een goede toekomst. Zoals jullie dingen kunnen doen, met de wilskracht die de mens heeft. Dat kunnen wij mensen, afkomstig van dezelfde moleculen van één enorm krachtige ster die is ontploft. Wij, die in miljarden jaren het leven hebben ontwikkeld. Het leven, dat zijn wij. Wij, de mensheid, zijn zo sterk dat we de aarde kunnen redden. Maar we kunnen haar ook vernietigen. Elke bijdrage, hoe klein ook, is belangrijk en helpt.'

Dat Wubbo dit, zijn laatste college, op deze manier tot een goed einde had weten te brengen, heeft hem waarschijnlijk zoveel kracht gegeven dat hij, anders dan verwacht, pas zondagochtend om 11.08 uur overleed.

Toen stond zijn tijd stil. Zijn kinderen en het meisje uit het fietsenhok waren bij hem.

Wat spreekt u goed uw táááálen

De meest gehoorde reacties op gesprekken met buitenlandse gasten varieerden van 'wat spreekt u goed uw tááálen' tot 'talenwonder'. Die laatste kwalificatie staat haaks op het werkelijke niveau van mijn buitenlandse taalbeheersing, maar zet meteen ook alle inspanningen in de schaduw die het vergt om een enigermate steekhoudend interview tot stand te brengen in een vreemde taal met vaak – ook dat nog – grote, door de wol geverfde buitenlanders. Waar de een door de Schepper begiftigd is met meer aanleg voor bètavakken (dat staat bij mij nog net niet op nul), daar heeft de ander vaak ter compensatie van dit gebrek als alfa een talenknobbel toebedeeld gekregen. Reken mij tot die laatste categorie. Dat laat onverlet dat je zonder noeste arbeid niet ver komt in gesprekken met een Franse president (Chirac), een Engelse prins, een Duitse bondskanselier, Amerikaanse ministers, een Spaanse filmlegende als Antonio Banderas, wetenschappers als Oliver Sacks en zelden tot het geven van vraaggesprekken te bewegen vrouwen als Sophia Loren, Claudia Cardinale en Carla Bruni.

We begonnen in 1981 met de *TVshow*. Eerst maakten we vanuit allerlei locaties tien jaar lang live-uitzendingen waaraan van alles mis was, maar die door de kijker, zeker in de tijd van twee televisienetten, als spraakmakend (afgrijselijke term) genoeg werden ervaren om te kunnen rekenen op massale belangstelling. Anno nu, in een periode waarin we te maken hebben met die hele serie qua opzet en gasten volstrekt gelijkvormige praatprogramma's, is het nauwelijks voorstelbaar dat er ooit twee talkshows waren die dezelfde diversiteit van gespreksonderwerpen nastreefden als wat we nu avond aan avond te zien krijgen: die van Sonja Barend en de onze. Kwalitatief in geen enkel opzicht met elkaar te vergelijken. Het programma van Sonja had een grote redactie, had als basis een duidelijk maatschappelijk engagement en er waren regelmatig confrontaties van personen en meningen, terwijl wij vooral kozen voor *light*. Conversaties en entertainment in plaats van opinies en harde interviews.

Er waren dus nog geen dagelijkse praatprogramma's waarvan de redacties elkaar de tent uitvechten voor de ideale 'actuele' gast. Je kon op acceptabele schaal echt wat toevoegen aan het nieuws van de dag. Ronald Koeman naar Barcelona? Hij kwam het met vrouw Bartina bij ons toelichten. De omstreden transfer van de gebroeders De Boer naar dezelfde club? Ze kwamen met argumenten. Linda de Mol in verwachting van haar eerste kind? Het zou in de huidige situatie volstrekt ondenkbaar zijn, maar wij hadden de 'primeur'. Burgemeester van Amsterdam Van Thijn gaf tekst en uitleg waarom Amsterdam zich kandidaat had gesteld voor de organisatie van de Olympische Spelen en ging lijnrecht in tegen Saar Boerlage, de vrouw achter de actie 'Olympische Spelen: Nee!', die geen middel schuwde om het volk duidelijk te maken dat dat evenement nooit naar Nederland mocht komen. Zo bleven de beide talkshows als vanzelf 'urgent' (!) genoeg. De betrokkenen hadden er geen probleem mee om een paar dagen te wachten, tot ze in een van de twee wekelijkse programma's hun zegje konden doen. Verder maakten we het programma die eerste decennia dus vooral ook met 'gewone' mensen met wie iets bijzonders aan de hand was. De vrienden van de mede om zijn huidskleur vermoorde vijftienjarige Antilliaanse jongen Kerwin Duinmeijer, die wordt gezien als het eerste slachtoffer van zinloos geweld. Marga en Wim, twee leden die de Moon-sekte hadden weten te ontvluchten. Het eerste lesbische stel wier huwelijk door meneer de pastoor in de kerk was ingezegend, een Engelse tienervader die nog jaren naar school moest voor hij zijn rol als gezinshoofd op zich kon nemen en Rooie en Blonde Sien uit de Jordaan die geridderd waren. Rienie die gekroond was tot jodelkoningin van Zeeuws-Vlaanderen, maar ook een vrouw op leeftijd met een adoptiewens. Al die jaren was er nog geen sprake van de ‘groten der aarde’. Hooguit waren er de bekende vaderlanders, de routiniers in het amuseren van de kijker: Willem van Hanegem, Hans Wiegel en André van Duin. Zonder hen kon het niet, zij waren ‘zekerheden’ voor een gewaardeerd gesprek.

Lady Di, drie miljoen kijkers en eeuwig spijt

In het begin zagen de verantwoordelijken er weinig in. De TROS was als omroep de koning van het grote amusement en een talkshow, was dat nou wel een passende toevoeging? Vooruit, één proefprogramma dan, maar dat moest wel geweldige cijfers halen, anders bleef het bij die eerste poging. Een niet geringe opdracht, vooral ook omdat de pilot niet anders voor uitzending gepland kon worden dan op 21 juli, hartje zomer dus. Ga d’r maar aanstaan, voldoen aan de eis van rond de drie miljoen kijkers, en dat voor een programma waar niemand nog van gehoord had. En promotie in de zendtijd van allerlei collega’s, zoals nu, dat bestond in die tijd niet. Gelukkig kregen we hulp van boven. Het was precies de tijd waarin prins Charles en lady Di zich gingen verloven. Het NOS Journaal had wat beelden van hun eerste gezamenlijke BBC-interview, naar er bleek een veel langere versie te bestaan van dat opvallend schuchtere vraaggesprek. Die wisten we via via net op tijd – en met wat ponden uit eigen zak – te bemachtigen. Dat was nieuws, het haalde de kranten, waarmee we meteen de gedroomde voorpubliciteit te pakken hadden waarin dat eenmalige programma ruim werd aangekondigd.

En er kwam nóg een uitgestoken hand, afkomstig van de platenmaatschappijen. Die hadden in de zomermaanden voor hun artiesten nauwelijks exposure. Op het bericht dat er in een nieuw programma ruimte was voor optredens kregen we zomaar drie wereldacts in de schoot geworpen. Uit Amerika kwamen *superstar* Randy Crawford en de groep Champaign, die al weken op nummer één van de hitlijsten stond, en uit Parijs meldde zich de onnavolgbare Grace Jones. Mazzel dus, want het leverde torenhoge kijkcijfers op. We mochten dóór! Niet dat we meteen wekelijks of zelfs maar regelmatig geprogrammeerd werden, dat was onmogelijk, ook al omdat we zo ongeveer nul budget kregen om de studio enigszins herkenbaar 'aan te kleden'. We moesten het doen met decorstukken van *Op Losse Groeven* (het latere *Op Volle Toeren*) en waren dus aangewezen op de dagen waarop zij geen opnames hadden. Dat was de eerste beperking. Daarnaast was de voorwaarde dat alles live moest: 'Dan kun je een gast-van-de-dag binnenhalen, die 's ochtends groot in de krant heeft gestaan.'

Zo begonnen we, met horten en stoten, zonder te weten dat we veertig jaar later onder dezelfde titel nog steeds *in business* zouden zijn...

Tja, die titel. Dat is een van de weinige dingen waar ik eeuwig spijt van heb. *De TVshow*. Een meer non-descripte titel is nauwelijks denkbaar. Wie verzint zoiets? Ik dus, helaas. Onder tijdsdruk kon ik niks anders bedenken. Niet dat er helemaal geen enkele vorm van logica achter zat, want de opzet was dat de gesprekken zouden gaan over wat er aan opmerkelijks op televisie te zien was geweest en wie door een uitspraak, gedrag of uiterlijk zodanig was opgevallen dat je van hem of haar meer wilde weten. In ieder geval past nog steeds grote dank aan de TROS-bazen Baay en Den Daas, die ons veel langer dan tegenwoordig gebruikelijk de ruimte gaven, en aan mijn eerste leermeester, Aktua-chef Wibo van de Linde, die bereid was geweest een van zijn hardwerkende redacteuren af te staan voor nieuwe avonturen.

Na een aantal jaren, waarin de kwaliteit van het programma langzaam vooruitging, begon één ding me steeds meer tegen te staan: het rechtstreeks uitzenden. Het had voornamelijk een persoonlijke reden. De avond voor de volgende aflevering was ik niet in slaap te krijgen, wat voor mij uitzonderlijk was. Het spookte door mijn hoofd: was de samenstelling wel goed, zouden we alsnog plaats moeten inruimen voor een actuele gast, zou degene die aan het piepkleine tafeltje kwam zitten wel de vorm van de dag hebben? Het is meer dan eens voorgekomen dat een van de redacteuren me bijkans naar de studio moest sláán, vanwege de angst om slecht te presteren. Ik herinner me zelfs dat ik een keer opperde: 'Ze kunnen toch gewoon een extra aflevering van *Derrick* inzetten? Dan zijn wij er in elk geval vanaf en ga ik een strandwandeling maken.'

En gaandeweg kwam er nog iets bij. Meer en meer begon ik die rechtstreeks uitgezonden gesprekken als een crime te ervaren, vooral als ze inhoudelijk van belang waren. Tegenwoordig kunnen praatprogramma's vaak eindeloos uitlopen, maar met de beperking van precies zestig minuten waren we vaak nog niet aan de essentie van het onderwerp toegekomen of de opnameleider stond al te zwaaien dat de tijd om was. Hup, op naar de volgende gast. Natuurlijk, bij livetelevisie voel je de extra spanning. Maar een tevoren opgenomen gesprek biedt, dankzij een kleine ingreep in de montage, een grotere kans op een bevredigend, evenwichtig eindresultaat. Ik wilde liever niet meer live, dus.

'Maar wat wil je dan?' vroeg programmaleider Cees den Daas.

'De dag van tevoren opnemen, zodat we de mogelijkheid hebben om minder interessante gedeelten eruit te monteren. Maar met name ook de studio uit, naar het buitenland, reizen, gasten opzoeken die we niet al met grote regelmaat bij ons op televisie zien.'

Het was een niet direct voor de hand liggende keuze. Maar Den Daas zei: 'Als je denkt dat dat qua inhoud en cijfertjes minimaal hetzelfde oplevert, je gaat je gang maar. Uitproberen kan geen kwaad.'

Een Duitse onderscheiding en het huwelijk van een eenentachtigjarige Spanjaard met een geliefde van negenendertig

Van meet af aan bleek 'het buitenland' een bevredigende route. Paul Simon, prinses Stéphanie van Monaco, Franz Beckenbauer: wie was er niet bereid om dat ploegje van de 'Royal Dutch Television' (een introductie bedacht door de legendarische programmamaker en filmkenner Simon van Collem) binnen te laten? Het betekende wel dat aan mijn talenkennis veel hogere eisen gesteld werden dan wat ik na mijn schooljaren en een paar maanden in Parijs en Barcelona paraat had. Mijn Engels was voldoende, maar ook niet meer dan dat. Frans is na mijn eindeloze universitaire studie mijn tweede taal geworden en op mijn eindexamenlijst had ik voor Duits wonderlijk genoeg een extreem hoog cijfer, waarschijnlijk vooral te danken aan het feit dat ik alle onlogica rond de naamvallen gewoon lollig vond. Ik werd zelfs uitgenodigd op het Duitse consulaat voor een soort prijsuitreiking: 'U heeft zoveel kennis van onze taal dat we u daarvoor speciaal willen belonen.'

Ik had mijn vrienden al lekker gemaakt met een reisje langs de Rijn of een anderszins avontuurlijke gebeurtenis, maar na de korte toespraak van niet de consul maar – vrees ik – zijn tweede of derde assistent werd ik verblijd met een fotoboek. De titel: *Deutsche Dome*, Duitse kerken. Alle afbeeldingen in zwart-wit. Fantastisch! Het staat nog steeds op een ereplaats in mijn boekenkast. Mijn liefde voor de Deutsche Mannschaft is er niet geweldig door toegenomen.

Engels, Frans, Duits. Dat ging dus wel. En ook in het Spaans kon ik me – hoewel op een zeer basaal niveau – redelijk redden. Dat beetje kennis heb ik te danken aan de Teleac-cursus *Vamos a ver.* Toen ik vierentwintig was, volgde ik elke zaterdagochtend trouw de televisielessen, samen met mijn oudere broer Eric. Hij had de ambitie om ambassadeur te worden en aangezien daarvoor kennis van de Spaanse taal een vereiste was, hadden we, zolang de serie liep, een gezamenlijk belang. Elke zaterdagochtend zaten we klaar met pen en papier, vaak met kleine oogjes van een uit de hand gelopen feestelijke vrijdagavond. Elke week luisterden we de lp af die bij de betreffende les hoorde, maakten ons huiswerk en deden na seizoen één ook de vervolgcursus *Vamos a ver más*. Toen ik meer dan vijftig jaar(!) later de kans kreeg om in Madrid een uitgebreid portret te maken van de veelbesproken multimiljonair Carlos Falcó, heb ik ter opfrissing van mijn Spaans alle twintig zorgvuldig bewaarde langspeelplaten nog weer eens uit de kast getrokken, een nieuwe platenspeler aangeschaft en de stof – zonder de televisiebeelden – nogmaals vanaf les één opnieuw grondig doorgenomen. Die eenentachtigjarige steenrijke aristocraat Falcó, markies van Griñon, was interessant, want in Spanje was hij het gesprek van de dag vanwege zijn huwelijk (zijn vierde) met de negenendertig jaar jonge, in het Spaanse Málaga geboren Esther Doña. Was hij in de val gelopen van een *golddigger* of was er sprake van echte liefde tussen het op de covers van een recordaantal internationale boulevardmagazines vereeuwigde duo? Eerlijk is eerlijk, we gingen voor het sensationele verhaal. Bovendien was een niet onbelangrijke extra reden om het vliegtuig te pakken dat het paar een waanzinnig kasteel bewoonde, dus met de shots zat het bij voorbaat wel goed.

Het was een in alle opzichten opbeurende meevaller dat de uit een eeuwenoude vooraanstaande familie stammende markies een geweldig boeiende gesprekspartner bleek te zijn, die bovendien, ondanks zijn leeftijd, nog op hoog niveau betrokken was bij allerlei Europese bedrijven en organisaties. Geen wonder dat hij vóór Esther drie topvrouwen voor zich had weten te winnen. Tekenend voor het niveau van zijn amoureuze veroveringen was met name zijn tweede huwelijk, met de in het Filipijnse Manilla geboren Isabel Preysler. Die Isabel was daarvoor met, jawel, Julio Iglesias getrouwd. Na de markies ging ze naar de burgerlijke stand met Spanjes minister van economische zaken Miguel Boyer, die ze tot zijn dood in 2014 trouw bleef, om vervolgens – en nog steeds – haar leven te delen met de Peruaanse schrijver Mario Vargas Llosa, die in 2010 de Nobelprijs voor literatuur won. Even geaarzeld of al deze details wel van belang zijn, maar vooruit, het geeft wel aan op welk niveau van de Spaanse samenleving we ons bevinden en het onderstreept nogmaals dat Carlos in zijn land een in meer dan één opzicht niet te onderschatten figuur was. Alleen daarom al was het maar goed dat ik de hoon van vrouw en kinderen voor lief had genomen, want goed Spaans was waarachtig een vereiste. Inderdaad was de venijnige spot thuis niet van de lucht toen ik dagen achtereen, net als een halve eeuw daarvoor, hardop alle door de presentatoren van de cursus gevraagde antwoorden probeerde te geven. Maar het had wel het gewenste effect. Op deze manier kon ik het gesprek met de beide vrolijke echtelieden met voldoende zelfvertrouwen aangaan, en dat zonder al te opvallende grammaticale missers. En natuurlijk konden we niet nalaten ook het uitzonderlijke karakter van hun relatie aan te kaarten.

'Markies, u geeft de indruk dat u leeft alsof er tussen u beiden geen leeftijdsverschil is. Maar u scheelt toch tweeënveertig jaar.'

'Ach ja, de pers heeft ons goed behandeld. Er staat hooguit weleens iets online wat we niet prettig vinden, maar verder is het prima. Als je iets moois ziet, ontbreekt vaak de finesse. Maar Esther heeft er veel van. In het begin schreven we elkaar, twee maanden lang. Het is liefde, ontstaan uit het geschreven woord.'

'Hij schreef prachtig. Ik zou het bijna vergelijken met Bijbelteksten. We hadden een mooie, besloten bruiloft. Alleen de burgemeester en twee getuigen. Ik ben helemaal gelukkig. Ik heb een relatie waarvan ik mijn hele leven heb gedroomd. Carlos is de man van mijn leven. Vitaler dan ik ben. Hij heeft meer projecten dan herinneringen...'

'En heeft Voltaire niet gezegd dat leeftijd alleen belangrijk is als het om wijn of kaas gaat?'

Het viel me op dat de toen eenentachtigjarige er jonger uitzag, met name ook door zijn gave huid. Wat bleek? De eigenaar van het kasteel met het immense landgoed was naast al zijn andere activiteiten, zoals de door hemzelf verbouwde topwijnen, ook nog beland in een internationale handel met olijfolie: 'Zeer belangrijk voor een gezonde huid. In de oudheid werd het al gebruikt door Nefertiti en Cleopatra. En nu door Sophia Loren. We hebben onderzoek gedaan met drie Italiaanse universiteiten en vooral het niveau van de antioxidanten twaalf keer verhoogd. En nu komt het als cosmetica op de markt. Ik gebruik het voor het scheren. Esther is trouwens een veel beter voorbeeld.'

Overigens zou je gemakkelijk de indruk kunnen krijgen dat meedoen aan ons programma een riskante affaire was. Yves Montand overleed niet lang nadat we hem in Parijs gesproken hadden. Pim Fortuyn ontmoetten we op 26 april 2002 in zijn geliefde Italiaanse dorpje Provesano voor een uitzending op 3 mei. Drie dagen later werd de voorspelling van zijn moeder werkelijkheid. Zij had, zoals gezegd, haar zoon meer dan eens gewaarschuwd.

Ik zal niet de hele lijst opsommen van wie niet lang na ons bezoek het leven lieten, maar nog geen paar maanden nadat we Carlos en zijn Esther hadden opgezocht, bezweek de markies aan de gevolgen van corona...

Een *latin lover*, een blinde vader en drie pakjes per dag

Spaans is intussen de taal die mij er altijd van weerhouden heeft om ook een poging te doen het Italiaans machtig te worden. Met enige regelmaat en lange tussenpozen ben ik er wel aan begonnen, maar steeds raakte ik in opperste verwarring. De twee talen lijken zó sterk op elkaar dat ik de Europese commissie dringend verzoek om alsnog in te grijpen. Tja, die tááálen... En vooral het gebrekkige Italiaans. Hoe moest dat, met uitnodigingen om langs te gaan bij Armani, Morricone, Pavarotti en Bocelli? Toen Mastroianni ons bij hem thuis in Rome uitnodigde voor een interview, durfde ik die uitzonderlijke kans pas met beide handen aan te grijpen na een spoedcursus Italiaans.

Het uitzicht op een bloemenstal aan de Stadionweg gaf de sfeer van onze eerste ontmoeting meteen iets vrolijks. Wij waren in dit geval 'Marcello Mastroianni' en ik. Niet dat Italië's beroemdste en meest aanbeden filmster zich ooit in die Amsterdamse contreien vertoond had, maar ik had een gerenommeerd vertaler van Italiaanse boeken, Frans Altvater (gedroomde naam voor een expert in die taal), gevraagd om de rol op zich te nemen van de grootste *latin lover* uit de filmgeschiedenis. Of hij gedurende een aantal sessies in het Italiaans Marcello wilde zijn. Natuurlijk, de grote acteur kon zich ook in het Frans redelijk verstaanbaar maken, maar uit ervaring wist ik dat iedereen zich ten slotte het beste weet uit te drukken in zijn moedertaal. Julio Iglesias spreekt naar eigen zeggen vijf talen vloeiend, maar toen ik hem destijds een vraag stelde die er echt toe deed, switchte hij van het Engels meteen naar het Spaans. En je kan de beroemde Italiaanse pianist Ludovico Einaudi (componist van onder meer de muziek van de film *Intouchables*) vragen om het gesprek in het Engels te doen, maar in die taal spreekt hij nóg anderhalf keer langzamer dan hij bij zijn composities de toetsen van de piano beroert. Altvater begreep mijn ongewone vraag: 'We gaan het interview vóórspelen, zoals jij denkt dat het ongeveer zal gaan.'

Hij stelde dat een serie van tien sessies voldoende moest zijn voor een vraaggesprek in de Romaanse taal, waarin ik tot op dat moment hooguit '*buongiorno*' en '*grazie mille*' kon zeggen. Met een puur praktijkgerichte aanpak moest het volgens Frans mogelijk zijn om een uitzendbaar gesprek te voeren met de filmlegende (hier is dit te vaak misbruikte epitheton wel echt op zijn plaats). Het zou wel aanpoten worden, maar het ging dan ook om een unieke mogelijkheid: nooit eerder had de grote Marcello een televisieploeg in zijn appartement toegelaten.

Een filmlegende, absoluut, maar wie van de nu opgroeiende generatie kent hem nog, de volgens menig artikel 'mooiste man van het witte doek'? Hij was de George Clooney van zijn tijd, maar maakte bij zijn aanbidders absoluut meer emotionelere reacties los. Misschien doet die ene scène uit *La dolce vita* een bel rinkelen, waarin Mastroianni in de rol van een paparazzo aangekleed en wel de Romeinse Trevifontein in loopt met als doel seksbom (zo heette dat in die tijd) Anita Ekberg op de mond te zoenen. Helaas voor hem stopt de fontein met spuiten, exact op het moment waarop hij zijn lippen tuit om tot actie over te gaan. Misschien ook roept de schitterende film *Una giornata particolare* iets van een herinnering op: Mastroianni als de homoseksuele buurman van een wanhopig op hem verliefde Sophia Loren. Zo niet, dan geldt in beide gevallen: die films alsnog bekijken, want ze zijn zeer de moeite waard.

Fellini, Catherine Deneuve en het fatalisme van eenvoudige komaf

Mastroianni was de zoon van een timmerman, die er maar ternauwernood in slaagde om voor zijn gezin de eindjes aan elkaar te knopen en die zich om die reden ook als broodnodige bijverdienste liet inhuren als schoenmaker. Een jeugd in grote armoede, maar volgens de acteur was dat ook 'in zekere zin een prikkel die je stimuleert om iets van je leven te maken. Het is in feite zelfs een voordeel dat er een sterk beroep gedaan wordt op je fantasie. Dromen van een mooiere werkelijkheid, dat houdt je aan de gang. En wat je leert is dúrven, initiatief nemen.'

Hij had zijn eerste kantoorbaantje al iets opgeleukt door voor de meisjes van de administratie van tijd tot tijd geestige gedichten voor te dragen. Een aantal figurantenrolletjes bracht hem vervolgens onder de aandacht van regisseur Federico Fellini. Die begreep meteen hoe hij Marcello 'in de markt moest zetten': naast de mooiste actrices uit de toenmalige cinema. Daardoor wist de latere hoofdrolspeler-zonder-opleiding alle vrouwen voor zich te winnen met zijn verschijning in films als *8½, La notte, Ginger e Fred, Ieri, oggi, domani* ('Gisteren, vandaag en morgen') en *Matrimonio all'italiana* ('Huwelijk op zijn Italiaans'). Want elke vrouwelijke bioscoopbezoeker raakte zo ongeveer in katzwijm bij het zien van hoe Marcello het hoofd van Brigitte Bardot, Claudia Cardinale en voornoemde Sophia Loren op hol bracht.

In het dagelijks leven zou Marcello één vrouw tot het eind toe trouw blijven: zijn Flora Carabella, met wie hij een dochter kreeg, Barbara. Flora accepteerde de vaak langdurige slippertjes van haar echtgenoot. En het waren er nogal wat. Zijn credo was: 'Wie verliefd is, is tijdelijk blind voor de aantrekkelijkheden van iedere andere vrouw.'

Als hij zich dan ook in een liefdesavontuur stortte, bestond er tijdelijk niemand anders voor hem. Tijdelijk, maar dus ook met grote regelmaat. Want hij kon geen Italiaanse of buitenlandse schoonheid tegenkomen, of hij ging kopje-onder. Zo verkeerde hij twee jaar met de woest aantrekkelijke Faye Dunaway, een relatie die hij zelf omschreef als 'dynamiet'. Zeven jaar lang sliep en ontbeet hij bij de ook al niet geringe Catherine Deneuve. Uit hun hartstochtelijk samenzijn werd een dochter geboren, Chiara. Maar Catherine maakte de fout een andere (trouwe) man van hem te willen maken. Dat had ze niet moeten doen, want de relatie liep erop stuk. De laatste bijslaap in de rij, Anna Maria Tatò, hield het het langst vol, bijna twintig jaar, tot aan Mastroianni's dood in 1996. Bijzonder is dat de donkerharige god van de bios na elke nieuwe uitstap toch weer probleemloos welkom was bij zijn Flora, alsof er niets aan de hand was. Haar credo: 'Het hoort bij het karakter van een Latijnse man dat hij zich vrij en potent wil voelen. Geef hem dat gevoel van vrijheid en vroeg of laat komt hij bij je terug.'

Ze had het goed gezien.

Mastroianni bestempelde zijn jeugd – naast de door hemzelf zo geformuleerde voordelen van een leven zonder de minste vorm van luxe

– toch als 'ongelukkig'. De belangrijkste reden daarvoor was dat zijn afkomst studeren of verre reizen maken in de weg stond. 'En voor wie, zoals ik, in armoede opgroeide,' zei hij, 'was ook iedere vorm van cultuur ver weg.'

Des te meer genoot hij ervan dat hij later meer dan welkom was in het gezelschap van de grote denkers en kunstenaars van zijn tijd.

Er was drama genoeg in zijn kinderjaren. Ouders die van de weeromstuit praktisch permanent met elkaar in staat van oorlog leefden, vanwege de eeuwige strijd om te overleven, om simpelweg elke dag te proberen aan eten te komen. De sfeer veranderde pas toen het noodlot toesloeg. Marcello's vader Ottone leed aan een zo ernstige vorm van suikerziekte dat hij uiteindelijk zijn volledige gezichtsvermogen kwijtraakte. Het is tragisch dat die klap nodig was om de stemming in huis te verbeteren. Door die ziekte zou papa Ottone zijn zoon nooit kunnen zien spelen, maar hij had er alles voor over om toch zoveel mogelijk mee te krijgen van diens nooit verwachte succes. Dat leverde mooie scènes op van vroeger constant ruziënde echtelieden die opeens hand in hand naar de bioscoop liepen om vader in elk geval Marcello's stem te laten horen. Op die manier, en met de uitleg van zijn vrouw Ida, die hem fluisterend op de hoogte bracht van wat er in de film gebeurde, heeft hij alsnog het begin van zijn zoons mooie carrière kunnen meebeleven. Zie het voor je: een vrouw die haar man anderhalf uur lang iets in het oor fluistert, waardoor ze samen het geluk van hun zoon beleven. Hun houding ten opzichte van het drama dat de vader had getroffen was veelzeggend. Marcello zei: 'We accepteerden het met het fatalisme van mensen met een eenvoudige komaf.'

Bij een degelijk voorbereid vraaggesprek met iemand over wie veel gepubliceerd is weet je vaak wel zo'n beetje wat voor antwoorden je kunt verwachten. Zeker in de jaren waarin ik steeds weer de grote angst had dat het eindresultaat niet goed genoeg zou zijn, was ik erop uit om vooraf alles van de hoofdpersoon te weten te komen en zo uitglijders te voorkomen. Dankzij de vaak minutieuze voorbereiding van de redactie wist ik soms zelfs hoeveel klontjes suiker de gast in zijn koffie nam en hoe vaak hij of zij in een lift had vastgezeten. Omdat ik tijdens het Mastroianni-avontuur nog midden in die fase zat, kon ik *signore* Altvater voeden met wat ik inhoudelijk in Rome van Mastroianni zou kunnen verwachten. Ik gaf aan wat hij hoogstwaarschijnlijk op mijn vragen zou antwoorden en daarop speelde Frans zijn rol van beroemde filmster met verve. Mijn niet uit de plooi te krijgen leermeester bracht mij ook bij dat het handig is om tussendoor korte reacties te geven als: '*Non ci credo* (dat geloof ik niet)' of '*É vero?* (is het werkelijk waar?)'. Als je van dat soort eenvoudige interrupties gebruikmaakt, geef je de gast meteen de indruk dat je zijn antwoorden begrepen hebt. Nu was dat na zes jaar zes uur per week Latijnse les inderdaad niet echt het probleem, want met die kennis van die oude taal kom je qua begrip al een heel eind als het gaat om te snappen wat er gezegd of in een Italiaanse krant geschreven wordt.

Van het gesprek in Rome zelf herinner ik me nog Marcello's tips voor een lang en gelukkig leven: 'Rook, net als ik, drie pakjes per dag. Je moet daarnaast wel goed eten, na het diner een paar grappa's drinken en af en toe een whisky, en ook hard werken en belasting betalen. Als je dat laatste doet, kun je tenminste rustig slapen. Niet dat ze ooit aan de deur komen bij wie niet aan zijn fiscale verplichting voldoet, maar toch. Leef zo vrij mogelijk, als een vogel, en doe vooral alles wat je niet zou mogen doen.'

Marcello Mastroianni is er tweeënzeventig mee geworden.

Altvater als Cicciolina, *sottotitoli* en gespierde bodyguards

Dezelfde werkwijze (noem het maar 'truc') paste ik ook later toe bij mijn bezoek aan parlementslid annex pornoster Ilona Staller, alias Cicciolina. Je zou denken dat Altvater als Cicciolina hilarische scènes op zou leveren. En inderdaad. Als ik het beeld voor me zag van de witte godin die te pas maar voornamelijk te onpas haar twee doorgaans bedekte wapens open en bloot in de strijd wierp en ik luisterde tegelijkertijd naar *il mio professore* en keek hem diep in de ogen, dan biggelden de tranen me vaak over de wangen van het lachen. Frans had daar geen last van; die was zo bloedserieus rolvast bezig dat ik na elke les het gevoel had de in het Hongaarse Boedapest geboren Ilona al intensief gesproken te hebben.

Bij Mastroianni was alles vlekkeloos verlopen. Hij had zelf de deur opengedaan, er was verder niemand in huis. Ik had hem uitgelegd dat we bij de Nederlandse televisie *sottotitoli* (ondertitels) gebruiken en dat alles *scientificamente giustificato* (wetenschappelijk verantwoord) vertaald zou worden. Maar eenmaal binnen in het overdadig gemeubileerde appartement van Ilona Staller, werd ik geconfronteerd met iets waar ik tijdens de Altvater-sessies niet op gerekend had en waar ik dus in het geheel niet op voorbereid was: de drie bodyguards. Nadat we de apparatuur opgesteld hadden, bleven zij achter de canapé staan waarop hun bazin zich in haar meest bevallige pose had neergevlijd. In beeld dus. Dat moesten we natuurlijk niet hebben, maar zoals gezegd, hier hadden de lessen niet in voorzien. Hoe maak je dan een trio behoorlijk gespierde mannen-met-oortjes zonder woorden, maar in een toch op een voor hen begrijpelijke manier, duidelijk dat je ze weg wilt hebben?

Er was geen keus, ik stond op en gaf spierbundel nummer één een voorzichtige duw, terwijl ik naar de deur wees. Het kostte even voor de beveiliger het doel van deze niet ongevaarlijke actie begreep. Zijn aanwezigheid in beeld en die van zijn twee kornuiten was bij het gesprek niet gewenst. Toen deze toch enigszins angstige actie het gewenste resultaat had opgeleverd, volgden nummer twee en drie het voorbeeld van de man die – mazzel – duidelijk hun baas was.

Al die tijd zat Cicciolina met stijgende verbazing te kijken naar wat zich achter haar bank afspeelde. Het kan niet anders of ze heeft gedacht: wat moet dit worden? Zelf sprak ze alleen Hongaars en Italiaans en anderhalf woord Engels... Ik zie nog de verbazing op haar gezicht toen we, nadat de kamer schoongeveegd was, begonnen met in wat toch behoorlijk Italiaans geklonken moet hebben: '*Signora Cicciolina, perché hai scelto il mestiere di diva porno?* (waarom heeft u het vak van pornoster gekozen?)'

Als ik sindsdien in Italië in een taxi stap, kan ik het niet laten om, na het gewenste adres te hebben doorgegeven, de chauffeur met deze zin te verblijden. Het slaat nergens op, maar tot op heden moet elke *tassita* er hartelijk om lachen. De anders onpersoonlijke rit wordt er meteen een stuk vrolijker door, ook al denken ze dat je dan ook alles weet van de Italiaanse politiek en daarover een mening hebt. Maar na die openingszin moet ik ze op de meeste opmerkingen iedere vorm van zinnige reactie schuldig blijven.

De lessen van Altvater en de uitzending van de gesprekken met Mastroianni en Cicciolina op een Italiaanse zender zouden nog een wonderbaarlijk vervolg krijgen. Er kwam een telefoontje uit Italië van iemand van Canale Cinque: 'We hebben zelden iemand uit Noord-Europa gehoord met zo'n apart accent en we hebben een plan. Zou u ervoor voelen om op onze zender een muziekprogramma te presenteren?'

Ik wachtte geen seconde om de producent te onderbreken. In mijn beste steenkolen-Italiaans maakte ik hem duidelijk dat mijn beheersing van zijn taal niet veel verder ging dan wat hij in die twee televisiegesprekken gezien had. Maar hij was óf niet van zijn stuk te brengen óf, wat waarschijnlijker is, hij had mijn gebrabbel niet begrepen. Elke zondagmiddag, vanuit Verona. Live. Ook dat nog! Ik herhaalde nogmaals dat ik daar totaal niet toe in staat zou zijn. Maar zonder ook maar iets van mijn tegenstribbelen serieus te nemen, zei hij: 'We sturen komend weekend een cameraploeg naar Amsterdam voor een test. Ik fax u de gegevens van hun reis.'

Ik had zijn boodschap wel degelijk begrepen (dank aan de leraren Latijn op het Ignatius College) en was te verbouwereerd om nog te reageren.

Veel later begreep ik pas wat er gebeurd was. Egbert van Hees, vriend en regisseur van de *TVshow*, had na zijn schitterende registraties van grote popconcerten (waaronder Pink Floyd in Venetië en Madonna in Turijn) een aanbieding gekregen om in Rome te komen werken. Een half jaar lang heeft hij daar met groot succes popprogramma's geregisseerd. Het moet Egbert geweest zijn die zijn bazen op de beide interviews heeft geattendeerd (alleen al dat we Mastroianni thuis gesproken hadden, wekte hun belangstelling). En gegeven de grote reputatie die Van Hees daar intussen had opgebouwd moeten ze ongetwijfeld gedacht hebben: die Hollanders kunnen iets wat wij niet in huis hebben. Egbert zelf heeft zijn bemoeienis in dezen nooit willen bevestigen of ontkennen en ik kan hem er niet meer naar vragen. Hij overleed in 2017. Het wordt dus pas in het hiernamaals dat ik hem kan vragen naar het waarom van deze hoogst waarschijnlijk door hemzelf geënsceneerde practical joke. Mijn verdenking is ernstig. Hij zal er zelf de grootste lol om hebben gehad.

Het gevolg van deze bizarre gang van zaken was dat er op vrijdagavond een Italiaanse cameraploeg op Schiphol landde met het adres van huize Van Hees aan de Amsterdamse Willemsparkweg op zak. De bedoeling was dat de twee man sterke equipe het hele weekend zou blijven. De producent wilde duidelijk niet over één nacht ijs gaan. Het was me dan ook nogal wat: een show, rechtstreeks uit te zenden vanuit Verona! Het desastreuze vervolg laat zich raden. Na nog geen uur gehakketak in van mijn kant zeer matig Italiaans en hun aanhoudend verzoek om voor hun opdrachtgevers dan toch ten minste een aantal Italiaanse zinnen te laten opnemen (*'Per ché hai scelto...'*), zagen ze eindelijk de totale zinloosheid van hun missie in. Hartelijk was het snelle afscheid dan ook niet. De volgende ochtend zaten ze hopeloos gefrustreerd alweer in het vliegtuig.

Een paar dagen later kreeg ik van *Il Dipartimento Amminstrativo di Canale Cinque* de rekening voor 'reis- en verblijfkosten plus het honorarium van de cameraploeg'. Alsof ik erom gevraagd had. Laatst vond ik een VHS-kopietje van de opnames. Ik durf er niet naar te kijken. Zo'n krankzinnig misverstand, toch ook een beetje op het conto te schrijven van de geniale Frans A., die me té goed onderricht had gegeven. Over de – vanzelfsprekend onbetaald gebleven – factuur heb ik nooit meer iets gehoord.

'Talenwonder', ik ben er niet trots op. Een gesprek in een vreemde taal opnemen is hard werken. Ik vind dat je zeker als opiniërend programmamaker uit een klein land min of meer de plicht hebt om de poort open te zetten naar wat er verder in de wereld leeft, kennis te maken met de visie van aansprekende persoonlijkheden uit een andere cultuur. Gebeurt veel te weinig, vind ik, met als een van de consequenties dat we steeds weer geconfronteerd worden met de opvattingen van dezelfde mensen met de van hen bekende kijk op wat zich vanuit Nederlands perspectief op onze planeet afspeelt.

Ongelezen boeken, onbezochte signeersessies en anderhalve man en een paardenkop

De schrijver van een boek is tegenwoordig min of meer verplicht om zijn boek in een van de vele talkshows te 'verkopen'. Zelf ben ik daar op zijn zachtst gezegd niet dol op. Je zit met een mannetje of zes aan tafel, wachtend op jouw tien minuten 'reclame'. Hoe langer je op je beurt moet wachten, hoe meer je jezelf zit te verbijten, want je ziet de lengte van jouw gesprek slinken tot een minuut of zeven. Onderwijl wordt er dan wel van je verwacht dat je je mening geeft over onderwerpen waarover je vaak geen mening hebt. Maar je ontkomt er niet aan, want zonder een goed tv-optreden ben je als schrijver zo goed als nergens.

Het mooiste voorbeeld van wat een televisie-interview de schrijver kan opleveren was de komst van de prachtige Française Annie Cohen-Solal naar het programma van Adriaan van Dis. Door haar uitstraling en haar intelligentie maakte ze een verpletterende indruk. Je kon zien dat Van Dis geïmponeerd, om niet te zeggen van de kaart was. Er ontstond een run op haar boek. Plotseling wilde iedereen Cohen-Solals biografie over de filosoof en schrijver Jean-Paul Sartre in huis hebben. Geen gemakkelijke kost. Ik kan me dan ook nauwelijks voorstellen dat de ruim zevenhonderd pagina's van haar doorwrochte werkstuk daadwerkelijk door elke koper gelezen zijn, ook al omdat de auteur geen complex psychologisch onderwerp uit de weg ging. Een verre van representatief steekproefje op minischaal leidde maanden later dan ook tot de conclusie dat haar biografie overal een prominente plek in de boekenkast had gekregen, maar dat slechts een zeer kleine minderheid aan het lezen ervan was toegekomen of zelfs van plan was eraan te beginnen. Van Dis zei: 'Haar biografie is het minst gelezen boek in de Nederlandse boekenkasten.'

Waar je je zeker niet aan kunt onttrekken is het signeren bij de boekhandel. Meestal regelt de eigenaar wel een aantal vaste klanten om te voorkomen dat de auteur van de niet-bestseller daar een uur of wat voor aap zit. Maar krijg je de kans om op een plek in een drukbezocht warenhuis te zitten, dan pak je die vanzelfsprekend met beide handen aan.

Een persoonlijk hoogtepunt voor mij was mijn zaterdagse promotiemiddag ten bate van mijn boek in de Amsterdamse Bijenkorf, intussen al zestien jaar geleden. Ik zou beginnen om 15.00 uur en, afhankelijk van de belangstelling, tot sluitingstijd (destijds nog 18.00 uur) blijven zitten. Er werd omgeroepen: 'Op de vierde etage signeert Ivo Niehe zijn nieuwe boek. Dus wie een gesigneerd exemplaar wil, spoede zich naar de boekenafdeling.'

Je hoeft maar één keer in het warenhuis geweest te zijn om je de stem voor de geest te kunnen halen die deze oproep doet. Qua timbre is er een grote gelijkenis met wie op de stations de vertrek- en aankomsttijden doorgeeft. Vol verwachting zat ik daar. En wachtte.

Tja. Tussen 15.00 uur en 17.00 uur, toen ik er de brui aan gaf, meldde zich zegge en schrijve één belangstellende: mijn nichtje. Met zwierige hand zette ik mijn krabbel inclusief persoonlijke boodschap op de binnenpagina, dankbaar dat mijn bezoek aan het gerenommeerde warenhuis niet helemaal voor niets was geweest.

Niet veel later had ik een vergelijkbare ervaring. Bij toeval ontdekte ik dat zich in Amsterdam op de bovenste etage van de Openbare Bibliotheek aan het IJ een prachtig theater bevindt. Groot podium, een paar honderd stoelen, een volledige en moderne licht- en geluidsinstallatie. Het mag alleen gebruikt worden voor evenementen die 'iets' te maken hebben met het geschreven woord. Nou had ik net *in draft* de tekst af van een nieuwe theatervoorstelling. Per definitie wil je de kwaliteit van wat je achter je computer bedacht hebt op bruikbaarheid testen in een serie try-outs. Die uitprobeerperiode voert je dan meestal naar – heerlijke, kleine – theatertjes, zoals Pepijn in Den Haag en het Betty Asfalt Complex in Amsterdam. Je reist je suf om erachter te komen wat werkt en wat niet. Maar één blik op het OBA-theater was voldoende om van deze gewoonte af te wijken. En ik kreeg toestemming om in sessies van twintig minuten delen uit het programma voor te lezen of te spelen.

Ik rukte uit met de volledige technische ploeg, die me later ook op de uitgebreide tournee zou begeleiden. Een vrouwelijke stem, die op haar beurt weer sterk leek op de omroepster van de Bijenkorf, enthousiasmeerde bezoekers van de bieb om zich voor even los te rukken van de bezigheden waarvoor ze gekomen waren en 'als eersten kennis te maken met een aantal scènes uit de nieuwe theatershow van Ivo Niehe'. Een aantal dagen stonden er vier of vijf sessies gepland. En ik zal er niet omheen draaien: de toehoorders kun je, met alle respect, omschrijven als de fameuze anderhalve man en een paardenkop. Vaak gezinnen met luidruchtige kinderen, die zo'n grote zaal met al die lampen geweldig vonden, soms ook oudjes die een boterham kwamen nuttigen. In mijn herinnering was de beste presentatie de keer dat er twee belangstellenden in de zaal zaten, een echtpaar van, naar later bleek, Marokkaanse afkomst. Achteraf vertelden ze dat ze moeite hadden om het Nederlands te volgen.

Het is iedere televisiemaker die nuchter naar zijn eigen succes of bekendheid wil kijken aan te raden: schrijf een boek, maak een uitgebreide promotietour en ga het theater in. Het brengt je terug in de werkelijkheid. Zoals Susan Boyle, de zingende, ongetrouwde ster van *Britain's Got Talent* uit het Schotse Blackburn, als reden gaf waarom ze, ondanks haar miljoenen op de bank, toch trouw bleef aan die piepkleine eengezinshoekwoning-met-schotelantenne waar ze vroeger met haar ouders, vier broers en vijf zussen (zij was de jongste, nummer tien dus) had gewoond: '*It keeps you grounded.*'

DANKWOORD

Op een haar na heb ik het vijftig jaar in en buiten beeld volgehouden, heb ik als eindredacteur, tekstschrijver, producent, editor en manus-van-alles dit werk kunnen doen. Daarvoor moet ik onnoemelijk veel mensen bedanken. Maar na een halve eeuw noeste gezamenlijke arbeid, is daar geen beginnen aan. Natuurlijk zijn er een aantal 'steunpilaren' die met naam genoemd moeten worden. Programmabaas Cees den Daas, met zijn onvoorwaardelijk geloof in wat we tot stand konden brengen, topregisseurs Egbert van Hees en Theo Ordeman, producenten Coby Gerritsen, Dewi Booms, Mary de Klerk en de ijzersterke redactie: Nienke Pluym, Cita Lobato de Mesquita (bleef 25 jaar!), Daniëlle Bruinsma, Feije Riemersma, Marjan Vlasman, Inge Teeuwen, Martine Thuis, Iris van Reeuwijk, Conny Brood, Inge Lecointre. De onmisbare Silvijn Aerden, Herman Slager, Andreas van der Schaaf, Kees Bouwman van het Filmarchief en de snelste perfectionist onder de video-editors Marc Mookhoek. Wibo van de Linde, die me elk kneepje van het vak leerde, en Joop van den Ende die me een oneindig vertrouwen gaf, Iris met dezelfde achternaam van wie ik alle ruimte kreeg, de in de studio onmisbare Bertus Holkema en visagie-artieste Martine Eger die me tot op de dag van vandaag steeds weer tot een zekere mate van bruikbaarheid weet op te kalefateren. Het beeld dat ik aan die halve eeuw overhoud is er een van ieders tomeloze inzet en een grote mate van loyaliteit, mede ingegeven door het feit dat we leuk werk hadden en door de huisregel 'wie op maandagmiddag met een goed idee komt, kan de rest van de week vrij nemen'. En in hoeveel gevallen was langdurige vriendschap niet de uitkomst van onze samenwerking!

Een van de geheimen voor de ongekend lange levensduur van de programma's? In goede, maar ook minder florissante periodes kozen we nooit voor beginnende redacteuren en producers, altijd voor de beste die we konden krijgen. Zo gingen we voor de allerbest regieassistentes (Dorien de Roy en decennialang Rita van der Steeg), de beste camera- en geluidsmensen. Behalve Henk Gulikers en Eli Huitema van de foto's, ook de trouwe François de Kok en Eric Muller plus de *eminence grise* van de geluidsnabewerking Jaap Wajer. Dankzij jullie en zoveel anderen waarvan ik hoop dat ze zich ook zonder naamsvermelding aangesproken voelen, werd televisie niets minder dan een levenswerk en kom ik met een plan – hoe voor de hand liggend – een afterparty(!) met wie er zin in heeft. Doe het tot die tijd met mijn onuitsprekelijk grote dank!

Ivo

Verantwoording katernen

Katern 1

- Schilderij *La Colombe d'Or* van Paul Rafferty
- Krantenartikel 'Ivo buigt voor Prince', afkomstig uit *De Telegraaf* van acht december 1999
- Krantenartikel 'Prince toch bij Niehe', afkomstig uit *De Telegraaf*
- Krantenartikel 'Ivo praat met Oprah', afkomstig uit *De Telegraaf*
- Foto lord Brocket met auto: Alain Denize/Gamma-Rapho via Getty Images
- Foto lord Brocket gevangenis: Sean Dempsey/PA Images/Contributor via Getty Images
- Foto lord Brocket lachend: John Swannell/Camera Press via ANP
- Foto tafel Brocket Hall is een still uit de show
- Foto lord Lambton en vrouw: Jonathan Becker/Contributor via Getty Images
- Foto lord Lambton: Keystone Pictures USA/zumapress.com via ANP
- Schilderij Freuds visie op Neds moeder is het kunstwerk *Head on a Green Sofa* (*Portrait of Lady Lambton*) van Lucian Freud, via Bridgeman Images
- Foto David Hasselhoff is een still uit de show
- Foto Mies Bouwman: Marcel Hemelrijk via ANP
- Foto Marjan Luif is een still uit de show

Katern 2

- Kunstwerk Salvador Dalí. Afkomstig uit *Les Dîners de Gala*, 1973. © 1973 Salvador Dalí, Fundacion Gala-Salvador Dalí, c/o Pictoright Amsterdam 2023
- Foto Freddy Heineken is een still uit de show
- Foto Julio Iglesias is een still uit de show
- Poster *La Dolca Vita* is gemaakt door Giorgio Olivetti, 1960. Co-producenten zijn Cinnecittà en Path
- Foto Gerard Reve is een still uit de show
- Foto's Shirley MacLaine zijn stills uit de show

Katern 3

- Foto André Kuipers: REX by Shutterstock via ANP